KB143802

인터넷 중독의
특성과 쟁점

인터넷 중독의 특성과 쟁점

발행일 2015년 9월 25일 1쇄 발행

편저 디지털중독연구회
발행인 강학경
발행처 (주)시그마프레스
디자인 김미숙
편집 윤경희
본문 일러스트 강준기
표지 제호 蕙垣 김후분

등록번호 제10-2642호
주소 서울특별시 영등포구 양평로 22길 21 선유도코오롱디지털타워
　　　A401~403호
전자우편 sigma@spress.co.kr
홈페이지 http://www.sigmapress.co.kr
전화 (02)323-4845, (02)2062-5184~8
팩스 (02)323-4197
ISBN 978-89-6866-523-3

이 도서의 국립중앙도서관 출판예정도서목록(CIP)은 서지정보유통지원시스템
홈페이지(http://seoji.nl.go.kr)와 국가자료공동목록시스템(http://www.nl.go.
kr/kolisnet)에서 이용하실 수 있습니다.(CIP제어번호: CIP2015024959)

책머리에

전문가는 촉(觸)이 좋아야 한다. 촉이 좋다는 것은 문제의 핵심을 파악하고 풀어가는 감각이 좋다는 말이다. 전문가의 촉은 그만의 비상한 집중력, 선행 연구에 대한 분석력, 철저한 현장 활동을 통해 만들어진다. 이 책은 인터넷 중독 분야의 촉이 좋은 사람들이 모여 엮어 낸 것이다. 그동안 많은 사람들이 인터넷 중독 문제를 우려해 왔지만 정작 제대로 된 책을 찾기 힘들었다. 그나마 시중에 나와 있는 책들은 원론적인 이야기만 반복하거나 외국의 비슷한 이론을 소개만 하고 있는 실정이다. 그래서 우리는 이론에 밝으면서도 이것만을 나열하지 않고, 현장에 뿌리내리되 주장만을 앞세우지 않는 책이 있다면 참 좋겠다는 생각을 하였다.

디지털 기술은 인류에게 완전히 새롭게 보일 만한 신세계를 열어 주었다. 문제는 이 신세계 곳곳에 함정이 도사리고 있다는 것이다. 디지털 중독도 대표적인 함정이다. 개인의 생활 적응 문제에서부터 가족, 학교, 나아가 사회의 존속 여부에 이르기까지 심각한 영향을 끼치는 것으로 이만한 것이 있을까? 우리 정부는 이 문제를 해결해야만 멋진 신세계로 나아갈 수 있다고 생각하고 오래전에 이를 국가 정책으로 채택하였다. 10년도 훨씬 넘은 것 같다. 미국정신의학회(APA)에서도 인터넷 중독 문제에 대해 공식적으로 다룬 것이 2013년이니 우리의 대응은 매우 빠른 것이었다. 그렇기에 우리의 인터넷 중독 대응 정책은 해외 국가들의 벤치마킹 대상이 되기도 한다.

　그렇다고 해서 우리에게 할 일이 없는 것은 아니다. 인터넷 중독 문제를 해결하기 위해 노력하는 중에도 디지털 기술은 비약적인 발전을 거듭하고 있기 때문이다. 앞으로도 인터넷 환경은 곧 사물 인터넷(internet of things, IoT), 착용(wearable) 컴퓨터, 인간 친화적 로봇 환경 등으로 계속 진화할 것이다. 조만간 우리는 디지털 기술을 벗어나서는 아무 일도 하지 못하는 상태가 될 것이다. 따라서 우리는 인터넷 중독을 넘어 디지털 의존 전반에 대해 지금이라도 준비하지 않으면 안 된다.

　이 책은 디지털 의존이 심화되고 있는 것에 대한 우리의 대응이다. 우리는 각자가 가진 촉으로 '쟁점'을 집어내어, 왜 이것이 쟁점인지, 이것을 풀기 위해 어떤 노력을 해야 하는지를 고민하였다. 그 결과 디지털 중독 문제를 중독의 특성, 상담치료, 국가 정책 등 몇 개 분야로 나누고, 각 분야별로 쟁점이 될 만한 것을 서너 개씩 골라 설명하고자 하였다. 그런데 기획을 하다 보니 한 권으로 다 담을 수가 없어 결국 '디지털 중독 대응 총서'가 되었다.

　이 책은 '디지털 중독 대응 총서' 중 첫 권이다. 이 책에서는 인터넷 중독의 개념과 특성, 중독의 원인, 중독의 미래, 중독자의 자아와 인간관계 등에 대해 다루었다. 이러한 내용을 이 정도의 깊이로 다룬 책이 없기 때문에, 이 문제에 궁금증을 가진 많은 연구자들의 갈증 해소에 도움이 되리라 생각한다.

　권정혜 교수(제1장)는 인터넷 중독의 개념에 대해 설명하였다. 인터넷 중독이 유사한 정신장애와 어떻게 다른가, 사람들은 인터넷에 왜 중독되는가 등에 대해 분석하고 설명함으로써 인터넷 중독의 정확한 개념을 확립하고자 하였다. 제1장은 많은 논란의 중심에 있는 이 문제에 대해 깊이 있는 통찰을 줄 것이다.

　고영삼 박사(제2장)는 인터넷 중독의 미래에 대해 다루었다. 고 박사의 설명에서 특이한 점은 인터넷 중독의 원인을 가족관계, 심리, 게임물에서 찾는 것이 아니라 '인터넷' 자체에서 찾는다는 것이다. 초연결 사회를 통한 디지털 기술 의

존성이 점점 커지는 현실에서 중독의 미래를 인터넷에서 찾아 설명하는 국내 첫 시도일 것이다.

엄나래 책임연구원(제3장)은 인터넷 중독의 평가척도에 대해 다루었다. 엄 책임연구원은 우리나라에서 개발하여 사용하고 있는 한국형 인터넷 중독 진단척도(K-척도)의 운영 담당자로서 오랫동안 활약해 왔는데, 이러한 경험을 바탕으로 이 척도의 개발과 활용에 관련된 쟁점을 학문적·정책적 관점에서 조망하였다.

이해국 교수(제4장)는 인터넷 중독 정책을 기획할 때 필요한 실태 역학조사에 대해 설명하였다. 이 교수는 우리나라와 해외 각국의 역학조사를 비교하고 이와 관련된 개념과 논란에 대해 폭넓게 분석함으로써 인터넷 중독 연구에서의 대안을 모색하였다. 이는 인터넷 중독 정책의 구상에 새로운 영감을 줄 것으로 보인다.

윤명희 박사(제5장)는 인터넷 이용자의 유형을 중독자에 국한하지 않고 이용의 동기와 목적에 따라 분류하여 분석하였다. 디지털 친화성, 디지털 원주민, 다중 자아, 디지털 호모루덴스, 집단지성, 극단주의 등과 같은 용어를 통해 인터넷 공간과 이용자의 특성을 소개함으로써 인터넷 중독자에 대한 이해가 깊어지도록 할 것이다.

원일석 박사(제6장)는 인터넷 게임을 중독의 관점에서 다루었다. 실제 중독에 대한 많은 연구도 정작 게임이 어떤 방식으로 청소년을 몰입시키고 금단과 내성을 일으키거나 게임을 끊지 못하게 하는지, 게임의 재미는 어디에 있는지에 대해 충분히 설명하지 못했다. 이 장은 이에 대해 궁금해하던 사람들에게 명쾌한 답을 제시해 줄 것이다.

배성만 교수(제7장)는 인터넷 중독의 심리에 대해 분석하였다. 인터넷 중독이 물질 중독과 어떤 점이 동일하거나 다른지, 또 인터넷 중독이 심리 문제인 우울증, 주의력 결핍, 충동성 문제와 어떻게 관련되는지를 설명하였다. 이는 중독의 심리적 기제에 대한 깊이 있는 이해를 이끌어 준다.

이영식 교수(제8장)는 신경생물학적 관점에서 인터넷게임장애를 다루었다. 지난 2013년 5월에 DSM-5(APA, 2013)에서는 인터넷 게임만을 장애로 명명하여 깊은 연구가 필요하다고 하였는데, 이와 관련하여 인터넷 게임 중독 모델의 가능성이나 인터넷 중독에 취약한 신경생물학적 개인 특성에 대해 궁금해하던 사람들에게 도움이 될 것으로 보인다.

서보경 박사(제9장)는 인터넷 중독자의 생애 특성을 분석하였다. 유·아동기 혹은 청소년기 때 인터넷에 병리적으로 빠져드는 것과 성인기에 그렇게 되는 것은 분명 차이가 있다. 이에 서 박사는 유·아동 및 청소년의 중독 특성을 발달심리학의 관점에서 설명함으로써 생애 특성과 연관된 인터넷 중독에 대한 궁금증을 풀어 줄 것이다.

고정현 수석연구원(제10장)은 노인의 인터넷 중독 문제에 대해 설명하였다. 어떤 이들은 '노인이 웬 인터넷 중독?'이라며 의아해할 수 있다. 하지만 우리나라에 인터넷이 일상화된 역사나 노인의 독특한 심리 특성, 착용 컴퓨터의 대중화를 고려할 때 이를 다루는 것은 충분히 가치 있고 흥미로운 시도일 것이다.

조은숙 교수(제11장)는 인터넷 중독자의 인간관계를 설명하였다. 인터넷 중독은 가족이나 친구 등 중요한 타자와의 관계를 파괴한다. 조 교수는 인터넷 중독자에게 나타나는 외로움, 가족 갈등, 폭력, 성행동, 사이버관계 등의 의미를 살펴보면서 관계 속의 한 인간으로서 중독자를 규명하였다.

김선희 교수(제12장)는 인문철학적 관점에서 인터넷 중독을 어떻게 보아야 하는지를 깊이 있게 통찰하였다. 사이버 행위자의 자아 특성, 사이버 공간과 현실 공간의 차이, 인터넷 게이머의 오프라인 세계 인간관계 등에 대해 인문학적으로 깊이 있게 설명한 것이 특징적이다. 인터넷 중독을 인문학적 관점에서 다룬 것도 처음이라 큰 의미가 있다.

이 책을 준비하면서 모든 가치 있는 일은 그만큼의 노력과 기다림이 필요하다는 것을 다시 한 번 실감하였다. 필자들은 모두 인터넷 중독 분야에서 최고의 촉을 가졌지만 현재 그 능력을 필요로 하는 곳이 많아서 차분하게 집필하기 힘들었을 것이다. 이렇게 바쁜 중에도 참여하여 우리의 열정이 더 의미 있도록 해 주셨음에 깊이 감사드린다.

한편 이 책은 쟁점의 선정이나 해석에 대해 참여자 간 합의를 거쳐 공통된 의견을 내놓은 것이 아님을 밝힌다. 따라서 필자들 간에 상반된 견해가 나타날 수 있다. 그러나 문제를 바라보는 필자들 간의 상이한 견해는 후학에게 더 많은 학문적 상상력을 줄 수도 있다고 생각한다.

책 읽기가 지루해지지 않도록 강준기 박사가 본문 사이사이에 삽화를 그려 주신 데 감사드린다. 또한 행필(行筆)이 부드러우나 원기 가득하여 서예 미학의 한 경지를 이루신 혜원(蕙垣) 김후분 선생이 제호의 글씨체를 보내 주셨다. 존경과 감사의 마음을 전하고 싶다.

인터넷 중독 문제의 각 쟁점에 대해 날카롭게 해부한 글이 (주)시그마프레스의 고영수 부장, 김경임 부장을 비롯한 직원들의 인내와 성심으로 멋진 옷을 입고 나왔다. 좋은 책을 내기 위해 헌신적으로 노력하는 직장 문화를 가꾸신 강학경 대표에게 감사드린다.

2015년 무더운 여름에

대표 집필자 고영삼

차례

제3장 인터넷 중독의 평가

엄나래 | 한국정보화진흥원

제4장 인터넷 중독의 역학

이해국 | 가톨릭대학교 정신건강의학과

제7장 인터넷 중독과 심리

배성만 | 고려사이버대학교 상담심리학과

제2부
인터넷 중독자의
특성

제8장 신경생물학적 관점에서 본 인터넷 중독

이영식 | 중앙대학교 정신건강의학과

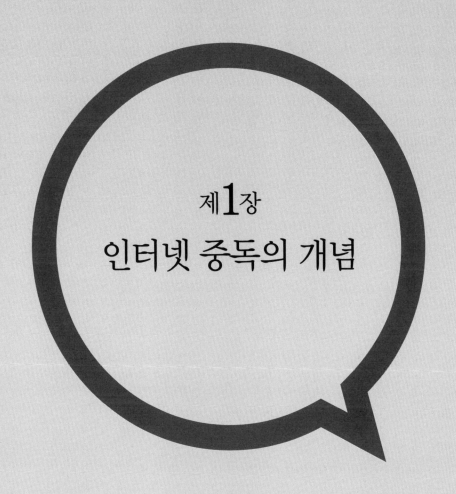

제**1**장

인터넷 중독의 개념

제1장
인터넷 중독의 개념

권정혜 | 고려대학교 심리학과

°° 시작하는 글

우리나라는 끊임없이 진화하고 있는 IT 기술과 광역화된 인터넷 통신망 덕분에 IT 선진국으로 인정받고 있지만, 어디서나 접근 가능한 빠른 인터넷의 보급으로 인한 폐해도 늘어나고 있다. 영국의 일간지 가디언(*Guardian*)은 인터넷 중독이 주목할 만한 사회 문제가 되고 있다고 소개하며, 미국정신의학회지(*American Journal of Psychiatry*)의 편집장인 Jerald Block 박사의 말을 인용하였다. 그는 인터넷 중독이 정신건강의 심각한 폐해를 가져올 수 있어 정신장애로 DSM-5에 등재되어야 하며, 그 예로 한국의 과도한 인터넷 사용으로 치료를 요하는 청소년이 21만 명에 이른다고 밝혔다('Addiction to internet is an illness', 2008년 3월 28일).

최근 중독포럼에서 실시한 여론조사(중독포럼, 2014년 7월) 때 우리나라에서 가장 시급하게 해결되어야 할 중독 문제가 무엇이냐는 질문에 44.6%의 응답자가 인터넷 게임 중독을 최우선 문제로 꼽을 만큼, 알코올 중독(23.2%)이나 도박 중독(14.1%)보다도 인터넷 중독이 심각한 사회 문제로 인식되고 있었다. 이처럼 인터넷 중독이 심각한 사회 문제로 떠오르고 있지만 인터넷 중독의 개념에 대해서는 많은 논쟁이 계속되고 있다. 필자는 인터넷 중독의 개념과 관련해 다음과 같은 네 가지 질문을 설정하고 이에 대한 답을 모색해 보고자 한다.

1. 인터넷 중독 : 사실인가, 허구인가

1990년대부터 인터넷이 본격적으로 보급되기 시작하면서 인터넷은 현대인 삶의 일부분이 되었고, 이와 함께 이전에는 볼 수 없었던 문제도 발생하기 시작하였다. 2000년 초반에 이미 초등학생 2명이 게임 비용을 마련하기 위해 살인을 저지른 사건과 인터넷 게임에 빠진 중학생이 초등학생 동생을 살인한 사건이 보도되어 우리 사회에 인터넷 중독에 대한 경각심을 불러일으켰다(뉴스투데이, 2001년 10월 10일; 동아일보, 2001년 3월 5일). 그 이후에도 인터넷 게임에 빠져 집 밖에 나오지 않던 20대가 집 안에서 숨진 채 발견되고, 인터넷 게임 도중 심장마비로 죽은 사고가 보도되었으며(연합뉴스, 2011년 7월 25일; 뉴스투데이, 2002년 3월 8일), 최근에는 인터넷 게임을 하러 나가야 되는데 28개월 된 아들이 자지 않자 살해하고 한 달 여간 방치한 끔찍한 사건이 보도되었다(연합뉴스, 2014년 4월 15일).

이와 같은 극단적인 사례 외에도 하루 2~3시간만 자면서 강박적으로 인터넷에 매달리고, 인터넷을 사용하지 않으면 미칠 것 같다고 호소하며, 이로 인해 건강 문제, 직장이나 학교생활에 큰 지장을 받는 사례가 국내외에서 보고되었다(송명준 외 3명, 2001; Young, 1996). 이들의 공통점은 일상생활에 심각한 문제가 발생하는데도 불구하고 인터넷 사용을 조절하지 못하고 강박적으로 인터넷에 몰두하는 것으로서, 인터넷을 더 많이 하기 위해 식사를 거르고 잠을 자지 않으며, 친구나 가족과 단절되고 학업이나 직장에서의 책임을 소홀히 하는 등의 문제를 보이는 것으로 나타났다.

헤어 나올 수 없는 늪에 빠진 것처럼 인터넷에 빠져 살면서 삶이 피폐해져도 이것을 하나의 새로운 문화 현상으로 보는 시각도 있다(황상민, 2004). 이런 입장을 취하는 학자들은 인류에게 새로운 테크놀로지가 등장할 때마다 여기에 몰입하는 사람들이 늘 생겨났다는 사실을 지적하면서, 테크놀로지가 생활의 일부가 되기 전까지 이에 대한 저항이나 미지의 두려움으로 인해 이들을 중독으로 매도한다고 본다(Putnam, 2000). TV가 처음 등장했을 때에도 TV에 빠져 지내는 사람들에 대한 문제를 심각하게 보았지만 시간이 지나면서 TV 시청이 하나의 개인적인 선택이 되었던 것이다. 황상민(2004)은 한 걸음 더 나아가 웹 공간에서 주로 사는 사람들은 '사이버 신인류'로서, 인류의 역사 이래 항상 있었던 새로운 인간 유형으로 보아야 한다고 주장한다. 인터넷 중독을 중독으로 보는 것은 '책에 중독되었다'라고 말하는 것과 같이 잘못된 표현이며, 인터넷이 생활의 일부가 되었다는 사실을 간과한 채 새로운 문화를 기성세대의 관점에서 통제하려는 시도라고 보는 것이다.

아마도 이는 인터넷 중독 현상을 보이는 사람들이 단지 인터넷에 접속해 있는 시간이 많고 사이버 세상에 몰두해 있을 뿐이라고 보기 때문에 나온 주장이라고 할 수 있다. 즉 인터넷 중독자가 사이버 세상에서 만나는 새로운 경험과 인간관계에 매료되어 인터넷에 빠져 있는 것이지 마음만 먹으면 언제든지 빠져나올 수 있다고 본다. 실제로 인터넷 중독에 빠진 많은 사람들은 자신에게 문제가 있다는 것을 인정하지 않고 마음만 먹으면 오늘이라도 그만둘 수 있다고 장담한다. 그러나 부모, 배우자나 직장 상사의 요구로 인터넷을 중단하거나 인터넷을 하는 시간을 줄여 보려고 하면 전혀 조절이 가능하지 않다는 것을 깨닫게 되는 경우가 많다.

필자는 2000년대 초반 정보통신윤리위원회 산하 사이버중독상담센터에서 인터넷 중독에 빠진 사람들 본인 또는 친지로부터 오는 수많은 이메일을 받고 온라인 자문을 해 준 경험이 있다. 이메일로 오는 사연은 인터넷 사용을 줄이거나 끊겠다는 다짐을 수없이 해 보았지만 결국 실패로 돌아갔다며 도움을 청하는 내용이 주를 이루었다. 이들의 호소 내용을 보면 중학생("부모님한테 성적표도 갖다 드리지 못하고 게임만 하는 내가 정말 한심하고 세상에 쓸모없는 놈이라고 속으로 나를 비난했습니다. …중략… 정말 어떻게 해야 할지 모르겠습니다. 인터넷을 끊어야겠다는 다짐을 속으로 수십 번을 해 보았습니다. 하지만 헛수고였습니다.")이나 대학생("전 가족이나 친구들, 다른 사람이 모르는 상태에서 스스로 고쳐 보려고 게임을 완전히 지우거나 종이로 손가락을 베어서 혈서를 쓰기까지 했지만 언제나 반복의 연속이었습니다. …중략… 5년이 넘도록 게임에 시달리다 보니 육체적으로나 정신적으로나 심각한 이상이 나타나곤 합니다.")[1]이나 나이에 관계없이 인터넷을 줄이거나 끊는 것이 불가능하다고 호소한다.

그렇다면 정신건강의 관점에서 이러한 문제를 이상으로 볼 것인가, 정상으로 볼 것인가? 정신건강 분야에서 정상과 이상을 구별하는 기준은 학자마다 조금씩 다르고 모든 사람들이 공통적으로 받아들이는 정의가 없지만, 이상행동을 판단하는 데 널리 사용되는 기준은 일탈(deviance)이나 행동의 기괴함(bizarreness), 괴로움(distress), 기능장애(dysfunction)라고 볼 수 있다. 물론 이 각각의 기준은 다소 주관적일 수 있고 시대, 그 사람이 속한 사회나 문화에 따라 다를 수 있지만, 여러 기준을 복합적으로 고려하여 이상행동을 판단하는 것은 임상적 현상을 탐색하는 데 유용한 출발점이 될 것이다.

우선 인터넷 중독을 보이는 사람들의 인터넷 사용량이나 사용 패턴이 일탈되어 있는지 질문해 볼 수 있을 것이다. 인터넷 중독인 사람들의 인터넷 사용량이 보통 사람들에 비해 월등하게 많은 것은 잘 알려져 있다. 한 예로 Ng과 Wiemer-Hastings(2005)는 MMORPG(massively multiplayer online role playing game)를 하는 사람들의 11%가 일주일에 40시간 이상 게임을 한다고 보고하였다. 일주일에 40시간이라면 보통 직장인의 근무 시간에 해당되며, 사용 시간의 측면에서 분명히 일탈되었다고 볼 수 있을 것이다. 그러나 인터넷 사용량이 많다고 모두 이상이라고는 볼 수 없다. 인터넷 사용량이 아무리 많아도 업무와 관련되고, 자신이 원할 때 조절하거나 중단할 수 있다면 사용량에 근거해서 이상이라고 판단하기 어렵다. 앞으로 추적 연구를 통해 현재 사용량이 많은 사람들 중에 어떤 특성을 가지고 있는 사람들이 중독이며 조절할 수 없는지 살펴보아야 할 것이다.

---

1 개인의 비밀을 보장하기 위해 인적 사항이나 내용을 각색하였다.

고려해야 할 또 다른 기준은 일상생활에서 기능장애가 일어나는지의 여부로, 대인관계나 학업, 업무, 혹은 가사를 잘 수행하고 있는지를 살펴보아야 한다. 대부분의 인터넷 중독 사례에서 뚜렷하게 나타나는 특징은 이들이 일상생활의 대인관계나 가족관계, 학업이나 직장생활, 혹은 여가생활에서 많은 문제를 보인다는 것이다. 진단 내릴 수 있는 독립적인 정신장애로 인터넷 중독을 인정하지 않는 학자들도 인터넷의 강박적 사용이 단지 심리적인 위험만 있는 것이 아니라 실직이나 가정 파탄 등 실질적인 문제를 초래한다는 것을 인정하고 있다(Mitchell, 2000). 마지막으로 인터넷 중독자 스스로 괴로움을 겪는가 하는 기준을 적용해 볼 수 있다. 앞에서 언급한 사례는 인터넷 중독자 자신이 괴로움을 호소하는 경우로 일탈이나 기능장애, 고통이나 괴로움을 겪는다는 점에서 이상이라고 보기에 무리

가 없을 것이다. 물론 인터넷 중독을 보이는 사람들 중에는 알코올 중독이나 다른 중독 문제를 보이는 사람들과 비슷하게 자신에게 문제가 있다는 것을 인정하지 않고 부인하는 경우도 있다. 이러한 경우에도 일탈과 기능장애의 측면에서 이상 행동을 보인다고 잠정적으로 판단할 수 있을 것이다.

2. 인터넷 중독의 개념 : 중독인가, 충동조절장애인가

그렇다면 인터넷 중독을 어떤 정신장애로 보아야 할 것인가? 인터넷 중독의 현상은 첫 등장부터 미디어와 대중의 많은 관심을 받았지만, 문제적 인터넷 사용을 중독이라고 보아야 하는가는 연구자들 간의 심각한 논쟁을 불러일으켰다. 이러한 논쟁의 일부는 '중독(addiction)'이라는 개념을 둘러싸고 일어났다고 볼 수 있다. 문제적 인터넷 사용 양상을 보이는 사람들에게서 나타나는 특징이 물질 남용자나 도박 중독자에게서 나타나는 특징과 유사하다는 데에는 많은 사람들이 동의하지만, '물질 중독'에 사용하는 중독 개념을 (설령 자기파괴적 행동이 나타난다고 하더라도) 적용하는 것이 과연 타당한가에 대해서는 회의적인 사람들도 적지 않다.

1) 중독의 개념

중독은 추상적인 개념이자 일종의 사회적 구성 개념으로서 그 개념을 정확하게 정의하기가 쉽지 않다. 전통적으로 중독이란 용어는 술이나 마약 등의 물질을 많이 사용함으로써 신체가 물질에 생리적으로 의존된 상태를 말하며, 그 결과 강력한 생리적 갈망, 금단 증상, 그리고 동일한 효과를 얻기 위해 더 많은 물질을 필요로 하는 내성이 나타나는 상태를 의미하였다(APA, 2013). 즉 내성과 금단을 수반하는 생리적 의존을 물질을 섭취하는 데서 생기는 화학적 중독의 핵심 특징이라고 보았다.

그러나 화학적 중독의 개념에도 많은 변화가 일어났다. 1980년에 DSM-III에서는 중독이라는 용어 대신, 낙인 효과가 적고 니코틴이나 알코올 등 여러 물질에 두루 적용할 수 있는 '의존'이라는 용어를 채택했으며, 물질 의존의 준거로 내성이나 금단 증상으로 나타나는 생리적 의존이 있어야 한다고 보았다(APA, 1980). DSM-III-R에서는 중독의 준거를 좀 더 넓게 정의하여, 신체적 증상이 있어야 한다는 기준을 없애고 강박적 사용의 측면을 더 강조하였다. 강박적 사용은 어떤 행동을 하려는 저항하기 어려운 충동을 느껴 물질을 사용하거나 행동을 한다는 것을 의미하며, 물질 사용을 조절하지 못하고 해로운 결과에도 불구하고 계속 사용하는 행동이 나타난다고 보았다.

한편 DSM-IV에서는 강박적 사용뿐 아니라 내성이나 금단이 있어야 된다고 보아 중독을 다시 좁게 정의하였다. DSM-5에서는 흥미롭게도 중독이라는 용어를 사용하면서 의존과 남용의 구분을 없앴다. 내성과 금단 증상으로 나타나는 신체적 의존은 특정 물질이나 활동에 강박적으로 몰두하게 만드는 중요한 근거가 되기도 하지만, 중독의 필요충분조건이 될 수는 없다고 본 것이다. 이러한 변화는 중독을 중추신경계에 영향을 미치는 소수 약물의 효과에 국한함으로써 물질뿐 아니라 행위에도 나타날 수 있는 강박적 사용 패턴과 조절 실패 현상에 초점을 맞추지 못하게 만든다는 관점에서 비롯되었다.

이와 함께 나타난 중요한 변화는 비화학적 중독인 병적 도박장애가 화학적 중독인 물질사용장애와 같은 범주인 물질 관련 및 중독장애(substance related and addictive disorder)로 분류된 것이다. 이는 병적 도박과 물질사용장애의 증상 양상이 유사하고 두 장애 사이에 공병률이 매우 높을 뿐 아니라, 두 장애에 작용하는 유전적인 취약성이나 생물학적인 표식 및 인지적 결함 등이 비슷하다는 연구 결과가 축적되었기 때문이다(Petry, 2006). 이처럼 병적 도박이 물질사용장애와 같이 중독장애에 포함된 것은 중독 개념에 중요한 패러다임의 변화가 일어났다는 것을 보여 준다.

아직도 중독이란 용어를 술이나 마약을 섭취하는 것에 한정해야 한다는 학자도 적지 않지만(Walker, 1989), 중독은 내성이나 금단을 포함한 신체적 의존보다는 강박적 사용 패턴이나 조절의 실패를 핵심 특징으로 보는 것이 더 타당하다는 주장이 확산되고 있다. 이러한 주장을 하는 학자들은 중독의 개념을 병적 도박, 인터넷 사용, 강박적 성이나 구매행동과 같은 행동에도 확대하여 사용하는 데 찬성한다.

대표적인 학자로 Orford(2001)는 사람들에게 평상적으로는 즐거움과 만족을 가져다주지만 과도해졌을 때 일상생활에 지장을 주고 삶의 질을 손상하는 다양한 종류의 활동이 있으며, 이런 활동에는 음주, 도박, 마약, 섭식, 성행동 등이 있다고 가정하였다. 그는 이러한 활동을 '욕구 충족적 활동(appetitive activities)'이라고 부르는데, 중독은 바로 이러한 '욕구 충족적 활동'에 강한 애착이 형성되어 자기 조절이 되지 않는 상태라고 보았다.

중독에 대한 광의의 개념을 찬성하는 또 다른 학자로 West(2001)는 중독을 '보상 추구 행동에 대한 통제가 손상되어 해로운 결과가 따라오는 상태'라고 넓게 정의하고 있다. 한편 약물 섭취로 인한 중독뿐 아니라 도박이나 성, 비디오 게임이나 인터넷 사용에도 중독될 수 있다고 주장하는 Griffith(2005)는 모든 중독의 공통적 특성으로 현저성, 기분 전환, 내성, 금단, 갈등, 재발을 제시하였다. 이와 같이 중독을 해로운 결과에도 불구하고 특정 물질이나 활동을 강박적으로 하고 조절이 실패한 상태로 본다면(West, 2001) 인터넷 중독은 중독이라고 볼 수 있을 것이다.

2) 인터넷 중독은 중독인가, 충동조절장애인가

처음 인터넷 중독의 개념을 제시한 것은 영국의 정신과 의사인 Goldberg(1996)로 인터넷 중독이 알코올 중독이나 마약 중독과 마찬가지로 지각장애, 주의력장애, 사고력장애, 판단력장애, 대인관계 문제 등을 유발한다고 주장하였다. 그 후 DSM-IV의 물질 중독을 기반으로 인터넷 중독을 개념화하고 ① 지속적인 욕구, ② 내성, ③ 금단, ④ 부정적 결과를 진단 기준으로 제안하였다. 초기에 Goldberg는 인터넷 중독을 다른 중독장애와 구분되는 하나의 독립된 중독장애로 간주하였으나, 이후에는 이를 과도한 컴퓨터 사용의 일종이라고 자신의 견해를 다소 수정하여 '병리적 컴퓨터 사용(pathological computer use)'이라는 용어로 대체하였다.

처음으로 인터넷 중독에 대한 연구를 발표했던 Young(1996) 역시 초창기에는 인터넷 중독을 '물질 중독'으로 개념화하였다. Young은 이러한 진단 개념을 기반으로 하여 8문항으로 구성된 진위형의 인터넷 중독 검사를 개발하였다. 이 척도에 의하면 8개 항목 중 5개 이상의 항목에 '예'라고 대답할 경우 인터넷 중독으로 진단을 받게 된다. 하지만 이 진단 기준을 사용하는 경우 30%에 달하는 높은 진단율이 나타나는 심각한 문제점을 드러냈다. 이후 인터넷 중독과 같은 행위 중독을 '물질 중독'으로 개념화하는 것에 대한 회의적인 입장과, 인터넷은 중독적 성질이 없다는 다른 연구자들의 지적을 받아들여 인터넷 중독을 다른 행동 중독, 즉 '병적 도박'과 유사하다고 개념의 수정을 거쳤다. 그리고 '과도한 인터넷 사용(excessive internet use)'으로 명명하면서 DSM-IV의 '충동조절장애' 내 '병적 도박'을 기준으로 하여 인터넷 중독의 진단 기준을 제시하였다. 진단 기준에는 ① 인터넷에 대한 과몰입, ② 인터넷 사용 조절 실패, ③ 지속적인 욕구, ④ 내성과 금단, ⑤ 의도한 것 이상의 과도한 인터넷 사용, ⑥ 문제 회피 수단으로 인터넷 사용, ⑦ 다른 활동에의 흥미 감소, ⑧ 인터넷 게임을 숨기려는 거짓말, ⑨ 과도한 인터넷 사용으로 인한 학업, 사회적, 직업적, 경제적 생활의 방해가 포함되었다. 이 외에도 표 1.1에 제시한 바와 같이 여러 학자들이 인터넷 중독에 대한 개념을 정의하였다.

최근 DSM-5의 부록에 소개된 인터넷게임장애는 비화학적 중독(non-substance addiction), 즉 행위 중독으로 개념화되어 있으며(Petry et al., 2014), 진단 기준은 집착, 금단, 내성, 사용 조절 실패, 부정적 결과에도 불구하고 인터넷 사용 지속, 취미 활동이나 관심사의 감소, 우울한 기분 회피, 다른 사람을 속임, 대인관계 및 직업에서의 문제 등 9개 기준에서 5개 이상을 충족하는 것으로 되어 있다.

이와 같이 다양한 연구자들이 제안한 인터넷 중독 진단 기준은 약간씩 다르지만 다음과 같이 공통된 다섯 가지 특징이 포함되어 있다. ① 강박적 사용 및 집착, ② 사용 조절 실패, ③ 금단과 내성, ④ 부정적 결과가 그것이다.

첫 번째 특징인 강박적 사용 및 집착은 인터넷을 강박적으로 사용할 뿐 아니라

표 1.1	인터넷 중독의 진단 기준에 대한 연구자들의 정의		
연구자	용어	진단적 개념화	진단 기준
Goldberg (1996)	인터넷중독장애 (internet addiction disorder)	물질사용장애	내성, 금단, 갈망, 부정적 결과
Young (1996)	병리적 인터넷 사용 (pathological internet use)	충동조절장애	집착, 통제 상실, 갈망, 내성, 금단, 과도한 사용 시간, 의도보다 과도한 사용, 문제 회피 수단으로 인터넷 이용, 부정적 결과
Griffith (1998)	인터넷 행동 의존 (internet behavior dependence)	행위 중독	내성, 금단, 기분 변화, 현저성, 재발, 부정적 결과
Shapira 외 6명 (2003)	문제성 인터넷 사용 (problemetic internet use)	충동조절장애	집착, 계획보다 과도한 사용 시간, 부정적 결과, 조증을 포함한 다른 정신과적 장애와의 감별
Ko 외 2명 (2005)	인터넷 중독 (internet addiction)	충동조절장애, 행위 중독	집착, 충동 조절 실패, 의도보다 과도한 사용 시간, 내성, 금단, 통제 상실, 인터넷 접근을 시도하는 과도한 노력, 부정적 결과, 다른 정신과적 장애와의 감별
DSM-5	인터넷게임장애 (internet gaming disorder)	행위 중독	집착, 금단, 내성, 사용 조절 실패, 부정적 결과에도 불구하고 인터넷 사용 지속, 취미 활동이나 관심사의 감소, 우울한 기분 회피, 다른 사람을 속임, 대인관계 및 직업에서의 문제

언제나 인터넷에 대해 생각하고, 인터넷을 하지 않는 동안에도 인터넷을 할 생각에 사로잡혀 있는 것을 말한다.

두 번째 특징인 사용 조절 실패는 인터넷 사용 때문에 발생한 여러 가지 문제로 인해 인터넷 사용을 줄이거나 중단하려는 노력에도 불구하고 줄이지 못하고 계속 사용하는 것을 말한다.

세 번째 특징은 금단과 내성이다. 금단 증상은 흔히 생리적 의존의 결과로 나타난다고 여겨졌지만, 암페타민이나 니코틴 혹은 병적 도박같이 뚜렷한 생리적 의존이 없는 상태에서도 금단 증상이 나타나는 것으로 밝혀졌다. 인터넷 중독의 경우도 인터넷을 사용하지 못하게 되었을 때, 또는 의도적으로 인터넷을 줄이고자 사용하지 않을 때, 심리적이거나 신체적인 각성과 함께 불편감(주로 짜증이나 성마름을 보이거나 안절부절못하는 것)을 보이는 증상으로 나타난다. 금단 증상은 사용 조절 실패와 함께 인터넷 중독의 핵심 증상으로 여겨지고 있다. 한편 내성은 원하는 효과를 얻기 위해 점점 더 많은 용량을 섭취하거나 특정 활동에 시간을 보내는 것을 말한다. 인터넷 중독에서 내성은 점점 더 많은 시간을 온라인에서 보내는 것이나 이전에 했던 양만큼 인터넷을 해서는 만족스럽지 않은 것 등을 말한다.

마지막으로, 인터넷 중독으로 인한 부정적 결과는 다양한 양상으로 나타난다. 가장 보편적으로 나타나는 양상은 가족이나 친밀한 관계, 혹은 친구관계에서의 갈등을 비롯해 학업상의 문제나 직업에서의 업무 수행 실패이다. 이 밖에도 법을 어기거나 거짓말하는 것, 불면증, 어깨 결림, 시력 저하 등의 신체적 문제를 보이기도 한다.

이와 같이 인터넷 중독의 특징적 증상에 대해서는 어떤 증상이 더 핵심적인지, 또 학자들 간에 이견이 많이 좁혀지고 있다. 하지만 이들 각각이 어느 성도의 강도나 빈도로 나타날 때 병리적 증상으로 볼 것인지는 좀 더 많은 경험적 자료와 논의가 필요하다.

그렇다면 인터넷 중독을 충동조절장애로 볼 수는 없을까? 충동조절장애의 핵심 특징은 개인이나 다른 사람에게 해가 될 수 있는 행위를 하려는 충동이나 욕구, 유혹에 저항하지 못하는 것이다. 충동조절장애에 속하는 장애의 공통점은 자신과 타인에게 해를 끼칠 수 있는 행동을 반복하며, 스스로 조절할 수 없는 충동을 느낀다는 것이다. 행동 전에는 각성이나 긴장이 고조되며, 행동을 하는 동안에는 만족감과 안도감을 느끼는 것이 특징이다.

행위 중독으로 볼 수 있는 '병적 도박'이 DSM-III에 처음 포함될 당시에는 중독의 개념이 화학적 중독에 국한되어 있었기 때문에, 가장 유사하다고 여겨진 충동조절장애에 넣었다. '병적 도박'의 진단 기준은 ① 도박에의 집착, ② 내성, ③ 금단, ④ 조절 실패, ⑤ 문제로부터 도피하거나 부정적 기분에서 벗어나기 위해 도박을 함, ⑥ 도박으로 잃은 손실을 만회하고자 함, ⑦ 도박과 관련한 거짓말, ⑧ 도박과 관련한 불법적 행위, ⑨ 도박으로 인해 관계, 직업, 교육 등에 어려움이 생김, ⑩ 도박에 의한 채무를 해결하기 위해 타인에게 의존함이다. 이 진단 기준을 살펴보면 물질 의존의 7개 기준 중 5개가 병적 도박의 진단 기준에 포함되어 있다. 따라서 병적 도박이 물질 의존과 그 양상이 상당히 유사함에도 불구하고 비화학적 중독을 물질 의존에 포함할 수 없기 때문에 충동조절장애로 넣었던 것이다. 그러나 병적 도박은 다른 충동조절장애와 유사점이 매우 적고, 또 공병 현상도 드물어 처음부터 문제가 있었다(Petry, 2006).

인터넷 중독 역시 처음 개념이 제안되었을 때 화학적 중독의 개념에 맞지 않다고 보아 가장 유사한 병적 도박의 예를 따라 충동조절장애라고 보는 연구자가 많았다. 그러나 인터넷 중독을 충동조절장애로 보는 관점은 인터넷 활동이 가진 향정신적 작용을 고려하지 않은 채 개인의 충동 조절 실패에만 초점을 맞췄다는 점에서 한계가 있다. 필자의 견해로는 오늘날 중독의 범위가 비화학적 중독인 행위 중독에까지 확장되고, 병적 도박이 다른 물질사용장애와 같이 중독장애에 포함되는 시점에 인터넷 중독을 충동조절장애라고 개념화하기보다 행위 중독으로 개념화하는 것이 더 타당하다고 본다. 그렇지만 이에 대한 명확한 답을 얻기 위해서는 공존장애에 대한 연구나 가족 연구 등 좀 더 많은 경험적인 연구 결과가 축적되어야 할 것이다.

3. 인터넷 중독, 별개의 독립된 장애인가

인터넷 중독에 대한 학문적인 관심이 높아지면서 불거진 또 다른 논쟁은 인터넷 중독이 과연 독립된 별개의 장애인지, 아니면 다른 정신병리의 증상으로 보아야 할지에 대한 것이었다. 이는 새로운 장애가 등장할 때마다 자주 논의되는 쟁점이기도 하다.

DSM-III(APA, 1980)에 병적 도박이 처음 등재되었을 때 병적 도박이 조증 삽화, 물질 의존, 반사회적 성격장애, 우울증과 흔히 공존한다는 점을 들어 병적 도박을 주된 장애(primary disorder)로 볼 수 있는가의 문제가 제기되었다. 그 결과 DSM-III에서는 도박이 반사회적 성격장애에서 비롯된 경우에는 병적 도박에 대한 진단을 독립적으로 내리지 않는 것으로 정해졌다. 그러나 DSM-IV에서는 병적 도박이 반사회적 성격장애와 같이 일어나도 독립적으로 진단하도록 진단 기준이 바뀌었다(APA, 1994).

인터넷 중독에 대해서도 비슷한 문제가 제기되고 있다. 인터넷 중독이 하나의 독립적인 장애로 존재하는 것인지, 아니면 다른 장애나 증후군의 일부로 나타나는 것인지에 대한 논쟁이 매우 뜨겁다.

이에 대한 첫 번째 주장은 인터넷이 하나의 환경이자 특정 활동에 대한 기회를 제공해 주는 매체일 뿐이기 때문에 인터넷 중독을 하나의 독립된 장애라고 보는 것은 타당하지 않다는 견해이다. 예컨대 인터넷 사용의 문제를 보이는 사람들 중 온라인에서 도박이나 사이버섹스 등에 몰입하는 경우가 적지 않은데, 이는 인터넷과 관련된 새로운 정신장애가 생겨났다기보다는 이전부터 가지고 있던 정신병리, 즉 성적 도착이나 병적 도박 증상이 인터넷이라는 새로운 매체를 통해 나타났다고 보아야 한다는 것이다. 또는 인터넷 사용 문제는 개인이 가지고 있던 우울증이나 불안, 주의장애 등 기저의 정신병리에서 비롯된 것이며, 인터넷이 없다면 다른 방식으로 발현되었을 것이기 때문에 독립적인 장애라고 볼 수 없다는 것이다(Pies, 2009).

이러한 주장은 일리가 있다. 왜냐하면 인터넷 도박 중독이나 인터넷 포르노 중독의 경우 원래 가지고 있었던 문제가 익명성이 보장되며 24시간 접근 가능한 인터넷을 통해 발현될 가능성이 있기 때문이다. 만일 온라인상에서 도박이나 성적 도착 등의 문제를 보인 사람들이 이전에 오프라인상에서도 동일한 문제를 가지고 있었다면, 이는 기존에 가지고 있었던 문제가 온라인상에서 나타난 것이므로 인터넷 중독이라고 말할 수 없을 것이다. 그렇지만 모든 인터넷 중독자들이 오프라인에서 가지고 있던 문제를 인터넷을 통해 나타낸다고 볼 수는 없다. 정보나 음악을 내려받는 것은 온라인 공간을 통해서만 일어나는 행동이며, 게임이나 채팅은 온라인 공간뿐 아니라 오프라인상에서도 존재하는 활동이지만 인터넷에서는 매우 다른 양상으로 나타나 이러한 행동에 강박적으로 몰두한다면 인터넷 중독을 하나의 독립적인 장애로 보는 것이 타당할 것이다.

한편 인터넷 중독자가 삶의 압박감으로부터 회피하기 위해, 울적한 기분을 달래기 위해, 혹은 사회적 고립감을 없애고 기분을 조절하기 위해 인터넷을 사용하는 경우가 많다는 점을 들어, 인터넷 중독이 하나의 독립된 장애라기보다 다른 문제의 '증상'으로 나타나는 것이라고 보는 관점이 있다(Shaffer et al., 2000). 특히 우울증과 인터넷 중독 간의 높은 상관과 함께 인터넷 중독 문제를 보이는 청소년들 중에 주요 우울장애를 보이는 사례가 많다는 연구 결과로 인해 인터넷을 우울증이나 성격장애의 이차적 증상으로 보는 것이 타당하다고 주장하는 연구자도 있다(Ha et al., 2006). 이러한 주장은 비단 인터넷 중독뿐만 아니라 알코올 중독을 변장한 우울로 보는 것과 같이 다른 물질 의존에서도 제기되었던 문제이다.

다양한 중독 문제가 자기치료적(self-medicated) 대처에서 시작된 문제일 수 있으나, 이러한 장애의 임상적 특징이나 신경생리학적 기제, 관련된 사회환경적 취약성을 고려해 볼 때 하나의 독립적인 장애로 보고 치료하는 것이 더 타당하다는 견해가 유력하다. 한 예로 Bostwick과 Bucci(2008)는 24세부터 인터넷 포르노에 집착하고 자위행위를 심하게 하면서 때로 인터넷을 통해 만난 사람과 안전하지 않은 섹스를 하는 문제로 클리닉에 온 젊은 남성에 대한 치료 경험을 보고하였다. 치료자가 이 청년에게 7년 동안이나 항우울제 치료와 개인 심리치료 및 집단 심리치료를 하였으나 별 효과를 보지 못하다가 아편 길항제인 날트렉손을 처방한 후 뚜렷한 효과가 나타났다는 것이다. 이러한 결과는 인터넷 성 중독을 중독 문제로 보고 치료하는 것이 타당함을 드러낸다. 인터넷 중독에 대한 명확한 진단과 분류를 위해 앞으로 이러한 개별 사례 보고뿐 아니라 경험적인 연구가 더 필요하다.

인터넷 중독을 독립된 장애로 보기 어렵다는 주장의 근거로 흔히 제시되는 자료는 인터넷 중독자들이 보이는 높은 공존장애율이다. Mitchell(2000)은 인터넷 중독이 독자적으로 발달하는 것인지, 아니면 기저에 있는 공존질환에 의해 촉발되는 것인지 명확하지 않기 때문에 개별적인 진단을 내리는 것이 시기상조라고 보는 대표적인 학자이다.

이와 관련하여 자주 인용되는 자료는 Shapira와 동료들(2000)의 연구이다. 이들은 인터넷 사용 문제를 주로 호소하는 20명을 구조적 면담도구를 가지고 면담했는데, 문제적 인터넷 사용에 대해 지난 6개월 동안 ① 조절 불가능하고, ② 뚜렷하게 괴로움을 주거나, 시간을 허비하거나, 사회적·직업적·재정적 문제를 일으키며, ③ 경조증이나 조증 시기에만 나타나지 않아야 한다고 정의 내렸다. 그 결과 문제적 인터넷 사용을 보이는 모든 내담자들이 충동조절장애(impulse control disorder, NOS)의 진단 기준을 충족하는 것으로 나타났으며, 평생 적어도 한 가지의 DSM-IV 1축 진단을 가지고 있는 것으로 밝혀졌다. 그중 70%의 사람들은 양극성장애를 가지고 있으며, 70%가 불안장애, 55%가 물질사용장애 등을 가지고 있었다. 비록 연구 대상자의 수가 적지만 이 연구는 문제적 인터넷 사용이 확실히 주관적 괴로움과 기능장애를 가지고 있다는 사실을 밝혔으며, 인터넷 중독을 독립적인 장애로 보아야 할 것인지, 아니면 다른 정신장애, 특히 양극성장애의 증상으로 나타나는지 더 많은 경험적 연구가 필요하다는 점을 제기하였다.

대만의 정신과 의사인 Ko와 동료들도 인터넷 중독을 보이는 대학생들을 대상으로 면담도구를 사용하여 공존장애를 연구하였다(Ko et al., 2008). 이들은 9개의 기준, 즉 집착, 통제할 수 없는 충동, 의도한 것보다 더 오래 사용함, 내성, 금단, 조절 실패, 과도한 시간과 노력을 인터넷에 쏟음, 인터넷 접근을 위한 과도한 노력, 일상생활에서의 기능 손상 중 6개를 충족하는 것을 인터넷 중독으로 정의하였다. 광고를 통해 연구에 참여한 216명의 대학생을 면담한 결과 그중 87명이 인터넷 중독으로 밝혀졌으며, 이들 중 56명(25.9%)이 주요 우울장애를 포함한 우울증을 가지고 있었고, 20명(9.3%)이 사회공포증, 39명(18.1%)이 성인 ADHD를 가지고 있는 것으로 나타났다.

이러한 연구들은 인터넷 중독에 대한 진단 기준을 서로 다르게 사용했기 때문에 비교하기가 어렵다. 그러나 그 결과들을 살펴보면 인터넷 중독과 함께 나타나는 공존장애의 종류나 유병률이 연구마다 다르게 나타남을 알 수 있다. 이 부분에 대해서는 인터넷 중독에 대해 합의된 진단 기준을 적용한 역학 연구를 통해 인터넷 중독의 공존장애를 체계적으로 살펴보아야 할 것이다. 그러나 DSM 체계에서 공존장애의 존재는 예외라기보다는 통상적인 현상이 되고 있어(Kessler et al., 2005), 인터넷 중독을 보이는 사람들에게 공존장애가 높게 나타난다는 것이 인터넷 중독이 독립적인 장애가 될 수 없다는 주장의 근거라고 보기는 어려울 것이다.

이러한 현상은 다른 중독장애에서도 비슷하게 나타나는 현상으로, 물질사용장애를 가지고 있는 사람들이 우울장애나 다른 물질 남용 혹은 물질 의존의 비율이 높고, 불안장애, 성격장애의 비율도 높은 것으로 나타났다. 병적 도박을 가지고 있는 사람들의 70%가 알코올 문제를 가지고 있으며(Petry et al., 2005), 알코올이나 약물에 대한 의존 또는 남용으로 고통받고 있는 사람들 중 21.3%가 최소한 한 가지 이상의 정신장애를 가지고 있다고 알려져 있다(Substance Abuse and Mental Health Services Administration, 2004). 공존장애의 존재는 어떤 정신장애를 독립적으로 볼 것인가, 혹은 어떤 장애를 주된 장애로 볼 것인가의 쟁점으로보다는 두 가지의 장애에 작용하는 공통적인 생물·심리·사회적 요인을 이해하고 치료하는 데 활용되어야 할 것이다.

4. 인터넷의 중독적 특성: 내용인가, 과정인가

모든 중독 현상의 기저에는 개인의 취약성(생물학적·성격적·인지적)과 사회환경적 요소 및 중독 물질, 중독 활동의 중독적 특성이 복합적으로 작용하고 있다. 그렇다면 인터넷의 중독적 특성은 무엇일까? 그러나 인터넷의 중독적 특성에 대해서는 아직까지 연구가 활발하게 이루어지지 않고 있어 경험적 근거가 충분하지 못하다.

인터넷 중독이라는 용어를 사용할 때 개인이 인터넷 자체에 중독되는 하나의 단일한 현상을 말하는 것처럼 생각하기 쉽지만 그렇지 않다. 왜냐하면 인터넷은 사용자들이 컴퓨터에 저장된 정보에 접근하거나 다른 사람과 교류할 수 있게 해 주는 하나의 연결망일 뿐이고, 사람들이 인터넷을 통해 하는 활동이나 경험이 매우 다양하기 때문이다. 따라서 인터넷의 중독적 특성을 살펴볼 때 인터넷이 제공하는 내용과 인터넷이라는 매체가 제공하는 새로운 경험 혹은 과정을 따로 생각해 봐야 할 것이다. 먼저 사람들이 인터넷의 세계에 빠져들게 만드는 다양한 내용에 대해 살펴본 다음 인터넷의 과정적 요소를 살펴보자.

1) 인터넷의 콘텐츠 : 내용 요소

인터넷이 제공하는 콘텐츠는 음악, 스포츠, 뉴스, 정보, 쇼핑, 도박, 게임, 포르노 등 다양하며 경계가 없다. 이와 같이 콘텐츠가 무궁무진하게 제공된다는 것은 뇌에 끝없는 일을 부여하는 것과 같으며, 사람들은 완성하지 못한 채 중단된 행위를 지속하려는 경향성을 지니고 있어 결국 인터넷 사용자가 인터넷을 강박적으로 사용하도록 만든다. 앞에서 언급한 바와 같이 인터넷은 단지 이런 다양한 콘텐츠를 제공하는 하나의 매체에 불과하기 때문에, 인터넷에 중독된다기보다는 인터넷을 통해 제공되는 특정 내용을 소비하는 활동에 중독된다고 말하는 것이 더 정확하다. 인터넷에서 과용되거나 과소비되기 쉬운 게임, 도박, 쇼핑, 섹스와 같은 내용은 대부분 즐거움, 쾌감을 주거나 불안, 긴장을 감소시키는 역할을 하며, 이런 의미에서 알코올이나 마약의 향정신성(마음을 바꿔 주는) 효과를 가진다고 볼 수 있다.

사람들이 인터넷에서 하는 활동 중 가장 문제를 많이 일으키고 치료를 찾게 만드는 것은 성적인 내용과 게임이다(Greenfield, 2011). 물론 게임이나 섹스, 도박은 인터넷에서만 할 수 있는 것은 아니며 오프라인에서도 이미 소비되었던 것으로서 활동 자체가 강한 쾌감이나 긴장 감소를 준다는 점에서 중독적 요소를 가지고 있다. 그러나 이런 활동이 인터넷에서 제공될 때 인터넷의 특성으로 인해 중독성이 증폭된다는 점에 주목할 필요가 있다.

예를 들어 컴퓨터 게임은 인터넷이 등장하기 전부터 존재했고, 컴퓨터 게임에 중독된 사람들 또한 이미 존재했다. 그러나 인터넷을 통해 제공되는 게임은 종전의 컴퓨터 게임과는 비교도 되지 않게 더 화려한 그래픽과 음향 효과가 가미될 뿐아니라 무한대의 내용을 가지고 무한대의 사람들과 상호 교류하며 게임을 할 수있게 함으로써 게임의 강도가 엄청나게 높아졌다. 전통적인 컴퓨터 게임이나 비디오 게임을 하는 사람들 중 일주일에 20시간 게임을 하는 사람은 전체 플레이어 중 6%에 불과했으나, MMORPG를 하는 사람들의 평균 게임 시간은 25시간에 이른다(Ng & Wiemer-Hastings, 2005). 또 다른 예로 Griffith와 동료들(2009)은 9,003명의 성인을 대상으로 한 British Gambling Prevalence Survey에서 인터넷을 통하지 않은 도박을 하는 사람들(0.5%)에 비해 인터넷을 통해 도박하는 사람들(5%) 중에 문제적 도박을 하는 사람이 무려 10배나 많다는 결과를 얻었다(Griffith, 2011에서 재인용).

이와 같이 인터넷을 통해 제공되는 내용은 그 자체가 중독적인 특성을 가지고있지만, 인터넷이라는 새로운 매체를 통해 제공됨으로써 중독적 잠재력이 한층증폭되는 경우가 많다. 그렇다면 인터넷이라는 매체의 어떤 특성이 중독성을 높이는지 살펴보자.

2) 과정적 요소

인터넷의 구조적이고도 과정적인 요소가 지닌 중독적 특징에 대해 Cooper(1998)는 접근성(access), 구매 가능성(affordability), 익명성(anonymity)을 합하여 트리플A 엔진(triple A engine)이라고 이름 붙였다. 이와 비슷하게 Griffith(2011)는 접근/

가용성, 익명성, 편의성, 도피성, 몰입/해리성, 탈억제, 강화/보상성, 상호성, 자극성, 비사회성 등을 꼽았고, Greenfield(2011)는 인터넷의 내용, 과정, 강화 요소, 사회성, 디지털 세대의 요소 등이 작용한다고 보았다. 앞에서도 언급했듯이 이 분야에 대한 경험적 연구가 매우 부족하므로 이 장에서는 이들의 주장을 종합하여 인터넷의 중독성에 영향을 미치는 중요한 과정적 요소를 다음과 같이 다섯 가지로 살펴보았다.

(1) 접근, 가용성, 구매 가능성

인터넷은 항상 열려 있고 언제나 사용 가능하다. 즉각적으로 원하는 것—지적인 것이든, 의사소통을 하는 것이든, 쇼핑을 하는 소비 욕구든, 성적 욕구든—을 얻을 수 있다는 것은 많은 사람들에게 저항하기 힘든 유혹이 될 수 있다. 이러한 접근 가능성과 가용성, 저비용의 요소로 인해 온라인에서는 충동이나 욕구가 이를 충족시키기 위한 행동(보고, 내려받고, 게임하고, 구매하고)으로 옮겨지는 역치 수준이 크게 낮아진다. 기본적으로 장벽이 없다고 할 수 있다. 현실에서 이러한 욕구를 행동으로 옮기려면 차를 타고 특정 장소를 찾아가는 등 상당한 시간과 에너지가 필요하지만, 온라인에서는 그저 클릭만 하면 된다. 선택해서 클릭하는 데까지 걸리는 시간이 순식간이기 때문에 깊게 생각할 필요가 없으며 많은 에너지를 들일 것도 없다. 한마디로 생각한 것이 즉각적으로 현실이 되고 그것이 바로 인터넷에 중독되게 하는 요소로 작용한다.

(2) 익명성

인터넷의 속성 중 중요한 것이 바로 익명성이다. 익명성은 자신의 성격적 측면의 숨겨진 부분이나 의식하지 못하는 측면에 접근할 수 있도록 한다는 점에서 그 자체로 중독을 촉진한다. 인터넷에서 게임을 할 때나 성과 관련된 내용의 채팅을 할 때, 대인관계를 맺을 때, 자신의 숨겨진 특성이나 측면이 드러나고 현실 세계에서 표현할 수 없었던 모습을 나타내게 된다. 특히 현실의 자기 모습에 불만이 많을수록, 왜곡된 자아상을 가지고 있을수록, 자기존중감이 낮은 사람일수록 인터넷에서의 익명성과 그로 인해 마음껏 창조해 낼 수 있는 이상적 자기상을 만들어 자신의 욕구를 원하는 만큼 충족시키는 데 몰입할 가능성이 크다.

이상적 자기상을 만들고 실제 생활에서 느끼지 못하는 만족을 얻을 수 있다는 것은 그 자체로도 큰 매력이다. 그러나 문제는 현실로 돌아오는 순간 이 모든 것이 한순간에 무너지고 허탈감, 우울감에 빠지기 쉽다는 것이다. 따라서 이러한 부정적 감정을 회피하기 위해 사이버 세상에 빠지는 악순환이 일어나게 되는데, 이 부정적 악순환의 고리가 바로 중독에 이르는 길이라고 볼 수 있다.

이러한 인터넷의 익명성은 탈억제를 촉진하여 인터넷의 중독적 요소를 강화한다. 인터넷에서는 실명이 아니라 '자신이 원하는 이미지와 정체성'을 담은 아이디를 만들어 활동할 수 있기 때문에 언제든지 자신의 존재를 변형할 수도 있고 다른 세상으로 넘어갈 수도 있다. 인간은 자신의 존재가 남에게 드러날 때 의식적이든 무의식적이든 스스로를 통제하고 조절하려는 노력을 하게 되는데, 익명성은 개인의 통제력과 조절력을 크게 약화하여 인터넷에 중독되게 만든다.

3) 강화, 보상적 요소

쾌락 혹은 즐거움을 주는 물질이나 활동은 그것이 주는 강화 효과로 인해 반복적으로 일어날 가능성이 높다. 학습심리학 이론의 하나인 조작적 조건화 이론에 의하면 특정 행동의 빈도와 강도가 증가하는 것은 특정 행동의 결과로 보상이나 강화가 주어지기 때문이다. 인터넷 중독 역시 인터넷 활동이 즐거움, 쾌락을 포함한 보상과 강화를 제공하기 때문에 그것이 반복되고 그 빈도와 강도가 점점 증가한다고 할 수 있다.

인터넷은 보상과 강화가 끊임없이 제공되는 공간이다. 또한 인터넷은 소비하는 내용에서 오는 쾌감과 흥분의 일차적 강화물을 제공할 뿐 아니라, 불안을 유발하는 사회적 상호작용을 회피하게 하고, 노력이 많이 드는 공부나 일을 피할 수 있게 해 주며, 가족과 주요한 관계로부터의 심리적 탈출구를 마련해 줌으로써 우리에게 간접적 이득을 주는 이차적 강화물을 제공한다.

인터넷이 지닌 이러한 강화적 요소는 인터넷의 중독적 특성에 영향을 미치는 매우 중요한 요소이다. 인터넷은 변동 비율 강화 스케줄에 따라 기능하는데, 이는 특정 행동에 대한 보상이나 강화가 규칙적으로 제공되는 것이 아니라 비예측적이고 불규칙적으로 제공되는 경우를 말한다. 강화가 언제 다시 제공될지 모른다는 예측하에 학습된 행동이기 때문에 일정 기간 강화가 주어지지 않는다고 하더라도 쉽게 행동이 소거되지 않는다. 특히 인터넷 게임에서 얻은 화폐나 아이템, 또는 잘 키운 캐릭터는 현실에서 현금 거래가 되어 큰 보상으로 작용한다. 이와 같이 경제적 이득과도 연결되는 게임 내 아이템은 단계가 높아질수록 얻을 확률이 더욱 낮고, 희소하고, 예측 가능하지 않으며, 실력보다는 운이 좋아야 얻을 수 있어 고가의 아이템을 얻게 되면 마치 복권에 당첨된 것과 같은 흥분과 쾌감을 느낀다. 이러한 게임의 강화 메커니즘과 시나리오는 인터넷 중독을 보이는 청소년들의 개인적 취약성과 더불어 이들로 하여금 게임에서 빠져나올 수 없게 만드는 요인으로 작용한다(성윤숙, 2009).

4) 대인관계적 요소

사람이라면 누구나 사회적 상호작용과 의사소통에 대한 욕구를 가지고 있어 인터넷이 제공하는 대인관계적 요소에 끌리게 된다. 인터넷에서 사람들은 자신의 사회불안을 최소화하고 편안함을 최대화하는 방식으로 대인관계의 폭과 깊이를 조절할 수 있으며, 사회적 상호작용에 필요한 관계 단서의 종류도 적고 단순하기 때문에 상황에 대한 통제감이나 효능감이 증가될 수 있다. 즉 실생활에서의 대인관계 상호작용에 불안을 느끼거나 자신감이 없는 사람들에게 인터넷이라는 공간은 안전하고 예측 가능하고 제한된 공간이며, 실제의 사회적 상호작용의 부담은 최소화하되 사회관계를 통해 얻을 수 있는 사회적 보상과 강화는 무한대로 확장 가능한 공간인 것이다.

인터넷의 대인관계적 요소는 특히 MMORPG에서 중요한 역할을 하는데, 다른 어떤 인터넷 활동보다도 신뢰감과 친분으로 맺어진 끈끈한 결속력을 지닌 가상 공동체를 제공하기 때문이다. 특히 또래관계를 중요하게 여기는 청소년에게 게임은 또래들과 어울리는 기회를 제공해 줄 뿐 아니라 게임 내 혈맹이나 길드에 가입함으로써 강한 소속감과 우정을 가지게 된다. 또한 공부를 잘 못하거나 친구들 사이에서 인기가 없는 청소년은 게임에서 레벨을 높여 감에 따라 현실에서 얻을 수 없는 성취감을 느끼고 또래들 사이에서 지위와 힘을 가짐으로써 더욱 게임에 몰입하게 된다. 이와 같이 인터넷 게임은 또래 및 게임 내 동료들과 어울릴 수 있게 함으로써 대인관계 욕구를 충족시켜 줄 뿐 아니라 성취욕과 지위 향상에 대한 욕구를 충족시켜 줌으로써 강한 중독성이 있다.

5) 몰입, 해리, 탈억제 효과

인터넷에 빠져 있으면 시간에 대한 개념이 없어진다. 분명히 한 시간 정도 인터넷을 한 것 같은데 서너 시간이 훌쩍 흘러가 있다. 도박 중독에서도 이러한 현상이 나타나는데, 슬롯머신과 같이 화면을 보고 하는 도박일수록 왜곡 현상이 심하게 나타난다고 한다.

인터넷은 사람들에게 해리 상태와도 비슷한 강력한 몰입을 제공하여 시간의 지각이 흐려지고, 인터넷을 하는 자신이 마치 다른 사람처럼 느껴지며, 아무 생각도 나지 않으면서 일종의 가성최면 상태와 비슷한 몰입 상태에 빠져들게 만든다. 인터넷 도박을 하거나 비디오 게임을 하면서 이런 해리 상태를 경험하는 사람들은 그렇지 않은 사람들보다 훨씬 더 중독적 문제를 보인다고 한다(Wood et al., 2004). 이러한 의식의 해리 상태는 약물 섭취 후에 느끼는 심리 상태와 유사하며, 시간 경과에 대한 감각을 변화시킬 뿐 아니라 목표나 미래를 부인하고 현재에만 몰두하게 만들어 일종의 인지적 몰락 상태를 초래한다. 인지적 몰락을 가져오는 자기도피적 특성은 인터넷 중독과 깊은 관련성이 있는 것으로 밝혀진 바 있다

(Kwon et al., 2009). 이러한 의식 상태의 변화는 의식적 통제를 약화하고 일종의 '탈억제 효과'를 가져와 강박적 사용으로 이어지게 만들 수 있다.

앞에서 개관한 인터넷의 중독적 요소 중에서 어떤 요소의 중독성이 더 강한지, 특정 취약성을 가진 사람에 따라 중독성이 다르게 나타나는지 등에 대한 경험적 연구가 축적됨으로써 인터넷의 중독적 요소를 더 잘 이해할 수 있게 될 것이다.

∘∘ 맺음말

인터넷 중독의 개념은 많은 논란의 중심에 서 있으며, 이 장에서 다룬 질문에 대한 명쾌한 답을 얻기까지 상당한 시간이 걸릴 것으로 보인다. 이 장에서는 인터넷 중독의 개념을 일반적인 측면에서 다루었지만, 실제로는 사람들마다 인터넷에 중독되는 활동이 다양하다. 따라서 인터넷 중독의 정의와 특징이 중독되는 활동에 따라 세분화될 필요가 있을 것이다.

이런 점에서 DSM-5의 부록에 인터넷게임장애가 포함된 것은 매우 환영할 만한 일이며, 이를 기초로 많은 연구가 이루어질 것으로 기대된다. 우선 인터넷게임장애에 대한 진단 기준이 신뢰롭고 타당한지에 대한 연구가 이루어져야 할 것이며, 이를 측정하는 신뢰롭고 타당한 측정도구가 개발되어야 할 것이다. 이를 통해 인터넷게임장애가 시간이 지나도 안정적으로 나타나는지, 여러 문화권에서 비슷한 증상으로 나타나는지, 혹은 어떤 측면이 다르게 나타나는지 등을 밝혀야 할 것이다. 또한 역학 연구나 장기 추적 연구를 통해 인터넷게임장애의 자연적 경과, 공병장애의 종류나 유병률을 살펴보고, 나아가 유전적 취약성, 신경생리학적 기제와 심리·사회적 요인에 대한 연구를 통해 그 발생기제를 폭넓게 이해할 수 있게 된다면 인터넷게임장애, 또한 인터넷 중독의 개념이 좀 더 명확해질 것이다.

참고문헌

성윤숙 (2003). "청소년의 온라인 게임 몰입 과정에 대한 문화기술적 연구". 청소년상담연구, 11, 96-115.

송명준, 김신희, 구훈정, 권정혜 (2001). "인터넷 중독이 일상생활에 미치는 영향: 세 명의 사례를 중심으로". 고려대학교 학생생활연구소 심리검사 및 상담심리, 5, 323-333.

황상민 (2004). 대한민국 사이버 신인류. 21세기북스.

중독포럼 (2014년 7월). 중독포럼 창립 2주년 기념 대국민 여론조사.

American Psychiatric Association (2000). *Diagnostic and statistical manual of mental disorders* (4th ed.), Washington, DC: Author.

American Psychiatric Association (2013). *Diagnostic and statistical manual of mental disorders* (5th ed.), Washington, DC: Author.

Bostwick, J. M. & Bucci, J. A. (2008). Internet sex addiction treated with naltrxone. *Mayo Clinic Proceedings*, 83, 226-230.

Goldberg, I. (1996). Internet addiction disorder. Retrieved March 11, 2002, from http://www.cog.brown.edu/brochures/people/duchon/humor/Internet.addiction.html

Greenfield, D. (2011). The addictive properties of Internet usage. In K. Young & C. N. de Abreu (Eds.). *Internet addiction: A handbook and guide to evaluation and treatment*. Hoboken, NJ: John Wiley & Sons.

Griffith, M. D. (2005). A component model of addiction within a biopsychosocial framework. *Journal of Substance Use, 10*, 191-197.

Griffith, M. D. (2011). Gambling addiction on the Internet. In K. Young & C. N. de Abreu (Eds.). *Internet addiction: A handbook and guide to evaluation and treatment*. Hoboken, NJ: John Wiley & Sons.

Ha, J. H., Yoo, H. J., Cho, I. H., et al. (2006). Psychiatric comorbidity assessed in Korean children and adolescents who screen positive for internet addiction. *Journal of Clinical Psychiatry, 67*, 821-826.

Kessler, R., Chiu, W. T., Demler, O., & Walters, E. E. (2005). Prevalence, severity, and comorbidity of 12-month DSM-IV disorders in the National Comorbidity Survey Replication, *Archives of General Psychiatry, 62*, 617-627.

Ko, C. H., Yen, J. Y., Chen, C. C., Chen, S. H., & Yen, C. F. (2005). Proposed diagnostic criteria of internet addiction for adolescents. *The Journal of Nervous and Mental Disease, 193*, 728–733.

Ko, C. H., Yen, J. Y. Chen, C. S., & Yen, C. F. (2008). Psychiatric comorbidity of Internet addiction in college students: An interview study. *CNS Spectrums, 13*, 147–153.

Kwon, J. H., Chung, C. S., & Lee, J. (2009). The effects of escape from self and interpersonal relationship on the pathological use of Internet games, *Comunity Mental Health Journal, 47*, 113–121.

Mitchell, P. (2000). Internet addiction: Genuine diagnosis or not? *Lancet, 355*, 632.

Ng, B. D. & Wiemer-Hastings, P. (2005). Addiction to the Internet and online gaming. *Cyberpsychology & Behavior, 8*, 110–113.

Orford, J. (2001). Conceptualizing addiction: Addiction as excessive appetite. *Addiction, 96*, 15–31.

Petry, N. M. (2006). Should the scope of addictive behaviors be broadened to include pathological gambling? *Addiction, 101*, 152–160.

Petry, N. M., Stinson, F. S., & Grant, B. F. (2005). Comorbidity of DSM-IV pathological gambling and psychiatric disorders: Results from the National Epidemiologic Survey on Alcohol and Related Conditions. *Journal of Clinical Psychiatry, 66*, 564–574.

Petry, N. M et al. (2014). An international consensus for assessing internet gaming disorder using the new DSM-5 approach. *Addiction, 109*, 1399–1406.

Pies, R. (2009). Should DSM-5 designate "Interent addiction" a mental disorder? *Psychiatry, 6*, 31–37.

Putnam, R. (2000). *The collapse and revival of American community*. New York: Simon & Schuster.

Shaffer, H. J., Hall, M. N., & Vander, B. J. (2000). Computer addiction: A critical consideration. *American Journal of Orthpsychiatry, 70*, 162–168.

Shapira, N. A. et al. (2000). Psychiatric features of individuals with problematic internet use. *Journal of affective disorders, 57*(1), 267–272.

Substance Abuse and Mental Health Services Administration (SAMHSA) (2004). Overview of Findings from the 2003 National Survey on Drug Use and Health (Office of Applied Studies, NSDUH Series H-32, DHHS Publication No. SMA 04–3963). Rockville, MD.

Tao, R., Huang, X., Wang, J., Zhang, H., Zhang, Y., & Li, M. (2010). Proposed diagnostic criteria for internet addiction. *Addiction, 105*, 556–564.

Walker, M. B. (1989). Some problems with the concept of "gambling addiction": Should theories of addiction be generalized to include excessive gambling. *Journal of Gambling Behavior, 5*, 179−200.

West, R. (2001). Theories of addiction, Addiction, *96*, 3−13.

Young, K. (1996). Psychology of computer use: Addictive use of the Internet: A case that breaks the stereotype. *Psychological Reports, 79*, 899−902.

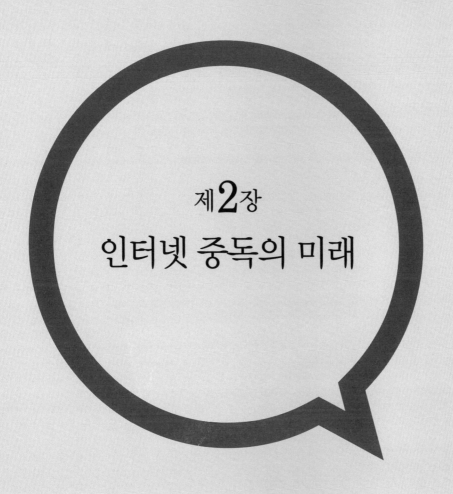

제**2**장
인터넷 중독의 미래

제2장
인터넷 중독의 미래

고영삼 | 한국정보화진흥원

°° **시작하는 글**

인터넷 중독을 개념화하거나 요인을 설명할 때 반드시 필요한 것이지만 놓치는 것이 하나 있다. 다름 아닌 '인터넷'이다. 인터넷은 우리가 알 듯이 인터넷 중독의 한 요인이다. 그런데 이상하게도 우리는 이것에 대해 소홀히 취급해 왔다. 우리는 중독의 요인을 설명할 때 늘 가족 문제나 개인의 심리 문제 등에만 치중하거나 기껏해야 게임 콘텐츠의 중독성에 대해서만 지적하였다. 심지어 미국정신의학회(APA)에서도 인터넷 '게임'만을 다루어, 더 많은 실증 연구를 한 후 중독으로 인정할 수 있다고 한 상황이니, 인터넷 중독의 요인으로서 '인터넷'은 선진국에서도 관심의 후순위인 것이다.

저간의 사정을 모르는 바는 아니지만 필자는 이것이 인터넷 중독 연구에서 주요한 맹점이라고 생각한다. 사실 오늘날 인터넷은 이제 단순한 하나의 도구 이상이다. 지금은 인터넷을 매개하지 않는 생활이 거의 불가능한 시대가 아닌가. 이런 식이라면 언젠가는 인터넷 없는 생존을 상상할 수조차 없을 것이다. 따라서 이 장은 이제부터라도 인터넷을 인터넷 중독의 주요한 요인으로 다루고 연구해야 한다는 문제의식에서 출발한다. 스마트폰이 일상화되면서 디지털 기기에 의존하는 우리의 생활이 유선 인터넷 시대와는 다르듯이, 앞으로 착용(wearable) 컴퓨터 등이 보편화된다면 디지털 기기 중독 혹은 의존 현상이 지금보다 또 다른 차원으로 심화될 것이라고 필자는 생각한다. 여기서는 인터넷 중독 연구에서 '인터넷의 중요성'에 대해 주의를 환기함과 동시에 '미래의 인터넷 중독'은 어떤 모습일지 생각해 보고자 한다.

1. '인터넷'을 인터넷 중독의 중심 요인으로 본다는 것은 무슨 뜻인가

인터넷을 중독 요인으로 본다는 것은 대부분의 사람들, 심지어 인터넷 중독 전문가에게도 낯선 이야기일 수 있다. 이는 인터넷이 일종의 그릇과 같은 것인데 이를 가리켜 중독을 명명하는 것은 옳지 않다고 보는 시각이다. 물론 이런 생각을 가진 사람들은 중독이라는 명칭은 중독을 일으키는 원인이나 가장 두드러진 특성에 초점을 맞추어 부르는 것이 옳다고 여긴다. 그러나 이들은 인터넷이 무언가를 담는 그릇과 같아서 그 자체가 원인이 되거나 두드러진 특징이 아니라고 생각한다. 예를 들어 술잔에 술을 부어 마시는 알코올 중독자의 경우, 술잔에 중독되는 것이 아니라 알코올에 중독되었기 때문에 알코올 중독이라고 부르지 술잔 중독이라고 부르지 않는다는 것이다. 마찬가지로 사람들은 인터넷이라는 그릇에 담긴 음란물이나 게임을 통해 욕구를 충족하다가 중독되는 것인데, 그렇다면 인터넷 중독이라고 부르기보다는 '음란물'이나 '게임'이 들어간 명칭을 사용해야 한다는 것이다.[1]

중독의 적절한 명칭과 개념에 대해 성찰하는 이러한 주장은 환영할 만하다. 또한 명칭에 해당 중독의 원인이나 가장 주요한 특징이 포함되어야 한다는 주장에도 동의한다. 그러나 '음란물, 게임, 검색' 등이 들어간 명칭을 사용해야 한다는

---

[1] 이러한 점에서 어떤 사람들은 '인터넷 중독'을 잠정적으로는 'PC 기반 온라인 게임 중독', '스마트폰 기반 SNS 중독' 등 인터넷이 구현되는 플랫폼과 활동을 명시하는 것이 좋겠다고 제안한다. 자세한 내용은 김교헌(2015)을 참조하기 바란다.

관점은 좀 더 신중할 필요가 있다고 생각한다. 왜냐하면 인터넷은 실제로 그릇과 같은 단순한 도구 이상이며, 사람들이 인터넷에 담긴 콘텐츠에만 빠지는 것이 아니라 인터넷이라는 미디어에 빠져드는 것일 수 있기 때문이다.

이러한 필자의 주장을 이해하기 위해서는 커뮤니케이션과 미디어에 대한 선행 지식이 필요하다. 인터넷 중독을 논할 때 인터넷은 그릇이나 도구가 아니라 그 이상의 것임을 먼저 이해해야 한다. 도구는 어떤 목적을 위해 사용하고, 목적을 다 수행한 뒤에는 버려도 되는 물건이다. 그러나 인터넷은 그러한 도구를 넘어선다. 말하자면 인간이 인터넷을 사용하는 주체가 아니라 인터넷이 주체라는 것이다. 몇 가지 명제를 통해 그 이유를 살펴보자.

명제 1. 인간은 커뮤니케이션 존재이다

서구의 사상에서 인간을 커뮤니케이션적 존재로 설명하는 것은 이미 보편적이다. 사회심리학자 중에 철학적으로 자원론적 행위 이론가로 분류되는 이들의 경우 인간의 성장 과정에서 커뮤니케이션을 떼어 버리면 이론 자체가 성립되지 않는다. 예를 들어 영상자아(looking-glass self) 이론가인 Charles H. Cooley가 대표적이다. Cooley는 인간의 자아가 어떻게 형성되는지를 설명하면서, 자아는 진공 상태에서 만들어지는 것이 아니라 다른 사람과의 커뮤니케이션 과정에서 거울과 같이 타인에게 비춰지는 자신의 모습에 대한 스스로의 상상 속에서 자라는 것이라고 설명하였다. 또 상징적 상호작용론을 만든 George H. Mead는 자아는 모방 단계, 유희 단계, 조직화된 게임의 단계 등 3단계를 거쳐서 성장하는데 이러한 과정에서 자아가 사회와 지속적인 커뮤니케이션을 한다고 설명하였다. 정신분석가이자 심리학자인 Erik Erikson도 커뮤니케이션으로 인간의 발달을 설명하였다. 그는 인간의 생애주기를 요람기에서 노년기에 이르기까지 여덟 단계로 구분하여 설명했는데, 그 모든 과정에서 자아가 자신을 둘러싸고 있는 사회와 지속적으로 커뮤니케이션 한다고 보고 인간은 그러한 과정에서 성장하는 것으로 파악하였다.

재미있는 사실은 사상사 계보에서 자원론적 행위 이론가와 완전히 반대편에 있는 사상, 즉 구조주의(structuralism) 사상가들도 언어와 커뮤니케이션의 힘을 강조하고 있다는 것이다. 특히 Jacques Lacan, Louis Althusser 같은 후기 구조주의 사상가들은 인간을 언어구조에 종속되는 존재로 파악하였으니, 자원론적 행위이론가들보다 인간을 더욱 커뮤니케이션 존재로 파악하였다. 철학에서도 Martin Heidegger, Karl Jaspers, 그리고 사회학에서 Jürgen Habermas도 인간을 대화하는 존재로 인식하였다.

명제 2. 인간의 역사는 커뮤니케이션 미디어 발달의 역사이다

'communication'은 '공유'를 의미하는 'communicare', '공통'을 의미하는 'communis'라는 라틴어에서 비롯되었다. 그래서 오늘날 우리가 보편적으로 사용하는 '커뮤니케이션'에는 대화 당사자 간에 공통된 의미를 공유한다는 뜻이 담겨 있다. 그런데 인간이 커뮤니케이션 존재라는 것은 곧 인간이 미디어적 존재라는 것과 다르지 않다. 왜냐하면 인간이 시간과 공간의 장애를 넘어 정확하게 의사를 교환하기 위해서는 미디어를 사용할 수밖에 없기 때문이다. 이 말은 인간의 성장은 곧 미디어의 성장과 그 궤를 같이한다는 의미이며, 나아가 인간의 문명화된 생활 수준의 척도는 발전된 커뮤니케이션 미디어 수준에 달려 있다는 것이다. 이렇게 커뮤니케이션 매체를 기준으로 이 매체와 사회구조, 사회문화와의 함수관계를 분석하다 보면 곧 인류의 역사까지도 설명할 수 있게 된다.

역사를 설명하는 방법은 다양하다. 많이 알려진 것이 기술 혁명에 의해 분류하는 방법이다. 농업 기술 혁명에 의해 농경 사회가 열리고 산업 기술 혁명에 의해 산업 사회가 열리고, 이제 정보 기술 혁명에 의해 정보 사회가 열린다는 것과 같은 논리이다. 한편 커뮤니케이션과 미디어에 초점을 두고 분류하는 방법도 있다. 표 2.1에서 보듯이 커뮤니케이션 수단에 따라 분류하는 것이다. 인류의 역사를 거시적으로 분석할 때 대면관계에서 입으로 대화를 하던 1단계, 인쇄 미디어가 출현하여 상이한 시공간에서 정보 교류를 하던 2단계, TV가 대중화되어 영상 정보의 교류가 발생하는 3단계, 전 지구적으로 실시간 커뮤니케이션을 하는 4단계 등

표 2.1	커뮤니케이션 미디어 발전에 따른 역사 구분			
커뮤니케이션 수단	구두	인쇄 미디어	전자 대중매체	인터넷 미디어
주요 미디어	입	문자(필기 · 인쇄)	대중매체	인터넷, 스마트폰
커뮤니케이션 특징	• 대면관계에서 입으로 대화 • 쌍방향	• 상이한 시공간에서 정보 교류 • 일방향	• 상이한 공간에서 동일한 정보와 경험 체험	• 쌍방향(인터넷, 전화), 일방향(대중매체)
공동체 특징	• 소규모 지역 공동체 • 구성원 간에 유사한 경험 • 공동체 결속도가 강함 • 계층 미분리	• 민족국가 단위 형성 • 구성원 간 이질적 경험 • 공동체 결속도가 약함 • 계층 분리	• 민족국가 결속 강화 • 신속한 정보 전달 • 지역 특성 희석화 • 계층 구분 모호	• 지구촌 공동체 • 사이버 공동체 발생 • 네트워크 결속도 강화 • 계층 구분 모호
정보 성격 교류 방식	• 미분리 · 통합적 교류	• 지식의 이성적 교류	• 지식과 감각의 통합 인식(초기)	• 정보의 통감각적 교류 • 실시간 정보 교류

으로 구분할 수 있다.[2]

이와 같은 시각은 우리에게 완전히 낯선 것이 아니다. 예를 들어 유럽의 산업혁명과 근대화가 이탈리아에서 시작된 인쇄 기술에 힘입어서 촉발되었다는 것은 이미 널리 알려진 사실이다. 이와 같이 인간의 역사가 전환될 때는 항상 대중이 사용하는 매체가 변화되었던 것이다.

명제 3. 커뮤니케이션 미디어가 인간을 조형한다

역사를 구분할 수 있을 정도로 영향력을 가진 미디어는 곧 하나의 종(species)으로서의 인간 유형을 변화시킨다. 애초에 인간은 커뮤니케이션적 존재이기 때문에 커뮤니케이션 기술의 변화는 다시 인간을 새롭게 조형한다. 앞서 언급한 지배 미

---

2 이러한 논리는 구술문화와 문자문화의 W. J. Ong, 커뮤니케이션의 편이(*The Bias of Communication*)의 Harold A. Innis, 전자 미디어의 충격(*No Sense of Place: The Impact of Electronic Media on Social Behavior*)의 J. Meyrowitz, '미디어는 메시지이다'라는 명제로 유명한 M. McLuhan, '정보양식'이란 개념을 만든 M. Poster 등의 학자들에게 공통적으로 나타난다.

디어에 따라서 인간 유형이 달라지는 것이다. 애초에 인간은 1단계에서 가까이 있는 사람과 오감각을 모두 사용하여 대화하는 통감각적 존재였다. 그러나 인쇄 매체가 사용되는 2단계에서는 글쓰기 방식인 주어+동사+목적어… 등으로 사고하는 논리적인 인간형이 나타났다. 그리고 TV 방송의 시대에는 우리나라에서도 한때 X세대로 일컬었던 영상형 인간이 나타났으며, 지금 인터넷 시대에는 네트워크형 인간이 나타났다.

Marshall McLuhan은 이러한 논리의 대표적 사상가이다.[3] 토마스 아퀴나스의 지각 이론과 게슈탈트심리학의 영향을 받았던(J. Stamps, 1995) 그는 인간의 지각과 인식에 대한 기존의 사상에 반대되는 주장을 하였다. 그는 우리에게 자연스럽게 보이는 모든 사물은 알고 보면 그 존재가 그렇기 때문이 아니라, 단지 그러한 방식으로 보이게 되는 문화적 현상일 뿐이라고 설명한다. 즉 존재의 자연성보다는 그 시대에 지배적으로 의존하는 미디어의 표현 방식에 따라 그렇게 보일 뿐이라는 것이다. 이러한 의미에서 그가 볼 때 인간이 무엇을 지각한다는 것은 무엇을 인지하고 못하고의 문제가 아니라 역사적으로 어떤 미디어 기술에 의존하는가 하는 미디어 영역의 문제이다. 즉 지각을 심리학이나 교육학의 영역이 아니라 매체 기술의 영역으로 보았다. 본성이 있는 존재로서의 인간, 무의식에 압도적으로 영향을 받는 존재로서의 인간과는 완전히 대척점에 있는 시각이다.

이러한 그의 주장은 '미디어가 메시지이다(the medium is the message)'라는 말로 요약된다. 미디어가 메시지라는 말은 미디어에 담긴 콘텐츠가 메시지가 아니라 미디어 자체가 메시지라는 의미이다. 이것은 메시지에 대한 기존의 이론을 전복하는 발상이었다. 우리는 일상생활 중에 무언가를 인지하고자 할 때 콘텐츠의 내용을 분석한다. 특정 단어의 빈도, 배치 순서 등을 분석하면서 발신자(정보 생

---

3 McLuhan은 영문학자이지만 커뮤니케이션 매체에 관한 빛나는 저술을 남겼다. 당시 커뮤니케이션에 관한 그의 책은 난해하기도 한 데다가 그가 커뮤니케이션 학자가 아니었기에 학자들 세계에서 외면당하기도 했다. 하지만 오늘날 그는 미디어 문화 연구자들 사이에서 가장 훌륭한 이론가로 일컬어지고 있다.

산자)의 메시지 의미를 알려고 노력한다. 그런데 McLuhan은 메시지(콘텐츠)를 그다지 중요하게 여기지 않았다. 예를 들어 영화의 메시지는 특정 영화의 콘텐츠 보다는 영화라는 매체가 우리의 삶에 가져온 변화, 즉 우리의 일상을 한 편의 스토리로 만들어 총체적으로 이해할 수 있도록 재현하는 방식 그 자체가 중요하다고 한다. 또 입체파의 그림은 이차원적인 평면에 안과 밖, 위와 아래, 앞과 뒤를 동시에 보여 줌으로써 전체를 순간적으로 파악할 수 있도록 했다는 것 자체에 주목해야 한다는 것이다(McLuhan, 1967; 양해림, 2006 재인용). 물론 제임스 캐머런의 영화 〈아바타〉가 주는 충격이나 파블로 피카소의 〈아비뇽의 아가씨〉가 가진 메시지가 그에게 보이지 않는 것은 아닐 터이다. 그러나 그는 개별 작품보다는 3D 혹은 입체파 그림의 표현양식을 담은 매체가 문명과 인간 유형을 더 사로잡는다고 한 것이다.

명제 4. 인터넷 '게임'이 아니라 '인터넷'이다

인터넷은 대중매체와 다르다. 대중매체는 선별되고 정제된 정보와 오락물을 제작하여 익명의 대중에게 쏘아 보낸다. 대중은 완성된 뉴스나 드라마를 TV나 신문을 통해 보면서 울거나 웃는다. 하지만 인터넷은 다르다. 이제는 콘텐츠 생산자와 이용자(소비자)의 구분이 명확하지 않다. 예전 같으면 정보 소비자가 이제는 네이버 지식인에 글을 올리고 기자보다 더 날카로운 기사를 블로그에 쓴다. 속된 말로 계급장을 떼고 보면 콘텐츠 생산자인지 소비자인지 모를 정도이다. 일방적으로 받기만 하던 수동적인 대중은 이제 적극적인 생산자이자 이용자가 된 것이다. 이와 같은 역할 변화는 모바일 스마트폰이 주된 매체가 되면서 더욱 심화되고 있다.

매체가 달라짐에 따라 매체 이용자의 성향이 달라지는 것은 TV 중독과 인터넷 중독을 비교해 봐도 알 수 있다. 사실 TV 시대에도 이른바 TV 중독이라는 용어가 있었지만 치료를 받을 만큼의 병리적 사용자가 있다고 생각지는 않았다. 그러나 이제는 다르다. 의학적으로 그 존재성 인정 여부와는 별개로 상담센터를 방문하는 이들이 줄을 서고 있다. 이것은 미디어가 달라졌기 때문이다. 과거에도 음란물, 게임이 있었다. 그러나 이제는 그때와 확연히 다르고 병적 사용자가 존재하는 것이다.

명제 5. '인터넷'이 아니라 '디지털 기술'이다

TV 중독과는 다르게 인터넷 중독이 문제가 되는 이유는 무엇일까? 이것은 인터넷이라는 매체가 가진 특징, 즉 강력한 의미 구성 방식, 이야기 구성 방식이 다르기 때문이다. 즉 인터넷에 담기는 콘텐츠보다는 인터넷(기술)의 그 속성, 예를 들어 정보를 즉시 습득할 수 있는 즉시성, 정보 교류의 일방향성을 넘어선 상호작용성, 정보 발신자와 수신자가 무한히 확장될 수 있는 확장성, 언제 어디서나 사용할 수 있는 편리성, 오프라인 실재보다 더 실재적으로 느낄 수 있게 하는 실재성(presence), 다른 미디어와의 융합성 등이 중독의 원인이다. 콘텐츠는 이러한 '기술적 바탕' 위에서 하나의 상품으로 나타난 것으로 보아야 한다.

　그 기술은 다름 아닌 디지털 기술이다. '0'과 '1'로서 구성되는 디지털 기술은 모든 정보를 다룰 수 있다. 그렇다 보니 초기에 인간과 인간을 연결하던 인터넷은 이제 인간을 사물과 연결한다. 그리고 사물을 또 다른 사물과 연결한다. 최근 각국에서 명운을 걸고 추진하고 있는 사물 인터넷(internet of things, IoT)[4]이 바로 이것이다. 향후 전 세계의 모든 건물, 도로, 교량, 방파제, 등대, 산에는 고도의 센서가 심어져 인터넷에 연결될 것이다. 그리고 가상공간은 실제 공간 이상으로 팽창될 것이다. 인간은 곧 스마트폰같이 불편한 기기를 던져 버리고 착용 컴퓨터를 입고 다닐 것이다. 병원을 입고 다닌다는 너스레를 떨며.[5] 이러한 상황을 상상할 때 인터넷 중독에서 인터넷 '게임' 중독이나 인터넷 '음란물' 중독을 발라내는 것

4　사물 인터넷이란 건물, 도로, 방파제 등의 사물 속에 컴퓨터(전자식별기와 센서 등)가 내장되고 스스로 작동하여 인간의 조작이나 개입 없이 수집한 정보를 컴퓨터 간에 주고받을 수 있는 시스템을 말한다. 만약 어떤 도시에 사물 인터넷이 완전히 구축되면 의도하는 모든 사물에 고유 번호가 매겨져 도시 통합 시스템에 연결되고 인터넷으로 사람과도 연결된다. 이 논리는 국가 단위에서도 가능한데, 이렇게 구축되는 사회를 초연결 사회(hyper-connected society)라고 부른다.

5　옷이 곧 의사인 시대가 온다(http://news.naver.com/main/read.nhn?mode=LSD&mid=sec&oid=003&aid=0006512145&sid1=001).

은 아무런 의미가 없다.[6]

명제 6. 인터넷 중독은 '동적 중독'이다

이상과 같은 점에 초점을 두고 생각할 때, 향후에 다양한 유형의 인터넷 중독이 나타날 것이기에 차라리 인터넷 중독이 아니라 '디지털 중독(digital addiction)'이라고 지칭하는 것이 더 정확하다고 판단된다. 만약 인터넷 중독이라는 용어를 계속 사용한다면, 디지털 기술 중독을 의미하는 '상징적 용어'로 사용될 때에만 타당할 것이다. 어쨌든 이러한 점에서 필자는 인터넷 중독을 동적 중독이라고 칭하자고 제언한다.

중독 연구에서 인터넷이 알코올이나 마약, 그리고 행위 중독으로 일컬어지는 도박 중독과 다른 면이 있음을 보는 것이 중요하다. 그런 의미에서 정적·동적 중독이라는 분석틀을 사용하면 좋겠다. 이제까지 우리는 중독을 물질 중독과 행위 중독으로만 구분했다. 그런데 정적·동적 중독을 사용해 보자는 것이다. 마약 중독, 알코올 중독, 도박 중독과 같은 정적 중독은 중독을 일으키는 주된 원인과 특성이 비교적 변화가 없는 중독이다. 즉 알코올이나 마약은 그 성분이 비교적 일정하다. 도박 또한 사용되는 카드나 경주마는 그 기술적인 측면에서 비교적 변화가 없다. 하지만 인터넷은 정말 눈 깜짝할 사이에 발전하고 또 발전한다. 요즘은 발전한다는 개념보다 진화한다는 개념을 주로 사용하는 데에서 알 수 있듯이 기술 자체가 생명력을 가진 듯이 변화하고 있다.[7] 그래서 인터넷 중독은 동적 중독이라고 부를 수 있다. 정적·동적 중독의 구분법을 사용함으로써 우리는 인터넷 중독의 예방-치료-사후관리에 대해 더 적합한 통찰력을 얻을 수 있을 것이다.

---

6 생각해 보라. 인터넷 게임 중독, 인터넷 음란물 중독, 인터넷 검색 중독, 스마트폰 게임 중독, 스마트폰 채팅 중독에 덧붙여 새로운 서비스에 또 구글안경 중독, 스마트워치 중독, 웨어러블 모자 중독, 웨어러블 목걸이 중독… 앞으로 사물 인터넷 시대로 들어서면 더욱 많은 디지털 서비스가 나타날 것이다. 그때마다 이렇게 많은 중독 이름을 붙이는 것은 무의미하다.

7 기술업계에서 '진화한다'는 표현을 사용하는 것은 아마 그들도 기술 자체가 생명력을 가지고 있다고 여길 정도로 계속 발전하기 때문이리라.

2. 미래의 메가트렌드 속에서 인터넷 중독은 어떻게 나타나는가

이 절에서는 또 다른 방법으로 인터넷 중독의 미래를 논하고자 한다. 기술과 사회의 공진화(co-evolution) 과정에 나타나는 미래 메가트렌드(megatrends)[8]의 특성을 짚어 보면서, 이러한 거대 변화 속에서 인터넷 중독이 어떤 모습으로 진화할 것인지를 살펴보자. 실제로 메가트렌드 혹은 미래를 연구하는 방법은 매우 다양하다. 그중에는 기존의 메가트렌드 연구 결과를 다시 분석하여 미래를 예측하는 방법도 있다. 이른바 메타분석 방법이다. 한국정보화진흥원에서는 국내외 총 51건의 미래 전망 관련 자료를 수집하여[9] 몇 단계의 해체와 분류를 반복하는 방법으로 미래를 예측한 바 있다. 그리고 이를 표 2.2와 같이 STEEP 방식으로 정리하였다.[10]

필자는 이렇게 분석된 15대 메가트렌드에서 과연 인터넷 중독과 연관된 것이 얼마나 있는지 찾아보았다. 그런데 놀랍게도 15대 메가트렌드에서 6개가 기술에의 지나친 의존성, 미디어 중독 등과 연관된 것으로 나타났다. 이러한 6개 메가트렌드는 ④ 가상지능공간, ⑤ 기술의 융·복합화, ⑥ 로봇, ⑧ 지식 기반 경제, ⑨ 글로벌 인재의 부상, ⑫ 기술 발전에 따른 부작용이다. 아래에서는 이 6개 메가트렌드가 어떤 내용이기에 인터넷 중독과 연관되는지를 살펴보자.

---

8 메가트렌드는 1982년 미국의 미래학자 John Naisbitts가 그의 책 메가트렌드(*Megatrends: The New Directions Transforming our Lives*)에서 처음 사용한 용어이다. 메가트렌드는 현시대를 구성하는 요인 중에서 변화되고 있는 큰 규모의 조류(trend)를 의미한다.

9 국내 보고서는 기획재정부, KISTEP, KISDI, SERI, LG경제연구원 등 25건이며, 해외 보고서는 UN 새천년개발목표, 국제에너지기구, 일본미래기술전략지도, 미국과 영국 등 각국의 정부 및 기업 자료, 세계미래학회보고서 등 26건이다.

10 STEEP는 미래 예측에 사용되는 분석의 한 방식이다. 51개의 보고서에서 나온, 예측된 미래에 대한 수백 개의 모습을 사회(society), 기술(technology), 경제(economy), 환경(environment), 정치(politics) 분야별로 분류하여 정리하는 것이다. 이하에서는 한국정보화진흥원의 보고서(2010)를 근간으로 디지털 중독의 미래를 예측해 보고자 한다.

표 2.2	STEEP로 분석한 15대 메가트렌드
분야	메가트렌드
S(사회 분야)	① 인구구조의 변화, ② 양극화, ③ 네트워크 사회
T(기술 분야)	④ 가상지능공간, ⑤ 기술의 융 · 복합화, ⑥ 로봇
E(경제 분야)	⑦ 웰빙/감성, 복지 경제, ⑧ 지식 기반 경제, ⑨ 글로벌 인재의 부상
E(환경 분야)	⑩ 기후 변화 및 환경오염, ⑪ 에너지 위기, ⑫ 기술 발전에 따른 부작용
P(정치 분야)	⑬ 글로벌화, ⑭ 안전 위험성 증대, ⑮ 남북 통합

1) 가상지능공간과 중독

가상공간 혹은 사이버공간(cyber space)은 현실 공간과 대비되는 용어로서 1980년 대에 캐나다의 공상과학 소설가 윌리엄 깁슨이 처음으로 사용하였다. 이 공간은 가상현실, 가상세계 등의 용어로도 표현되는, 컴퓨터에 의해 형성되는 공간을 말한다. 1960년대에 비행기 조종사 훈련 시 사용하던 모의비행 훈련 장치에서 시작된 이 가상공간 기술은 오늘날 항공우주뿐만 아니라 게임, 전시, 상품 홍보 등 다양한 곳에서 사용되고 있으며, 앞으로 의학, 공학, 토목, 도시 설계 등에서 가장 보편적으로 활용되는 기술이 될 것으로 예측된다.

우리는 가상 기술을 중독과 연관지어 어떻게 이해할 수 있을까? 가상 기술은 시각, 청각, 후각, 미각, 촉각 등 인간의 다섯 가지 감각을 자극하여 마치 실재하는 것처럼 하는 기술이다. 인간이 무언가를 인식한다는 것은 결국 감각기관을 통해서만이 가능한데, 그렇다면 감각기관에서 느끼는 감각을 잘 이용해도 현실에서의 존재 여부와 무관하게 실존하는 것처럼 인식할 수 있다.

미래학자들은 학습, 의료, 공학적 요구 등으로 인해 가상 기술이 계속 발전할 것이며, 심지어 이 기술을 통한 가상세계가 현실을 압도하고 더 나아가 두 세계의 경계를 못 느낄 정도로 발전할 것이라고 예측한다. 그런데 문제는 이와 같은 기술이 보편화될 때 발생하는 인지감각의 혼란이다. 실제로는 존재하지 않지만

표 2.3	가상지능공간 기술과 중독
기술(T)	• 인간의 인지감각을 컴퓨터로 구현하는 가상현실 기술 등장 • 유비쿼터스형 문화 콘텐츠로 진화 : 오감 감성형, 실감 체험형, 감정 충족형 • 메가버스의 등장으로 최첨단 인공위성 네트워크, 수백만 데이터베이스, 모든 정보를 공유하는 수백만 개의 정보 기기가 디지털 패치워크 안에서 서로 연결 ※메가버스 : 스스로 재생 가능하고 변화에 적응하며 생각할 줄 아는 똑똑한 다차원·다환경 가상공간
사회(S)	• 가상과 현실이 중첩된 학습 공간 등장 • 물리, 전자, 과거와 미래의 연계로 현실과 사이버 공간이 공존하는 제4의 공간 탄생 • 가상현실 기술의 발전으로 집에서 현실 사회 실감 가능(해외 문화, 역사 유산 등) • 익스트림 리얼리티 : 가상과 현실의 불분명한 경계, 가상이 현실을 압도 • 유비쿼터스 시대에 사물과 사물, 사물과 사람, 사람과 사람의 관계가 놀이성을 띠면서 전 생활 공간이 놀이 공간, 즉 문화예술 향유 공간으로 확대 • 새로운 커뮤니케이션 방식으로 오프라인의 생활이 온라인으로 이전 • 실제와 가상세계의 구분이 점점 불명확해짐 : 모든 사람이 서로 연결되고 가상공간에서 서로 교류하는 시간 증가

존재하는 것처럼 인식되고, 연결되어 있지 않은 것이 마치 동시에 연결된 것처럼 간주되는 일이 보편화된다면 어떻게 될까? 이 기술이 특히 오락적 의도나 오락 기술과 결합한다면 인간의 기술 중독에 매우 큰 충격을 줄 것이다. 아마도 현재 우리가 염려하는 인터넷 게임과는 비교할 수 없을 정도의 중독성을 지닐지도 모른다.

2) 기술의 융·복합화와 중독

기술의 융·복합화는 최근의 기술 발전에서 가장 핵심이라고 할 수 있다. 사전적 의미로 '융합(convergence)'은 서로 다른 종류의 것이 하나로 합쳐져서 새로운 성질의 종류가 되는 것을 말한다. 최근 디지털 기술을 매개로 융합이 진행되면서 과거에는 분리되었던 기술, 산업 등이 하나의 존재로 나타나고 있다. 예를 들어 컴퓨터, 가전, 통신이 융합한 방식인 복합기(팩스+프린터+복사기), 복합형 캠코더(캠코더+디지털카메라+MP3) 등이 있고, ICT 기술이 금융, 건설 등 타 산업 분야와 융합하는 방식도 진행되고 있다. IT와 금융의 융합에 따른 핀테크(FinTech)[11],

표 2.4	융·복합화 기술과 중독
기술(T)	• 나노 기술, 생명공학, 정보 기술, 인지과학의 융합화와 시너지화(NBIC) • 다양한 개인 맞춤형 서비스 확대 • 바이오 인포매틱스, 생체 나노머신, 텔레메디신 등 새로운 개념의 제품군과 산업 창출 • 텔레매틱스, 나노 소재, 지능형 홈, 웨어러블 PC, 지능형 로봇 등 기존 제조업과 신기술의 결합으로 고부가가치 제조업으로 지속적 발전
사회(S)	• 미래 문화 변동의 출발점은 '인간과 IT의 결합' • 기술, 산업, 문화적 환경 변화로 이북(e-book)의 대중화 • 나노, 바이오, 정보통신, 인지과학 간의 융합으로 인류 문명이 근본적으로 변화

IT 기술을 기반으로 금, 자동차와의 융합에 따른 e-Car, 건설과의 융합을 통한 u-Building 등이 대표적인 예이다.

융합은 기술 간에도 발생한다. 기술 간 융합은 서로 다른 기술 요소가 결합되어 개별 기술 요소의 특성이 상실되고 새로운 특성을 가진 강력한 기술이 탄생하는 현상을 말하는데, 최근 정보통신 기술(IT), 나노 기술(NT), 생명공학 기술(BT) 간의 융합은 상상하기 힘든 변화를 이룰 것으로 보인다.

융합에 의한 미래 예측에서 우리가 특히 관심을 갖는 것은 기술과 인간의 결합이다. 인간은 이제까지 취약한 신체적 한계를 극복하기 위해 계속 기술의 도움을 받아 왔다. 예를 들어 시력을 보완하기 위해 안경과 망원경의 도움을 받는 것처럼 비행기, 자동차, 기중기, 전기 등의 기술을 개발해 왔으며, 이를 통해 만물의 최종 포식자 지위를 유지하였다. 중독의 미래와 연관하여 우리가 관심을 가져야 할 것은 인지과학과의 융합이다. 기억력과 창의력을 보완하기 위해 IT, NT, BT의 도움을 받는다면 인간은 엄청난 능력을 갖게 될 것이다. 하지만 이른바 '자연산' 인간은 종말을 고할지도 모른다. 기계의 도움을 받지 못한다면 일상의 장애와 더불

---

11 핀테크는 금융(finance)과 기술(technology)의 합성어로, 금융과 IT의 융합을 통한 금융 서비스 및 산업의 변화를 통칭한다. … 애플페이, 알리페이 등을 예로 들 수 있다. … 즉 발전된 인터넷과 모바일 환경, 그리고 빅데이터 분석 능력은 핀테크의 든든한 발판이 되고 있다(위키백과, http://ko.wikipedia.org/wiki/%ED%95%80%ED%85%8C%ED%81%AC).

어 금단과 내성이 심각해질 것이니 기술 중독의 미래를 어떻게 예측해야 할까?

3) 로봇과 중독

기술과 인간 융합의 한 방향은 로봇으로 나타날 수 있다. 'robot'이 '노동' 혹은 '노예'를 뜻하는 체코어 'robota'에서 비롯되었다고 하니, 인간과 유사한 외모를 갖추고 인간의 힘든 일을 대신 해 주는 기계로 이해할 수 있다. 문제는 로봇이 힘든 일을 대신 하거나 군인 대신 보초를 서고 전쟁을 수행하는 역할을 넘어설 때이다. 그 정도의 일만 수행한다면 우리 사회에는 실업 문제만이 대두될 것이다. 하지만 인간은 신체의 한계를 계속 확장하기 위해 개인의 신체적·정신적 결핍까지 맞춤형으로 보완해 줄 수준의 로봇을 원할 것이다.

이는 표 2.5에서 보듯이 다양하게 나타날 것이다. 이러저러한 경험으로 피해의식을 지닌 사람들은 사람을 만나기보다는 자신의 취약한 신체적 기능을 보완

표 2.5	로봇 기술과 중독
기술(T)	• 인지과학 : 인공지능 및 인간형 로봇 기술 등 ※ 뇌-기계 인터페이스(2030년), 뇌파를 활용한 로봇 제어 시스템(2037년), 전자 두뇌의식 (2050년) • 인간-인간 → 인간-사물 간 의사소통으로 확장되는 만물 지능통신망 확대 • 군 무인화(항공우주, 서비스 로봇) : 군사용 로봇 개발 • 인체 통신 기술의 발달 : 사람의 몸에 부착된 단말 장치를 통해 통신 • NT와 로봇 기술이 결합된 첨단 의료 기술 개발 • IT와 신기술 융합에 의해 인간의 정신, 신체 기능을 대체할 수 있는 수단이 출현하며 인간 능력의 한계를 확장할 수 있음 • 가정용 u-서비스 로봇 • 맞춤형 인간(designer baby) 탄생 : 피부색, 체형, 지능까지도 유전자 변형 • 말이나 음성으로 검색하는 차세대 검색엔진 등장 • 건축, 수송, 복지 등에 이어 인공 다리, 팔, 눈, 귀 등 인간의 신체 기능을 로봇이 보완 • 국가에 의한 신체 정보 모니터링 : 호르몬 등의 신체 정보를 모니터링하여 개인의 폭력성 통제 • 로봇 기술로 환자의 원격 수술 가능
사회(S)	• 인간과 기계의 인지 경계가 사라질 것으로 예상(새로운 가치관과 변화)
경제(E)	• 인공지능 로봇 시장의 급성장(선진국의 고령화로 수요 증가) • 2020년 가정 및 개인용 로봇 시장 규모 4,000억 달러

해 줄 뿐만 아니라 극히 개인적인 취향까지 만족시켜 주는 로봇과 지내는 것이 더 자연스럽게 느껴질 수도 있다. 심지어 로봇 기술은 인간의 두뇌를 포함한 신체 속으로 들어가 신체 밖에 있는 기술과 커뮤니케이션하면서 인간을 지원할 수도 있다. 여기서 '지원'은 보는 이의 관점에 따라서 '병적 의존'까지도 상상하기 어렵지 않을 것이다. 우리는 표 2.5를 통해 로봇 메가트렌드 예측에서 중독을 상상해 볼 수 있다.

4) 지식 기반 경제와 중독

아시아태평양경제협력체(APEC)는 지식 기반 경제를 "산업 전반에 걸쳐 지식을 생산, 분배, 이용함으로써 경제를 발전시키고, 부를 창출하며, 고용을 확대하는 원동력이 되는 경제"로 정의하고 있다(두산백과). 여기서 지식이란 단순히 정보나 좀 더 체계화된 정보로서의 지식만을 가리키지 않는다. 오히려 이를 바탕으로 만들어지는 상상과 창의적인 것까지 포괄한다. 과거의 산업과 경제는 자연자원과 노동, 자본에 의해 가동되었다. 그러나 이제 경제의 축은 정보, 지식, 상상, 창의, 감성, 그리고 발전하는 과학에 의해 가동된다. 경제의 근간이 물질적인 것에서 비물질적인 것으로 이동한 것이다.

최근 지식 기반 경제는 빅데이터에 의해 더욱 조명될 것 같다. 기업에서는 원자

표 2.6	지식 기반 경제의 기술과 중독
기술(T)	• IT의 이동, 지능, 내재성 강화 • IT의 발전 및 융합에 따른 인간의 정신적·신체적 능력 진화 • 이종 기술 간 융·복합화를 통해 현재까지의 과학 기술적 한계 극복 • 홈 시큐리티(화재, 수해, 외부 침입 등) 서비스 발달 • 생체 인식 기술 및 디바이스 기술의 발전으로 신체 오감을 활용한 새로운 UI 기술 진화 • 휴먼 인터페이스 강화 : 착용 컴퓨터, 언어 인식 및 몸동작 등 휴먼 정보처리 기술 고도화 등 • 이동통신 단말기의 멀티미디어화, 지능화 • 오감 정보처리 단말기로 차세대 PC 발전 • 전 세계 모든 정보의 80%에 실시간 접속 가능
경제(E)	• 개인의 특성과 기호에 맞는 맞춤형 제품, 서비스 수요 증가

재의 구입과 가공, 고객의 욕구와 시장 상황 등에 대해 빅데이터를 분석하는 것이 관례가 되고 있다. 오늘날 경제 활동이 전 지구적으로 통합됨에 따라 불확실성에 대비하는 것이 매우 중요하다. 이때 빅데이터를 활용하여 과거에 간과했던 새로운 사실을 파악하고 이를 통해 기업을 경영하는 것이다. 국가 경영에서도 빅데이터가 중요하다. 과거에는 전문가 집단의 자문이나 제한된 행정 통계를 통해 정책을 생산하였다. 하지만 이제는 디지털 기술에 의해 수집되는 온·오프라인의 방대한 데이터를 과학적으로 분석하여 정책을 개발한다.

향후에는 사물 인터넷도 기업 경영을 훨씬 더 지식 기반 경영으로 이끌어 갈 것으로 보인다. 이렇게 인간을 둘러싼 모든 사물이 초연결되는 사회가 형성될 때, 연결되지 않는 또는 연결되지 못하는 인간이나 인간의 생활이 존재 불가능하리란 것이 문제이다. 특히 우리나라처럼 사회 전체 분위기에 편승하지 않으면 사회인으로서 존재를 의심받는 사회에서는 사람들 스스로 인터넷에 강하게 연결되어 있어야 하므로 기술에의 종속이 더욱 심화될 수밖에 없다.

5) 글로벌 인재와 중독

지식 사회가 성숙하고 초연결 사회로 진입함에 따라 함께 거론되는 것이 인재에 대한 것이다. 각국에서는 향후 우리가 지향해야 할 궁극적 가치가 무엇이며, 이러한 가치를 실현하기 위해 어떤 인재를 양성해야 할 것인지를 큰 화두로 삼고 있다. 그래서 그런지 많은 미래학자들은 늘 인재 양성에 대해 이야기한다. 하버드대학교 변화리더십그룹의 Tony Wagner는 21세기를 살기 위해 비판적 사고력 및 문제해결 능력, 협동심 및 영향력 있는 리더십, 적응력, 이니셔티브 및 기업가 정신, 효과적인 발표력 및 작문 실력, 유용한 정보 탐색 및 분석 능력, 호기심과 상상력 등 일곱 가지가 필요하다고 하였다.[12]

---

12 Rolf Jensen이라는 미래학자도 미래에는 창조성, 협동심, 동기 부여, 자극, 진취적 기상을 가진 인재가 필요하다고 주장한다. Daniel H. Pink도 이와 유사한 주장을 한다.

표 2.7	정보통신 기술과 중독
기술(T)	• 사이버나우(인체 부착용 컴퓨터) 착용으로 학습 능력과 작업 능력 향상 • 학습 내용의 사이버화, 오픈소스화, 무료화 • 교육 기기, 교육 포털을 통해 학생끼리 공부하거나 사이버 교육이 대세 • 사람, 사물, 공간 간의 네트워킹이 가능한 제 4 공간에서 학습자는 과거와 미래를 체험하며 학습 가능 • 교육자 없는 교육환경 구축 가능(가상학교, 가상교실 설계 가능) • 지구촌 실시간 교육 가능 • 스마트태그를 부착한 지능화된 사물과 생물체를 통해 교육 콘텐츠 적시 제공 • 교육에 있어 네트워크의 활용이 중요해짐 • 인터넷 네트워크를 통한 이러닝(e-learning), 유러닝(u-learning) 등의 개발로 전반적인 '학습 사회' 도래

그럼 이와 같은 인재를 어떤 방식으로 양성할까? 교육 방식의 혁명이 일어나야한다. 분명한 것은 지금처럼 학생이 특정 대학의 전공학과 교수에게만 묶여서 배우는 방식이 고사된다는 것이다. 미국 스탠퍼드대학교에서 시작한 묵(MOOC, Massive Poen Online Course)이 그 예이다. 묵은 스마트폰으로도 전 세계 어디서나 접속하여 들을 수 있는 강의 형태로 운영된다. 스마트폰 앱으로 자막도 제공된다. 2012년 처음 개강한 강의에 전 세계 500만 명이 등록했다고 한다(조영복, 2013). 학교에서는 좋은 강의를 ICT 기술을 통해 전 세계에 공급하려 하고, 학생들은 가장 양질의 강의를 듣고자 한다.

이때 ICT를 활용한 교육 기자재 혁명이 일어날 것이다. 예를 들어 사이버나우(cyber-now)와 같은 인체에 부착하는 컴퓨터, 사람, 사물, 공간 간의 연결을 통해 체험형으로 교육할 수 있는 제4 공간형 가상교실 등이 시작될 것이다. 이러한 교육을 통해 Tony Wagner가 말하는 인재가 양성된다면 더할 나위 없다. 그러나 ICT 기술로 둘러싸인 가상교실에서 보편적으로 사용될 사이버나우 같은 경우 염려스러운 것도 사실이다.[13]

---

13 사이버나우는 유엔미래포럼 회장 겸 세계미래연구기구협의회 회장인 Jerome Glenn이 명명한 용어로, 사이버공간에 접속하기 위해 착용하는 특수도구를 말한다. 실시간으로 사이버에 연결될 수 있기 때문에 이렇게 일컬었다.

유엔미래포럼의 Jerome Glenn 회장은 2025년에는 모든 사람들이 특수장비를 통해 24시간 내내 사이버 세상에 연결될 것이라고 예견하였다(김성태, 2011). 비즈니스, 친교, 보험, 신용, 교육 등 모든 생활에서 사이버나우가 일상화된다는 것이다. 지금도 우리는 인터넷, 특히 스마트폰 없이는 생활하기 힘들 정도가 되었는데, 스마트나우가 보편화된다면 디지털 중독은 더욱 보편적인 문제로 자리 잡을 것이다.

6) 기술 발전의 부작용과 중독

기술이 항상 유익한 것만은 아니다. 프랑스 사상가 Jacques Ellul은 과학 기술이 양면성을 가지고 있다고 지적한다. 즉 모든 기술은 비용을 지불하면서 발전하는데, 이러한 기술이 각 단계에서 문제를 해결하기보다는 오히려 더 많은 문제를 일으킬 수 있다는 것이다. 그래서 특정한 기술을 사회에 도입할 때는 이 기술이 특정한 문제의 해결자일 수 있으나 문제 유발자일 수도 있음을 보아야 한다고 한다. 게다가 특정 기술의 이로운 면과 해로운 면을 칼로 자르듯 명확하게 구분하여 그 가운데 이로운 면만 취하기도 어렵다(고영삼, 2012).

사실 로봇 기술의 발전이나 인지 기능 대체 기술의 발전과 도입은 인간의 기억력을 증가시킬 테지만, 다른 한편으로 인간의 정체성 문제를 제기하게 만들 것이다. 기계의 도움으로 길어진 수명은 둘째 치고라도, 발전되는 뇌과학 기술이 인간

표 2.8	신기술의 부작용
기술(T)	• 로봇 및 인공지능의 발달과 인지 기능 대체 기술의 발달로 인간의 정체성에 대한 논란 제기 • 자기복제가 가능한 로봇의 통제력 상실
사회(S)	• 문화 및 생활양식의 변화에 따른 주요 질환군 발병 양상의 변화 • 인체 장기의 부품화 : 사회적 윤리, 정체성 변화, 존엄성, 세대 갈등, 노후 복지 보장 등의 문제 발생 • 생체 측정 시스템 등이 다양하게 활용되고 통신 네트워크로 연결되어 광범위한 실시간 원격 감시가 가능해짐(기업이나 관료 조직이 이용 가능) • '인간의 두뇌 능력과 신경 시스템의 발전', '기술 진보에 대한 반감', '우주에 대한 이해 확대' 등 세 변수의 상호작용으로 강력하고 놀라운 변화 발생

에게 어떻게 사용되느냐에 따라 순수한 인간과 기계인간의 구분이 힘들어지고, 이러한 혼란은 종교적인 문제도 일으킬 것이 틀림없다.

'인터넷 중독의 미래'라는 이 장의 제목을 보고 독자들은 어떤 상상을 하였을까? '인터넷'에 방점을 두고 읽은 독자도 있고, '중독'에 방점을 둔 독자도 있을 것이다. 그런데 사회심리학 분야의 박사학위를 받고 오랫동안 인터넷 중독 전문상담사를 양성하고 상담 프로그램도 개발해 온 필자도 '중독'의 미래를 논하기가 어려웠다. 이는 정신과 의사, 심리학자, 교육학자, 디지털 기술 공학자, 커뮤니케이션 사회학자가 모여서 학제적으로 연구해야 할 것으로 보인다.

그래서 필자는 이 장에서 '중독'보다는 '인터넷'을 다루었다. 이 책을 읽는 독자는 대개 상담 전공자일 것이므로 본문에서 설명한 내용의 의미를 얼마나 이해할

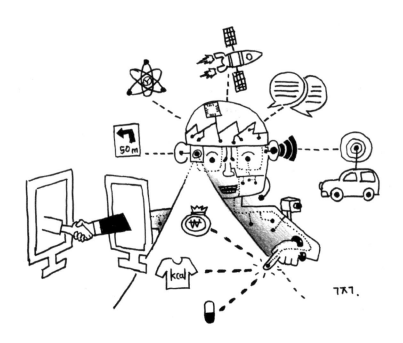

지 의문이다. 많은 전문가들은 상담사가 게임을 알아야 한다고 한다. 모르는 것보다는 아는 것이 좋다. 하지만 이는 내담자와의 라포 형성을 위해서일 뿐이라고 생각한다. 게임의 중독성 구조를 면밀하게 알아야 될 사람은 상담사보다는 오히려 인터넷 중독 대응 시민단체나 정책가일 것이다. 필자는 오히려 상담사가 디지털 문명의 변화를 알아야 한다고 생각한다. 인간은 디지털 미디어로 인해 새로운 유형으로 재탄생한다. 그러므로 이 변화와 문명, 디지털 기술에 의존하지 않으면 사회생활, 심지어 국가 유지가 불가능한 이 기술 의존의 문명에 대해 알아야 한다.

미래학자 Ray Kurzweil은 '특이점(singularity)'이란 용어로 인간과 기계의 결합을 예측하였다. 이 특이점이란 변화의 속도와 심도가 매우 빨라져서 인간의 생활이 되돌릴 수 없게 되는 시기를 말한다. 그는 진화는 인간을, 인간은 기술을 창조했으며 이제 인간은 점점 발전하는 기술과 합심해서 차세대 기술을 창조하고 있는데, 향후 특이점에서는 인간이 기계와 결합하게 된다고 예측하였다 (Kurzweil, 2005).

우리가 살아 있는 어느 시점에 인간과 기술의 모호한 경계, 공상과 과학의 모호한 접점이 형성된다. 그런데 이 접점에 기계의 인간화 혹은 인간의 기계화라 부를 수 있는 그 무엇이 있는데, 이때 이른바 '중독'은 매우 큰 문제가 될 것이다(고영삼, 2015). 물론 이러한 것 때문에 우리 모두가 중독에 빠질 것이라고 단언할 수는 없다. 모든 것을 기술 결정론적 시각으로 보는 것은 좋지 않다. 그러나 중독에 빠지기 쉬운 문명으로 들어서고 있음을 아는 것이 중요하다. 디지털 문명이 지금보다 훨씬 더 익숙해지는 어떤 때가 오면 우리는 '중독'이 아닌 다른 용어를 사용하면서 이를 경계할 것으로 보인다.

참고문헌

고영삼 (2004). "새로운 인간 유형: 호모 디지털 로쿠엔스". 박재환, 일상성일상생활연구회 편. 현대 한국 사회의 일상문화코드. 한울아카데미.

고영삼 (2015). 인터넷에 빼앗긴 아이. 베가북스.

김교헌 (2015). "인터넷의 중독 과정과 탈중독 과정". 디지털중독연구회 편. 인터넷 중독 상담과 정책의 쟁점. 시그마프레스.

김성태 (2011). "미래사회! 새로운 패러다임과 국가발전전략". 미래 한국의 새로운 도전과 기회. 법문사.

김영진, 정지선 (2011). "한국의 15대 메가트렌드와 미래의 모습". 미래 한국의 새로운 도전과 기회. 법문사.

두산백과(http://terms.naver.com/entry.nhn?docId=1232701&cid=40942&categoryId=31819)

박재환 (1995). "매체환경 변화의 사회학적 의미". 언론과 정보. 부산대학교 언론정보연구소.

스마트미디어연구포럼 (2014). 스마트미디어의 이해. 미래인.

양해림 (2006). "매체의 해석학−맥루한의 『미디어의 이해』를 중심으로". 해석학연구 18권 0호, 107−131.

조영복 (2013). 묵(MOOC)으로 창조하는 1인 대학교. 국제신문 시론. 10월 23일.

하태정. 미래 기술 트렌드의 핵심: 컨버전스(http://www.stepi.re.kr:8080/module/publishDownFile.jsp?categCd=A0504&ntNo=158).

Kurzweil, R. (2005). *The Singularity is Near*.

McLuhan, M. (1967). *The Medium in the Massage*. A Benthm Bbook.

Poster, M. (1990). *The Mode of Information: Poststructualism and Social Context*. [김성기 역 (1994). 뉴미디어의 철학. 민음사.]

Stamps, J. (1995). *Unthinking Modernity: Innis, McLuhan, and the Frankfurt School*, McGill-Queen's Univ. Press.

제3장

인터넷 중독의 평가

제**3**장
인터넷 중독의 평가

엄나래 | 한국정보화진흥원

°° 시작하는 글

우리나라 국민의 97.1%는 '인터넷 중독'이라는 용어를 알고 있으며 '인터넷 중독' 문제가 심각하다(87.3%)고 여긴다.[1] '2014년 인터넷 중독 실태조사' 결과에 따르면 국내 인터넷 중독 위험군 비율은 6.9%로 추정되는데, 이 통계는 국내 ICT 분야 주요 국가 통계 중 언론 인용률 1위[2]를 차지하며 연간 1,000회 내외로 국내외 각종 언론 보도에 인용되고 있다.

이처럼 인터넷 중독은 인지도가 높고 빈번히 회자되는데 이에 대한 접근은 흔히 다음과 같은 기본적인 질문으로 시작된다. 인터넷 중독은 무엇인가? 얼마나 많은 사람들이 인터넷 중독으로 어려움을 겪고 있는가? 어려움을 겪는 사람들 간에는 어떤 차이가 있는가? 인터넷 중독 특성에 따라 지원 방안에서 어떤 차별화 전략이 요구되는가? 인터넷 중독에 관한 이러한 기초적 접근은 인터넷 중독 평가

---

[1] 2013년 인터넷 중독 실태조사(미래창조과학부, 한국정보화진흥원)

[2] 통계청 주관 국내 정보통신 이용 실태 분야 국가 통계(10종)를 대상으로 실시한 '2011년 정기품질진단' 결과, '인터넷 중독 실태조사' 내용에 대한 언론 및 정책보고서 인용률(34.1%)이 가장 높은 것으로 나타났다.

에서 시작한다.

인터넷 중독 평가는 누가, 어떤 검사도구를 통해, 어떤 장면에서 인터넷 중독에 대해 알아볼 것인가, 그리고 평가 결과에 기반하여 어떤 개입을 할 것인가의 전 과정을 포함한다. 2002년 이후 지금까지 국내 인터넷 중독 평가의 주요 도구로 활용되어 온 한국형 인터넷 중독 척도(K-척도)는 인터넷 중독에 대한 학계의 합의된 진단 준거가 부재한 가운데 정책적 목적을 우선으로 하여 일련의 평가체계상에서 표준화된 검사도구로 널리 활용되어 왔다. 그 결과, '인터넷 중독'에 대한 국민의 인지도가 97.1%에 달할 정도로 높아지고 국가 인터넷 중독 예방 및 해소 정책도 지속적으로 활성화되는 등 개발 목적에 부합하는 기여를 해 왔다. 그러나 학계의 합의된 진단 준거가 생성되지 않은 채 K-척도가 널리 활용되다 보니 당초 선별척 도로서의 기능적 제한점에 봉착하게 되었고, 진단 기능에 대한 요구가 커지고 있 는 실정이다.

이 장에서는 한국형 인터넷 중독 척도(K-척도)를 중심으로 인터넷 중독 평가와 관련된 쟁점을 학문적 관점과 정책적 관점에서 조망해 보고자 한다.

1. 한국형 인터넷 중독 척도는 왜 필요한가

개인과 가정, 나아가 국가가 당면한 과제인 인터넷 중독 현상에 효과적으로 대응 하기 위해 가장 먼저 해야 할 일은 무엇이었을까? 사전적 예방? 사후적 상담 혹은 치료? 지금 우리에게 익숙한 이러한 인터넷 중독 관련 정책은 인터넷 중독 척도 개발에서 시작되었고 이에 기반한다.

'인터넷 중독 예방 및 해소 정책'[3]을 근거 기반의 정책으로 체계화해 나가기 위

---

3 국가정보화기본법 제30조(인터넷 중독의 예방 및 해소 계획 수립 등)에 근거하여 미래창조과학부 등 8개 부처(교육부, 법무부, 국방부, 문화체육관광부, 보건복지부, 여성가족부, 방송통신위원회) 및 17개 시도가 공동협력 추진 중으로, 현재 '제2차 인터넷 중독 예방 및 해소 종합계획(2013~2015 년)'에 근거하여 시행 중이다.

해서는 우선적으로 다음과 같은 정책적 질의에 대한 객관적 기초 자료를 마련해야 한다.

- 정책 개념 정의 마련 : 인터넷 중독은 무엇인가?
- 정책 대상 규모 파악 : 인터넷 중독으로 인해 어려움을 겪는 사람은 얼마나 되는가?
- 정책 대상 특성 파악 : 이들은 중독 수준과 유형에서 어떤 차별성을 보이는가?
- 정책 대상 발굴 방안 : 이들을 어떻게 조기에 효율적으로 선별해 낼 것인가?
- 정책 서비스 지원 방안 : 중독의 수준별 혹은 유형별로 서비스를 어떻게 차별화할 것인가?

이에 대한 근거를 마련하려면 정책적 목적에 부합하는 표준화된 척도가 필요한데, 이를 위해서는 정책적 활용성과 임상적 타당성의 양면을 다각적으로 고려해야 한다. 먼저 측정하고자 하는 현상 혹은 증상에 대한 개념 정의 측면에서 살펴보면, 인터넷 중독이라는 정신병리적 영역을 다루는 것이기 때문에 임상적 타당성 확보가 담보되어야 한다. 임상적 타당성은 합의된 진단 준거가 있다면 척도 개발 방법론상 명확하고도 용이하게 확보할 수 있다. 그러나 인터넷 중독에 대해 합의된 진단 준거가 지금까지도 부재한 상황이다. 최근 들어 DSM-5(2013)의 부록에 인터넷게임장애(internet gaming disorder)의 진단 준거가 제안되면서 임상적 연구의 구심점 역할을 하고 있지만, 엄밀히 말하면 이것 또한 인터넷의 수많은 콘텐츠 중 인터넷 게임에 한하는 기준으로 제한적인 것이다.

또한 인터넷은 병리적 역기능에 비해 순기능이 매우 크다. 이 때문에 순기능과 역기능을 연속적 측면에서 봤을 때 정신병리적 역기능이 시작되는, 질적으로 다른 지점을 찾아내고 정의하기가 쉽지 않다. 특히 현재의 스마트미디어 진화 양상에 비추어 볼 때 어렵사리 찾아낸 정의가 언제까지 유효할지도 의문이다. 예컨대 PC 기반 인터넷 중독의 경우 금단과 같은 요인이 의미 있을 수 있겠지만 웨어러블 스마트 기기, 사물 인터넷 등 스마트 기술 기반의 초연결 사회(hyper-connected society)에 진입하고 있는 현재 그리고 미래에 금단이라는 특성은 더 이상 의미 없을지도 모른다. 인터넷 기반으로 살아가는 시대에 인터넷과 단절된다면 불안하고 초조한 것은 물론이고 일상생활 영위가 불가능하기 때문이다. 어쩌면 더 역설적으로는 우리가 의식하지도 못할 정도로 우리 삶 속에 인터넷이 깊이 연결되어 있어 금단을 느낄 기회조차 없을지도 모르겠다.

이와 관련해 에릭 슈미트 구글 회장의 "인터넷이 사라지게 될 것"이라는 발언을 음미해 볼 필요가 있다. 2015년 1월 스위스 다보스에서 열린 세계경제포럼에 참석한 에릭 슈미트 회장은 패널 토론 자리에서 웹의 미래에 대한 질문에 위와 같이 대답하면서, 현재의 인터넷이 일상적인 물체와 서비스의 일부가 되면서 마치 사라지는 것처럼 보이게 될 것이라고 전망하였다. 슈미트 회장은 "너무나 많은 IP 주소, 너무나 많은 기기, 센서, 몸에 걸치는 물건 등 당신이 상호작용을 하면서도 감지조차 하지 못하는 물건이 있을 것"이라고 언급하였다. 그리고 "인터넷 연결은 당신 존재의 일부가 될 것"이라며, 미래에는 사람이 물건과 상호작용을 하고 물건이 사람의 승인을 받아 작동하는 동적인 존재가 될 것이라고 말했다.

인터넷의 미래는 그것이 현실이 되었을 때 우리가 상상했던 것보다 좀 더 앞서 나가는 것 같다. 상상과 예측이 매우 어려울 정도로 속도와 질적 측면에서 변화가 빠른 인터넷의 속성상 이에 대한 중독을 정의하기란 정말 쉽지 않다.

인터넷 중독의 정책적 개념은 "정보통신망을 통하여 제공되는 정보통신 서비스의 지나친 이용으로 이용자가 일상생활에서 쉽게 회복할 수 없을 정도로 신체적·정신적·사회적 기능의 손상을 입는 것을 말한다"[국가정보화기본법 제3조(정의) 20]라고 정의되어 있다. 이 개념은 임상적 진단 준거가 부재한 상황과 급격한 인터넷 기술 진화 환경에서 다양한 인터넷 중독 관련 이해관계자들 간의 의사소통을 위해 수렴된 일종의 정책적 정의이고, K-척도는 이 개념을 측정하기 위한 조작적 정의와 하위 요인을 포함하고 있다.

다음으로 정책 대상 규모를 파악하기 위해서는 척도의 표준화[4]가 필요하며, 이를 위해서는 개발 과정에서 신뢰도, 타당도, 실시 절차의 표준화를 확보해야 한다. 이렇게 개발된 척도는 현실적으로 의미 있는 정책 대상을 선별해 내기에 유용해야 하는데, 즉 임상적으로도 의미 있으면서 정책 예산 범위 내에서 접근할 수 있는 규모여야 한다. 임상적인 측면에서 매우 엄격한 기준을 가지고 증상의 유무를 진단할 경우 정책 대상군 비율이 매우 작을 수 있고, 이럴 경우 소수의 개인적 문제로 치부되어 상대적으로 정책적 관심의 대상에서 멀어질 수 있다. 반대로 지나치게 우려하고 적극적인 개입 입장을 취하여 대상 집단을 느슨한 기준으로 책정하는 경우 정책 대상 규모가 커져 보다 보편적인 사회 현상으로 치부될 우려도 있고, 필요 예산 규모가 지나치게 커서 정책적 지원 필요에 대한 설득이 불가능해질 수도 있다. 따라서 척도 개발 시 중독 위험군을 선별하는 절단

---

4 K-척도가 최초 개발되었던 2002년 당시 이미 Young 척도(1996)가 개발 및 활용되고 있었으나, Young 척도는 후속 연구별로 하위 요인이 1~4개로 상이*하게 나타났고, 절단점수 산출 과정에 대한 타당화 연구가 수행되지 않은 제한점이 있어 Young 척도를 한국형으로 개편하지 않고 K-척도를 개발하였다. * Young 척도 후속 연구별 요인 분석 결과 : 6요인(Widyanto et al., 2004; Ferraro et al., 2007), 단일 요인(Khazaal et al., 2008; Korkeila et al., 2010), 3요인(Chang & Man Law, 2008; Widyanto, Griffiths, & Brunsden, 2011) 등(인용 출처 : Psychometric Properties of the Internet Addiction Test in Hong Kong Secondary Students. http://netaddiction.com/wp-content/uploads/2014/05/IADQ.HongKong.Validation.pdf)

점수는 임상적으로 의미 있고 정책적으로 실천 가능한 지점에서 산출할 필요가 있는데, 이는 임상적이고 학문적인 접근에 기반하는 동시에 사회적·정책적 환경을 면밀히 분석하고 고려하여 반영하는 일련의 의사결정 및 합의의 과정이라 할 수 있다.

세 번째로, 정책 대상의 특성을 파악하고 이에 적합한 서비스를 제공하는 것은 척도의 요인구조나 실시 결과 세분화와 연관이 된다. 인터넷 중독은 중독의 수준별로 혹은 콘텐츠에 따른 하위 유형별로 특성이 존재한다. 이러한 특성은 척도 문항과 요인으로 구현되고 실시 결과에 반영되어야 한다. 즉 특성 분석의 세분화 수준은 요인과 문항구조의 세분화로 나타나게 되고, 결국 최종적인 척도 실시 결과가 매우 세분화되어야 한다. 척도 실시 결과의 세분화는 정책적 목적상 결과에 상응하는 지원 서비스의 세분화로 최종 구현되고 실천되어야 하는데, 문제는 이론적 세분화가 얼마나 실천적 차별화로 실현될 수 있느냐의 어려움이 있다는 것이다.

척도를 개발하는 데 인터넷 중독의 수준과 유형별로 세분화하여 상당히 민감한 측정도구로 개발하는 것은 많은 노력을 필요로 하지만 연구 환경만 보장된다면 방법론적으로는 가능한 일이다. 그러나 이러한 척도에 의한 수준별, 특성별 분류군에 적합한 차별화된 개입을 실질적으로 제공하는 것은 실제적으로 매우 힘든 작업이다. 척도 실시 결과가 세분화될수록 다양한 프로그램을 마련해야 하며, 프로그램 실시를 위한 인력을 양성하고 대상군 모집을 세분화해야 하는 등 서비스 지원 비용이 급격히 증가하기 때문이다. 따라서 정책 대상의 특성 차별화를 어느 수준에서 할 것인가의 문제 역시 정책적 의사결정이 요구되는 영역이다.

마지막으로 정책 대상 발굴과 지원의 측면에서 척도는 접근성이 용이해야 한다. 대상군을 조기에 발굴하기 위해서는 척도 실시가 용이하고 경제적이어야 하며, 인터넷 중독 관련 분야의 다양한 전공자들이 일정 자격 수준 이상에서는 척도 사용이 가능해야 한다.

표 3.1	K-척도, G-척도, S-척도 개발 배경	

척도명		개발 배경
K-척도	청소년 자기보고용 (40문항)	• Young 척도(미국, 1996, 20문항)의 다음과 같은 한계 때문에 국내 척도 개발이 요구됨 – 병적 도박 진단 준거 원용의 타당성 문제 – 절단점수 산출 과정에 대한 타당화 연구 미수행 – 인터넷 중독 특성 반영 미흡 • 2002년 개발
	성인 자기보고용 성인 관찰자용	• 성인 인터넷 이용 인구는 청소년층과 별다른 차이가 없는 데 반해 대부분의 척도가 청소년을 대상으로 하고 있어 성인 대상 척도 개발이 요구됨 • 이전 2년간의 K-척도(청소년용) 사용 결과 여타의 다른 검사와 마찬가지로 자기보고 검사의 한계(긍정왜곡, 미응답 등)가 나타났고, 상담 장면에 노출되지 않는 성인을 대상으로 그들의 관찰자가 평정할 수 있는 척도 개발이 요구됨 • 2005년 개발
G-척도	유아 관찰자용 아동 자기보고용 청소년 자기보고용	• 인터넷 중독 실태조사 및 관련 연구 결과를 종합해 볼 때 인터넷 사용의 주된 목적이 게임 이용으로 나타나 게임 중독 경향성을 중점적으로 측정할 수 있는 척도가 필요 • 게임 이용 연령이 점차적으로 낮아져 유아의 85% 이상에서 게임 사용이 보고되고, 유아기부터 청소년기까지의 각 단계에 따른 발달 특징이 질적으로 큰 차이가 있어 발달 단계에 따른 게임 중독 경향성 척도 개발 필요 • 2006년 개발
K-척도	군장병 자기보고용	• 인터넷 세대가 입대함에 따라 군장병의 인터넷 중독 문제에 대한 선별 및 대응이 요구되고, 인터넷을 사용할 수 없는 군부대 상황의 환경적 특수성이 반영된 척도 개발 필요 • 2006년 개발
	청소년 자기보고용 (20문항) 청소년 관찰자용 청소년 상담자용 (접수면접지)	• 국내 최초로 개발되었던 K-척도 사용 기간이 5년여 경과함에 따라 개정 필요 • 전국 초 · 중 · 고등학교에서 연간 1~2회 전수조사용으로 반복 활용함에 따라 보다 간편하면서 기존 K-척도 문항을 현행화한 척도 개발이 요구됨 • 청소년이 자기보고를 할 경우 나타나는 문제(긍정 왜곡, 중독 경향 부인, 검사 회피 등) 해결에 대한 요구가 있어 관찰자용 척도 개발 • 인터넷 중독 대응 인력이 전국적으로 증가하고 인터넷 중독 관련 공존질환 및 기타 변인이 밝혀짐에 따라 전문가가 사용할 수 있는 체계적이고 구조화된 면접지가 필요하여 접수면접지 개발 • 2007년 개발
	청소년 자기보고용 (인터넷 이용 습관 척도 3종 동형 검사 A, B, C형)	• 전국 초 · 중 · 고등학교에서 전수조사용 검사도구로 K-척도(청소년 자기보고용)를 반복 활용함에 따라 발생하는 문제 해소 – 인터넷 중독 측정 문항 다양화 – 수검자의 응답 성실성 측정을 위한 타당도 척도 개발 – 단계적 온라인 검사 개발 • 2009년 개발

(계속)

척도명		개발 배경

K-척도	유·아동 관찰자용
	청소년 자기보고용
	청소년 관찰자용
	성인 자기보고용
	성인 관찰자용
		• 국내 전 연령층의 인터넷 이용률 증가 추세를 고려하여 인터넷 중독 실태조사[통계청 승인 통계]의 조사 대상 연령을 확대, 이에 따라 중독 위험군 비율 산출을 위한 척도 신규 개발 및 기존 척도 전체 고도화
		  – 문항 및 하위 요인 현행화
		  – 유·아동, 청소년, 성인 대상별 척도 하위 요인 통일
		  – 응답 편향 방지를 위한 역채점 문항 개발
		• 2011년 개발

S-척도	청소년 자기보고용 성인 자기보고용	• 스마트폰 등 스마트 기기 활용 증가에 따른 역기능 파악을 위해 인터넷 중독 실태조사 시 스마트폰 중독 위험군 비율 산출을 위한 척도 개발 필요 • 2011년 개발
	인터넷 게임 중독 진단 면담도구	• K-척도의 진단 기능 강화를 위해 임상적 타당도 제고 필요 • DSM-5의 '인터넷게임장애' 진단 기준을 중심으로 구조화된 진단 면담도구 개발, 인터넷게임장애(IGD)의 정확한 진단 및 예방, 치료에 기여 • 2013년 개발
K-척도	청소년 자기보고용	• '중독'에 해당하는 진단 기준과 특성에 맞는 절대평가(준거 참조 방식)로 K-척도의 진단 절단점수 산출, 자기보고 검사로서의 일차적 진단 가능성 제고 • 2013년 개발
인터넷 및 스마트 미디어 중독 경향성 예측 척도	유·아동 관찰자용 (인터넷 중독) 청소년 자기보고용 (인터넷 및 스마트 미디어 중독) 성인 자기보고용 (인터넷 및 스마트 미디어 중독)	• '제2차 인터넷 중독 예방 및 해소 종합계획(2013~2015년)' 시행에 따라 기존 상담 및 치료 등의 사후 대응에서 사전 예방 강화로의 정책 방향 전환에 따른 예측 선별척도 개발 필요 * 인터넷 중독 예방교육 의무화 시행[국가정보화기본법 제30조의8(인터넷 중독 관련 교육) 신설, 2013년 5월] • 2013년 개발

K-척도는 이상과 같은 측면이 다각적으로 반영된 것으로, 인터넷 중독의 예방–상담–치료–사후관리, 사회적 인식 제고, 법제도 정비의 전 영역에 걸친 서비스 전달체계를 원활히 하기 위한 정책적 목적에 부합하는 역할을 해 왔다. 즉 국가 주도적 인터넷 중독 대응체계 가동을 위한 선결 과제로서의 정책적 목적을 충족하기 위한 측면이 많았다. 다만 현재까지도 인터넷 중독에 대한 진단 준거가 부재한 상황에서 임상적 타당성 확보가 미흡한 제한점이 있는데 이는 다음 절에서 살펴볼 것이다.

표 3.2	K-척도, G-척도, S-척도 개발 및 활용 현황(한국정보화진흥원 2015년 활용 기준)				
척도명	대상	대상별 척도		요인 수	문항 수	개발 연도

척도명	대상	대상별 척도		요인 수	문항 수	개발 연도
[K-척도] 인터넷 중독 척도	유·아동	유·아동 관찰자용*		4개	15문항	2011년 고도화
	청소년	청소년 자기보고용*				
		청소년 관찰자용				
	성인	성인 자기보고용*				
		성인 관찰자용				
	군장병	군장병 자기보고용		–	61문항	2006년
	상담자	접수면접지 I, II		–	–	2007년
[K-척도] 인터넷 이용 습관 척도 ※ 초·중·고 전수조사용	청소년	A유형 B유형 C유형	각 20문항 및 타당도 척도 10문항	5개	각 30문항	2009년
[K-척도] 인터넷 게임 중독 진단	상담자	인터넷 게임 중독 진단 면담도구		–	–	2013년 고도화
	청소년	청소년 자가진단		4개	26문항	
				3개	20문항	
[G-척도] 온라인 게임 중독 척도	유아	유아 및 초등 저학년 관찰자용		3개	18문항	2006년
	아동	아동 자기보고용			20문항	
	청소년	청소년 자기보고용			20문항	
[S-척도] 스마트폰 중독 척도	청소년	청소년 자기보고용*		4개	15문항	2011년
	성인	성인 자기보고용*			15문항	
인터넷 및 스마트미디어 중독 경향성 예측 척도	유·아동	인터넷 중독 관찰자용		2개	10문항	2013년
	청소년	인터넷 중독 자기보고용			15문항	
		스마트미디어 중독 자기보고용			15문항	
	성인	인터넷 중독 자기보고용			15문항	
		스마트미디어 중독 자기보고용			15문항	

* 표시된 척도는 '인터넷 중독 실태조사'(통계청 승인 통계) 시 국내 유·아동, 청소년, 성인 대상별 인터넷 중독 위험군 비율 및 청소년, 성인의 스마트폰 중독 위험군 비율 산출을 위해 조사 문항으로 활용 중임

※ 한국정보화진흥원 스마트쉼센터 홈페이지(www.iapc.or.kr) 참조(온라인 검사 및 검사지 다운로드 가능)

2. K-척도는 진단도구인가, 선별도구인가

K-척도는 규준참조 방식에 의해 표준화된 선별척도이다. 척도 개발 과정에서 일반 인터넷 이용자 집단을 표본으로 하여 검사 문항을 개발하고 통계적 기법에 근거하여 절단점수를 산출한 것이다.

개발 과정을 좀 더 자세히 살펴보면, 가장 먼저 표본 구성은 연령별, 성별, 지역별로 표본 설계를 하고 표집하여 표본 대표성을 확보하였다. 따라서 할당된 표본 내 실제 표집된 표본 중에는 인터넷 중독 증상을 가진 개인도 무선적으로 포함되었다고 볼 수 있다. 그러나 표본을 일반 인터넷 이용자 집단이라고 명명하는 것은 의도적으로 임상 집단을 구성하기 위한 별도의 선별 과정을 거치지 않았음을 의미한다. 이러한 표본을 대상으로 검사 문항을 개발하고 분석하는 과정에서 신뢰도와 타당도를 확보하였다.

절단점수는 수집된 자료를 표준점수로 변환하여 정상분포화한 뒤 상위 2% 정도 이상에 해당하는 2 표준편차(70T) 이상을 인터넷 중독에 대한 고위험군[5]으로, 상위 3~10% 정도 구간에 속하는 1.5 표준편차(65T) 이상 2 표준편차(70T) 미만을 잠재적 위험군으로 설정하였다(단, 자료 속성에 따라 유·아동, 청소년, 성인 대상별 잠재적 위험군 절단점수가 63T 혹은 67T로 설정되기도 하였다). 이러한 절단점수가 유의미하다는 것은 기본적으로 통계적 기법에 근거하지만 실제로 고위험군, 잠재적 위험군, 일반 사용자군 집단 간에 질적 차이가 있는지에 대해서도 심리·사회적 특성을 비교·분석하여 절단점수 산출의 타당성을 확보하였다.

이러한 K-척도는 청소년용 자기보고식 척도 개발을 시작으로 하여 각 연령대별 척도 개발을 계속한 결과 유·아동, 청소년, 성인 대상 척도 및 각 대상별 관찰자 척도와 접수면접지까지 개발, 보급되었다. 유·아동, 청소년, 성인 대상별 척

---

5 매년 실시되는 통계청 승인 통계인 '인터넷 중독 실태조사'를 통해 국내 인터넷 중독 위험군 비율을 산출할 때는 고위험군과 잠재적 위험군을 합하여 인터넷 중독 위험군 비율로 발표하고 있다.

표 3.3	선별척도와 진단척도 간략 비교	
구분	**선별척도**	**진단척도**
참조 방식	규준참조	준거참조
표본	일반군	임상군
평가 방식	상대평가	절대평가
개입	예방, 상담적 개입	예방, 상담, 치료적 개입

도를 개발하여 K-척도를 활용한 단계적 평가체계를 구성했는데, (1단계) 자가척도를 활용한 자기보고 → (2단계) 관찰자 척도를 활용한 관찰자 보고 → (3단계) 접수면접지 및 유관 심리검사를 활용한 전문가 평가 → (4단계) 프로그램 배치 → (5단계) 사전·사후 비교를 통한 개선 정도 평가로 이루어진다.

위와 같이 K-척도는 규준참조 방식에 의해 표준화되어 일련의 평가체계를 구성하고 국내 인터넷 중독 예방 및 해소 정책 수행에 기본 프레임 역할을 해 왔지만 K-척도의 활용성이 높아지면서 상대평가가 가진 제한점에 봉착하게 되었다. 즉 예방, 상담적 개입 대상을 선별하는 데는 비교적 타당한 도구이지만, 궁극적으로 치료적 개입이 필요한 대상자를 정확히 구분해 내는 진단 기능이 제한적이라는 한계에 머물러 있는 상태이다.

그렇다면 왜 진단 기능이 제한적인 규준참조 방식으로 척도를 개발했을까? 가장 큰 이유는 인터넷 중독에 대한 합의된 진단 준거가 없기 때문이다. 인터넷 중독이라는 명확한 병리적 실체를 알기는 어렵지만 동시대를 살아가는 사람들 간의 인터넷 이용에 따른 심리·사회적 특성을 비교하여 상대적으로 개입이 필요하다고 판단되는 대상군을 선별해 내는 것이 용이하였다. 즉 절대적 기준이 없기 때문에 인터넷 이용자들의 보편적 집단 행동양식에서 특정 개인이 얼마나 이탈되어 있는지를 보고 중독 위험군으로 선별할 수 있었던 것이다.

또한 인터넷은 생애 초기부터 노출되어 전 연령대에 걸쳐 사용되는 것으로, 생애주기별로 타당한 임상 기준 및 임상 집단을 확보하기가 매우 어려웠다. 동일한 콘텐츠에 대해서도 이용자에 따라 순기능적 사용과 역기능적 사용이 교차될 수 있고, 미디어 융·복합 추세와 빠른 진화 속도로 인해 이용자의 주관적 경험이 매우 다양하고 빨리 변화하는 특성으로 인해 절대평가 기준을 마련하는 데 장벽이 많았다. 이러한 어려움으로 인해 상대평가 방법을 채택한 결과 지난 10여 년간 국내 인터넷 중독 예방 및 해소 정책의 양적 성장은 있었지만 다음과 같은 문제점이 제기되었다.

K-척도의 이러한 제한점을 극복하기 위해 2013년 '인터넷 중독 진단척도 타당도 고도화 연구'(한국정보화진흥원)를 수행한 결과, 2002년에 최초로 개발하였던 K-척도 청소년용 40문항(7개 요인) 중 증상 요인인 1(일상생활장애), 4(금단), 6(일탈행동), 7(내성) 요인의 4개 요인으로 구성된 26문항과 1(일상생활장애), 4(금단), 7(내성) 요인의 3개 요인으로 구성된 20문항의 진단 능력이 더 우수한 것으로 나타났다. 또한 인터넷게임장애(IGD)에 대한 DSM-5의 진단 기준을 바탕으

---

6 본 제한점은 K-척도 고도화 발전 계획 수립 과정에서 제안된 「한국형 인터넷 중독 척도(K-척도)의 수정과 보완에 대한 제안」(권정혜, 2012, 한국정보화진흥원 내부 자료)을 인용한 것이다.

로 구조화된 진단 면담도구도 개발하여 K-척도의 진단 기능적 제한점을 개선하기 위한 노력을 지속하고 있다. 기존에 개발된 유·아동용 척도 및 성인용 척도에 대한 진단 타당도 연구도 조속히 진행되어 K-척도의 한계를 극복하는 한편, 급격한 미디어 진화 환경에서 국내외적으로 합의될 수 있는 인터넷 중독 진단 기준이 마련되는 데 기여할 필요가 있다.

국외에서 개발 활용 중인 인터넷 중독 척도와 K-척도를 비교해 보면 대부분의 척도가 자기보고식 검사이고, 문항 수가 20~30문항 내외이며, 4~5점 내외의 리커트형 척도라는 유사성이 있다. 또한 K-척도의 핵심 요인에 해당하는 금단, 내성, 일상생활장애 위주의 3개 이상 하위 요인으로 구성되어 있다.

반면 척도 간의 가장 큰 차이는 절단점수의 제시 유무이다. 대부분의 척도가 절단점수를 제시하지 못하는 데 반해 K-척도는 절단점수를 갖고 있다는 장점이 있다. 그러나 절단점수를 제시하고 있는 척도 중 Chen 등(2003)의 척도만 거의 유일하게 임상적 타당성에 대한 검증 과정을 거쳤을 뿐, 다른 대부분의 척도는 절단점수를 갖고 있어도 K-척도의 규준참조 방식과 같은 상대평가 방식을 채택하여 선별척도로서의 한계를 벗어나지 못하고 있다.

임상적 타당성 검증 과정을 거치지 못한 결정적 제한점은 아직까지 인터넷 중독에 대한 합의된 준거가 마련되지 못한 것이 가장 큰 원인이다. 절대적 준거가 없기 때문에 척도 개발의 구심점이 없고, 따라서 척도 간의 비교 연구도 거의 부재한 상황이다. 인터넷 중독 척도 개발 연구가 이렇듯 중심축 없이 개별로 진행된 결과, 임상적으로 의미 있는 연구 축적이 지연되었고 국제적 표준화 및 합의가 어려운 실정이다. 이러한 연구의 지체 현상을 해결하기 위해서는 DSM-5 부록의 '인터넷게임장애' 준거를 시작으로 계속해서 국제적 합의를 도출해야 할 것이며, 이러한 합의를 기준 삼아 임상적 타당성 확보를 연구의 기본 방향으로 설정함과 아울러 척도 간의 비교 연구도 활성화해야 할 것이다.

표 3.4	국외 인터넷 중독 척도 개발 현황					
연구자	척도 구성	실시 유형 및 대상	구성요소	구분	특·장점	단점
Young (1996)	Internet Addiction Scale(IAS) DSM-IV 병적 도박 진단 준거에 기초	자기보고식 20문항 5점 척도 (청소년- 성인)	단일 요인 (Khazaal et al., 2008) 4요인(Ngai, 2007) 3요인(Chang & ManLaw, 2008)	20~39 평균, 40~69 중독, 70~ 100 심한 중독	• 인터넷 중독을 충동조절 장애로 간주 • 널리 사용됨 • 인터넷 사용이 일상생활에 미치는 영향력 측정	• 연구마다 요인이 달라짐 • 절단점수가 있으나 타당화 연구는 진행되지 않았음
Armstrong, Phillips, & Saling (2000)	Internet Related Problem Scale(IRPS) DSM-IV 물질남용 진단 준거에 기초	자기보고식 20문항 10점 척도 (성인)	9요인 (내성, 다른 문제로부터의 회피, 활동 감소, 통제 상실, 부정적 효과, 금단, 열망 및 내향성 등)		자극 추구와 현실로부터의 회피, 낮은 자존감을 중독의 핵심으로 봄	연구마다 요인이 달라짐
Davis, Flett, & Besser (2002)	Online Cognition Scale(OCS) 행동 대신 인지에 초점을 둠	자기보고식 36문항 7점 척도 (청소년- 성인)	4요인 (외로움/우울, 감소된 충동 통제 능력, 사회적 안정 및 주의 분산)	절단점수 없음	광범위하게 사용됨	• 예측 타당도 연구가 더 필요함 • 절단점수 없음
Caplan (2002)	Generalized Problematic Internet Use Scale(GPIUS) Davis(2001)의 이론 모형에 기초함	자기보고식 29문항 5점 척도 (성인)	7요인 (기분 전환, 사회적 혜택, 부정적 결과, 강박적 사용, 온라인에서 과도한 시간 보내기, 금단, 사회적 통제)	절단점수 없음	이론적 근거가 있음	• 타당도 연구가 더 필요함 • 절단점수 없음

(계속)

연구자	척도 구성	실시 유형 및 대상	구성요소	구분	특·장점	단점
Nichols & Nichi (2004)	Internet Addiction Scale(NIAS) DSM-IV 물질 중독, Griffiths(1998)의 salience 와 mood modification을 추가하여 구성	자기보고식 31문항 5점 척도 (성인)	단일 요인 (인터넷 과사용으로 인한 부정적 결과)	93점 이상	이론적 배경에 기초함	• 문항이 긴 편임 • 제한된 사용
Thatcher & Goolam (2005)	Problematic Internet Use Questionnaire (PIUQ) South Oaks Gambling Screen(SOGS)과 Young(1998)의 인터넷 중독 척도에 기초	자기보고식 20문항 5점 척도 (청소년-성인)	3요인 (온라인 과몰입, 역효과, 사회적 상호작용)	절단점수 없음	신뢰도, 타당도 우수	저자들만 사용
Chen, Weng, & Su (2003)	Chen Internet Addiction Scale Ko의 인터넷 중독 진단 기준 중심으로 구성	자기보고식 26문항 4점 척도 (청소년)	5요인 (강박적 사용, 금단, 내성, 대인관계 및 건강 문제, 시간 관리의 어려움)	절단점수 사용 64점 이상	진단적 정확성에 대한 타당화 과정을 거침, 우수한 신뢰도/타당도	
Demetrovicss, Szerdedi, & Rozsa (2008)	Demetrovics's Problematic Internet Usage Scale(PIUS) Nyikos, Szeredi, & Demetrovics (2001)에서 구성된 문항과 Young의 IAT 몇 문항에서 기술된 증상으로 구성	자기보고식 18문항 5점 척도 (청소년-성인)	3요인 (집착, 무시, 조절장애)	<22.7 정상 22.7~42.4 약간 문제 있음 42.4~52.2 문제 있음 >52.2 심각한 문제 있음		

(계속)

연구자	척도 구성	실시 유형 및 대상	구성요소	구분	특·장점	단점
Meerkert, Van Den Eijnden, Vermulst, & Garretsen (2009)	Compulsive Internet Use Scale(CIUS) DSM-IV의 의존 및 병적 도박 진단 준거와 Griffiths(1999)가 제안한 행위 중독 진단 준거에 기초	자기보고식 14문항 5점 척도 (청소년-성인)	단일 요인	절단점수 없음	길이가 짧고 온라인 실시 가능	• 타당화 검증 연구가 더 필요함 • 절단점수 없음

* 출처 : 「한국형 인터넷 중독 척도(K-척도)의 수정과 보완에 대한 제안」(권정혜, 2012, 한국정보화진흥원 내부 자료)

3. K-척도 고도화와 관련된 이슈

2002년부터 현재까지 10년 이상 K-척도에 기반한 인터넷 중독 대응을 하면서 우리는 인터넷 혁명 시기를 지나 모바일 혁명 시기를 경험하였다. 즉 온라인에 기반한 정보 사회를 지나 온·오프라인의 융합에 기반하여 모든 사물이 인터넷으로 연결되는 초연결 사회에 진입한 것이다. 미디어의 발전과 변화는 미래학자도 예견하기 어려울 만큼의 속도를 내며 진화하는데, 동일한 시간 동안 인터넷 중독 진단 기준의 발전은 DSM-5 부록에 인터넷 게임 부분에 대한 기준이 조심스럽게 제한적으로 제안되는 정도이다. 인터넷 중독 진단 분야에서는 진단 대상인 미디어 변화와 진단 기준 고도화 간의 속도 차이가 너무 크다. 중독 위험군의 이용 행태는 초연결 사회인데 진단 기준은 유선 PC 시대에 머물러 있는 셈이다. 따라서 인터넷 중독 평가 환경과 관련된 이러한 근원적인 어려움과 함께, 그럼에도 불구하고 발전해 나가야 하는 K-척도의 고도화 이슈를 몇 가지 살펴보고자 한다.

가장 먼저 새롭게 재편된 DSM-5의 진단 기준에 따라 K-척도를 개편해 나가야 한다. DSM이 전 세계 임상 전문가들의 축적된 연구 결과에 근거하여 어렵게 합의를 마련해 가는 장인 만큼 인터넷 중독 분야에서 안정되고 합의된 의사소통을 위해서는 DSM-5의 진단 기준을 충분히 반영하는 고도화 방안을 강구해야 할 것이다.

그러나 여기서 한 가지 고려할 점은 전 세계적으로 ICT 강국인 우리나라의 경우 인터넷 중독 문제에 대한 체감 정도가 다르다는 것이다. DSM-5는 이제 겨우 부록 수준에서 인터넷 게임에 한하는 진단 기준을 제안했지만, 우리나라의 경우 모바일 혁명을 빠르게 지나오면서 인터넷 게임보다는 커뮤니케이션이나 SNS 사용 등의 콘텐츠 이용 시간이 빠르게 증가하여 게임 이외 유형의 인터넷 중독에 대한 주의가 많이 요구된다. 따라서 국제적인 기준을 따르고 임상적 타당성을 확보하는 데 엄격해야겠지만 동시에 ICT 환경의 변화 속도와 트렌드에 대한 민감성을 놓쳐서는 안 될 것이다.

척도 고도화의 방법론적인 면에서는 적어도 DSM-5의 인터넷 게임 중독에 대한 제안이 생겼으니 향후 연구에서는 지속적으로 동일 진단 기준에 대한 임상적 연구를 축적하여 미디어 변화에 부합하는 국제적 진단 기준을 수렴해 나갈 수 있도록 해야겠다. 이를 위한 유용한 방법론으로서 K-척도에 대한 임상적 타당성을 우선 확보한 뒤 이를 활용한 종단연구를 수행할 필요가 있다. 종단연구는 K-척도의 진단 안정성과 예측성 등을 뒷받침할 수 있는 자료가 될 것이며, 아울러 미디어 변화에 따른 인터넷 중독의 시간적 변화 양상을 살펴볼 수 있는 유용한 방법이 될 것이다. 그러나 이를 위해서는 종단연구의 필요성에 대한 정책적 설득이 필요한데, 종단연구는 비용이 많이 들기 때문에 정책적 필요성 면에서 인터넷 중독 관련 현안에 밀려 차선 순위가 되는 경우가 많다. 따라서 장기적인 측면에서 인터넷 중독 정책의 효과성을 검증하고 방향을 설정하기 위한 근거 자료 마련의 역할을 하는 K-척도 활용 종단연구의 필요성이 이해관계자들 간에 공유될 수 있도록 노력할 필요가 있다.

또한 K-척도 고도화는 유·아동, 청소년, 성인, 노인에 이르는 전 연령대에 걸쳐 동시에 진행될 필요가 있다. 스마트 기기 이용률 등을 살펴보면 연령대별로 이용 패턴에 차이가 날 뿐 특정 연령이 더 중독 위험에 노출되어 있다고 할 만한 근거가 없다. 전 연령대의 중독 위험 특성을 동시에 비교하여 생애주기별 인터넷 중독의 발달적 보편성과 특수성을 발견해 가는 것이 진단 준거 확보에 더 용이할 것이다.

인터넷 중독의 유형화 및 결과 세분화 측면에서 보면 고도화해 나가야 할 과제가 많다. 특히 유형화 측면에서는 미디어 콘텐츠 융·복합 추세에서 어떻게 유형화해야 할지 방향 설정이 쉽지 않다. 콘텐츠에 기반한 유형화 혹은 이용자 경험에 기반한 유형화 등 다양한 방법이 있겠지만 계속해서 고려해야 할 점은 평가도구의 고도화 수준과 대응 서비스 체계의 고도화 수준이 함께 발전해야 한다는 것이다. 검사도구만 고도화되고 이에 따른 개입 서비스 고도화는 뒤처진다면 검사도구의 고도화가 무의미해지기 쉽다.

미디어 진화가 예측하기 힘들 만큼 급변하고 다양해지는 점을 감안하면 검사 문항 개발에서 이용자의 주관적 경험을 어떻게 시의적으로 반영해 나갈 것인가에 지속적인 관심을 가질 필요가 있다. 미디어가 급변하는 만큼 이론에 기반한 검사 문항으로 구성해서는 내용 타당도 확보가 어려울 수 있기 때문이다.

또한 인터넷 이용자의 모든 행동 특성은 사실상 기록화되어 있다. 이러한 빅데이터를 어떤 방법으로 분석, 활용하여 척도 개발에 반영할 수 있을지 방법론적으로 고민해야 할 것이다. 예컨대 인터넷 중독과 관련된 특정 콘텐츠, 사용 패턴, 사용 시간 등은 개인에게 질문하지 않아도 빅데이터 분석을 통해 기준을 마련하고 해당 개인의 로그인 기록을 살펴보면 알 수 있는 인터넷 중독 지표인 셈이다. 이와 같은 데이터 기반의 척도 고도화 방안에 대해 지속적으로 모색해야 할 것이다.

°° 맺음말

인터넷 중독 평가 과정은 학문적으로나 정책적으로나 복잡한 의사결정 과정이다. 학문적인 합의도 쉽지 않지만 그 합의가 정책적으로 설득 가능하고 실천 가능한 합의인가를 병행해서 고려할 필요가 있다. 학문적으로 엄격한 합의를 도출하는 데 너무 많은 시간이 지체된다면 그 시간만큼 인터넷 중독 대응 정책 수행에서 겪는 혼란과 어려움이 증폭될 것이다. 미디어 진화의 변화 속도와 양상, 전 연령대에 걸친 이용자의 중독 위험 노출, 정책 환경의 제약점 등 인터넷 중독을 둘러싼 환경 변화를 복합적으로 고려한 접근이 인터넷 중독 평가에 요구된다.

권정혜 (2012). 한국형 인터넷 중독 척도(K-척도)의 수정과 보완에 대한 제안. 한국정보화진흥원(내부 자료).

한국정보화진흥원 (2002). 한국형 인터넷 중독 자가진단척도(K-척도) 개발.

한국정보화진흥원 (2005). 인터넷 중독 성인 진단척도 개발.

한국정보화진흥원 (2006). 유 · 아동 및 청소년 인터넷 게임 중독 진단척도 개발.

한국정보화진흥원 (2006). 인터넷 중독 군인 진단척도 개발.

한국정보화진흥원 (2007). 인터넷 중독 진단척도 고도화 연구.

한국정보화진흥원 (2009). 인터넷 중독 진단척도 2단계 고도화 연구.

한국정보화진흥원 (2011). 스마트폰 중독 진단척도 개발 연구.

한국정보화진흥원 (2011). 인터넷 중독 진단척도 고도화(3차) 연구.

한국정보화진흥원 (2013). 2013년 인터넷 중독 실태조사.

한국정보화진흥원 (2013). 인터넷 중독 예측지수 개발 연구.

한국정보화진흥원 (2013). 인터넷 중독 진단척도 타당도 고도화 연구.

Psychometric Properties of the Internet Addiction Test in Hong Kong Secondary Students. http://netaddiction.com/wp-content/uploads/2014/05/IADQ.HongKong.Validation.pdf

Young, K. (1996). Psychology of computer use: Addictive use of the Internet: A case that breaks the stereotype. *Psychological Reports, 79*, 899-902.

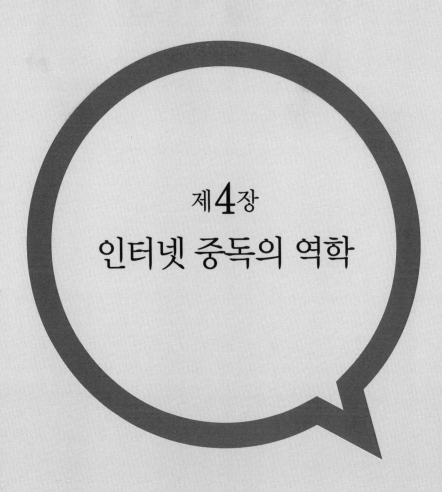

제4장

인터넷 중독의 역학

제4장
인터넷 중독의 역학

이해국 ㅣ 가톨릭대학교 정신건강의학과

°° 시작하는 글

– 왜 인터넷 중독의 역학을 논하는가

'인터넷 중독'이라는 용어가 1996년 미국의 정신과 의사인 Goldberg(1996)에 의해 보고된 이후 심리학, 정신의학, 뇌영상의학에서는 지속적으로 연구가 이루어지고 있으며, 인구 통계학적 특성, 심리·사회적 및 환경적 특성 등 다양한 요인의 영향을 받는 것으로 보고되고 있다.[1,2] 이처럼 인터넷 중독에 대해 다양한 연구가 진행되는 과정에서 세계적으로 가장 관심을 받고 언론에 자주 인용되었던 국가는 다름 아닌 우리나라이다. 90%에 가까운 가정이 인터넷에 연결되어 있고 초고속 통신망의 보급률이 세계에서 가장 높은 한국에서 인터넷 중독이 세계적으로 가장 큰 문제임은 당연한 일이다.

---

1 Kormas, G., Critselis, E., Janikian, M., Kafetzis, D., & Tsitsika, A. (2011), Risk factors and psychosocial characteristics of potential problematic and problematic Internet use among adolescents: A cross-sectional study, *BMC Public Health, 11*.

2 Xu J et al. (2012), Personal characteristics related to the risk of adolescent internet addiction: A survey in Shanghai, China, *BMC Public Health, 12*.

정부도 2013년 기준 100억 원 이상의 예산을 투자하여 인터넷 중독 문제에 대한 대처 노력을 기울이고 있음은 고무적이다(사업의 효과성을 떠나 전 세계적으로 이 정도 규모의 예산을 투자하는 나라는 한국이 유일하다). 그러나 그 내면을 들여다보면 그리 단순한 일이 아니다. 일단 인터넷 중독이라는 문제의 정의에 대해 정부 부처와 전문가들 사이에서 개념의 일치가 부족하다. 개념의 불일치는 바로 문제의 크기에 대한 추정의 불일치로 이어진다. 즉 문제의 실태에 대한 정확한 역학적 결과가 나오지 못하고 있는 것이다. 인터넷 중독의 개념이 포함된 국가기관에 의한 조사가 10년째 지속되고 있음에도 이러한 논란이 존재한다는 것은 얼마나 비효율적인지를 드러낸다.

인터넷 중독을 하나의 병리적 현상으로 바라보건 사회적 현상으로 바라보건 간에 누구나 인정할 수 있는, 문제나 현상의 크기를 가늠할 수 있는 정확한 역학적 자료의 산출이 매우 중요하다. 인터넷 중독은 그 예방에 막대한 정부의 예산이 투입되고 사회적 관심이 집중되며, 게다가 나라의 미래라 할 수 있는 아동, 청소년이 겪고 있는 문제이다. 따라서 문제의 규모에 대한 정확한 진단을 통해 효과적인 개입 전략 및 그 효과성을 판단해야 한다.

인터넷 중독 문제는 국제적으로도 관심이 높은 문제이므로 국가나 문화 간 비교 등도 이미 국제 보건학계의 중요한 이슈로 떠오르고 있다. 또한 세계적으로도 인터넷 중독 문제에 대한 한국의 정책이 주요한 관심이기에 정확한 개념과 방법론에 근거한 실태 역학조사의 실시는 매우 중요하다.

따라서 이 장에서는 국내외에서 실시되고 있는 인터넷 중독 실태 역학조사 결과, 조사 대상 문제의 개념과 종류 등을 비교·분석함으로써 역학조사와 관련된 논란에 대한 합리적 대안을 모색하고자 한다.

1. 부처별 실태 역학조사, 어떤 조사가 더 신뢰성이 있는가

현재 인터넷 중독 관련 실태 역학조사는 다양한 기관에서 다양한 형태로 이루어지고 있다. 가장 대표적인 것은 관련 공식 국가 통계인, 미래창조과학부에서 시행하는 인터넷 중독 실태조사이다. 이 외에 인터넷 중독 관련 척도(K-척도)를 사용하여 시행하는 여성가족부의 전수조사와 문화체육관광부에서 콘텐츠진흥원을 통해 시행하는 게임 과몰입 실태조사가 있다. 또한 청소년 온라인 행태 조사에서도 최근 K-척도를 포함하고 있으며, 보건복지부에서 시행하는 정신질환 실태 역학조사도 가장 최근에 시행된 조사에서 Young 인터넷 중독 진단척도를 사용하여 결과를 낸 바 있다.

일단 앞서 언급한 세 가지 조사를 살펴보자. 연구 방법론을 보자면 전국 대표 표본값을 얻기 위한 표본 설계와 가구방문 면접조사 등 나름의 방법론을 거친 미래창조과학부의 실태조사가 가장 신뢰성이 있다고 할 수 있다.

선별하여 개입 프로그램 제공의 근거로 삼고자 하는 여성가족부의 전수조사는 실질적으로 비밀 보장에 한계가 있어 문제가 저평가될 위험이 존재한다. 또한 교실 단위로 진행함으로써 반복 노출에 의한 학습 효과로 전체적인 중독자 비율이 낮게 나올 가능성이 높다.

문화체육관광부의 조사는 우편조사라는 방법을 사용하긴 하지만 학교를 선택하여 진행한다는 측면에서 결과의 일반성과 객관성에 근본적 한계가 있다. 또한 '게임 과몰입, 선용'이라는 검증되지 않은 개념과 용어를 적용함으로써 '인터넷의 과도하고 중독적인 사용으로 인한 폐해를 가늠한다'는 타 부처의 목적과는 기본적 목적부터가 상이하다.

한편 미래창조과학부의 조사는 인터넷 중독과 스마트폰 중독을 별도의 선별도구로 조사하고 있으며, 인터넷 중독 또한 PC 기반과 모바일 기반을 구별하기는 하나 이를 통합하여 적용하고 있어 스마트폰 중독, 게임 중독에 대해 스스로 통합적 결과를 내지 못하는 제한점이 있다. 또한 K-척도 자체가 정확한 진단 기준이

표 4.1	인터넷 중독에 대한 부처별 실태조사 비교		
구분	인터넷 중독 실태조사[3]	인터넷 이용 습관 진단 전수조사[4]	게임 과몰입 종합 실태조사[5]
부처 (기관)	미래창조과학부 (한국정보화진흥원)	여성가족부 (교육부 협조)	문화체육관광부 (한국콘텐츠진흥원)
조사 연혁	2004~2013년, 10회	2009~2013년, 5회	2011~2013년, 3회
모집단	전국 만 5~54세 이하 인구 중 최근 1개월 이내 1회 이상 인터넷을 이용한 사람	전국 11,774개 초·중·고등학교, 초등 4년 475,000명, 중등 1년 599,000명, 고등 1년 646,000명 등 총 170만여 명 대상 (2013년 1,633,134명)	초등학교 4학년 이상, 중·고등학교 재학생, 19~35세 성인 인터넷 사용자(청소년 120,209명, 성인 온라인 패널 3,000명, PC방 300명)
표본	17,500명(다문화 가구 500명, 한부모 가구 500명)		
조사 기간	2013년 9~11월	2013년 5~6월	2013년 5~7월
조사 방법	전문 조사원이 표본으로 선정된 가구를 방문하여 설문지 응답 내용을 기입하는 가구방문 면접조사	담임교사 지도하에 자기기입식 설문조사(OMR 카드 활용)	청소년 : 우편 성인 온라인 : 웹 성인 PC방 : 면대면
조사 도구	한국형 인터넷 중독 척도(K-척도, 15문항)	한국형 인터넷 중독 척도(K-척도, 20문항)	청소년 : 게임행동 종합 진단척도(CSG) 성인 : 게임 선용과 문제적 게임 이용 예측 심리행동 특성 확인 문항
조사 결과	〈2013년〉 인터넷 중독 위험군 7.0%(고위험군 1.7%, 잠재적 위험군 5.3%)	〈2013년〉 진단 참여자 1,633,134명 중 위험 사용군 11,240명, 주의 사용군 93,912명, 총 105,152명 인터넷 중독 6.4%(위험 사용군 0.7%, 주의 사용군 5.8%)	〈2013년〉 | 구분	과몰입	과몰입 위험	일반 사용자	게임 선용
---	---	---	---	---
청소년	0.7	1.2	92.2	5.9
성인 온라인	2.2	5.2	81.4	11.2
성인 PC방	5.3	11.3	73.7	19.7	

3 한국정보화진흥원(2013), 인터넷 중독 실태조사, 미래창조과학부.

4 여성가족부(2013), 인터넷 이용 습관 전수조사, 여성가족부·교육과학기술부.

5 한국콘텐츠진흥원(2013), 게임 과몰입 종합 실태조사, 문화체육관광부.

아니며 자기보고식 척도라는 한계로 인해 유병률 개념을 적용하여 인구 차원의 비교와 경향성을 판단하는 것이 근본적으로 무리일 수 있다.

2. 인터넷 사용 행태 실태조사인가, 질병 역학조사인가

앞에서 언급한 세 가지의 실태조사는 말 그대로 행태에 대한 실태조사이다. 그러나 인터넷 중독은 치료적 개입이 필요한 정신행동의 질병 개념으로 받아들여진다. 즉 질병적 개념의 문제에 대해 실태조사로 그 현황을 파악한다는 근본적 불일치가 존재하는 셈이다. 행태에 대한 실태조사로 가장 대표적인 것은 보건복지부 질병관리본부에서 시행하는 국민 건강영양 조사, 지역주민 건강 조사와 청소년 대상으로는 청소년 온라인 행태 조사가 있다.

한편 정신행동 문제에 대한 역학조사는 대표적으로 보건복지부에서 5년에 한 번씩 시행하는 정신질환 실태 역학조사가 있다. 같은 행위 중독 중 하나인 도박 중독은 국가기관에 의해 시행되지는 않지만 제안된 진단 기준에 의한 면접 진단 도구를 사용하여 시행한다는 측면에서 역학조사로 볼 수 있다.

질병에 대한 역학조사는 첫째, 널리 받아들여지는 국제적 진단 기준으로부터 도출된 구조화된 진단 면접도구를 사용하고, 둘째, 조사에 포함된 다양한 질병의 진단 기준 면접도구에 대한 체계적인 조사원 훈련(중앙 훈련센터에서 전문의 이상의 강사진에 의한 WHO 권장 기준 준수 교육)과 전국 대푯값을 얻기 위한 정교한 표본 설계 등이 필수적으로 이루어져야 한다.

인터넷 중독 문제가 하나의 정신행동 문제임에도 불구하고 아직 구조화된 진단 면접도구가 개발되지 않았고 이로 인해 진단 과정의 객관성과 일관성에 한계가 존재하는바, 정확한 유병률 추계를 위해서는 질병 자체의 개념적 정의에 근거한 구조화된 진단 면접도구가 필요하다. 또한 청소년의 경우 자기보고식 조사의 신뢰도가 더 떨어지므로 전체적인 척도점수의 합이나 진단 개념이 아니라 사용량이나 사용 패턴 등의 변화를 주된 결과 지표로 사용하는 것도 고려해 볼 수 있다. 실제 청소년 음주의 경우 폭음률과 같은 지표를 주된 결과 지표로 활용하기도 한다.

결국 정신행동질환 개념으로서의 인터넷 중독에 대한 역학조사와 행태조사로서의 인터넷과 온라인 게임, SNS 등 다양한 콘텐츠, 스마트폰의 사용 관련 실태조사를 가장 효과적으로 시행할 수 있는 체계를 근본적으로 고민할 필요가 있다.

3. 인터넷 중독 유병률 역학조사 결과에 대한 국제 비교가 가능한가

최근 10년간 세계 여러 나라에서 인터넷 중독 현상에 대한 실태조사가 여러 차례 이루어진 바 있다. 미국, 유럽, 영국, 이탈리아, 독일, 스페인, 그리스, 노르웨이, 대만, 중국 등 여러 나라의 인터넷 중독 유병률 연구 결과 1~20% 정도의 수준으로 다양하게 나타났는데, 진단 기준 및 측정도구의 차이 등으로 인해 절대적인 비교는 불가능하지만 대만, 중국 등 아시아권 국가의 중독 수준이 높은 것으로 나타났다.

표 4.2를 보면 Young의 진단척도인 YDQ(Young Diagnostic Questionnaire)와 YIAT(Young Internet Addiction Test)[6]를 많이 사용함을 알 수 있으며, 역학조사를 전문적으로 진행할 수 있는 대학 또는 기관이 중심이 되어 유병률 조사가 이루어지고 있다. 전반적으로 병적 중독의 비율은 유사하지만, 단순 고위험군이나 잠재적 위험 수준의 비율이 우리나라에 비해 더 높게 나온 경우가 많다.

결론적으로 말하자면, K-척도를 사용하는 우리나라의 조사 결과와 YDQ, YIAT를 사용하는 외국의 결과를 직접적으로 비교하는 것은 현재로선 제한적이다. 다만 K-척도의 신뢰도, 타당도가 비교적 안정적이므로 전반적인 경향이나 영향을 주는 요인에 대한 비교 시 참조할 수는 있다. 최근 DSM-5에서 인터넷게임장애의 진단 기준을 제시한 이후[7] 각국에서 이를 활용한 다양한 진단 기준 개발 적용 연구가 시행되고 있다. 따라서 이러한 국제적 작업에 적극적으로 참여하여

---

6 이해국 외(2013), 인터넷 중독 유병률 예측 연구, 한국정보화진흥원.

7 APA(2013), Diagnostic and Statistical Manual of Mental Disorders(DSM-5), American Psychiatric Association.

표 4.2　국외 인터넷 중독 유병률 조사 결과 요약[8]

국가	발표기관/저자	연도	대상자	측정도구	인터넷 중독 유병률	
					잠재적 위험군	인터넷 중독
미국	Christakis 등	2012	대학생 (307명)	Internet Addiction Test(IAT)	4%	
유럽	Durkee 등	2011	청소년 (11,596명)	Young Diagnostic Questionnaire for Internet Addiction(YDQ)	병리학적 인터넷 사용자 4.4%	
영국	Niemz 등	2005	학생 (371명)	Pathological Internet Use (PIU) scale	병리학적 인터넷 사용자 18.3%	
이탈리아	Poli 등	2012	14~21세 (2,533명)	Internet Addiction Test(IAT)	약간의 인터넷 중독 5.01%, 심한 인터넷 중독 0.79%	
스페인	Lopez-Fernandez 등	2012	청소년 (1,131명)	Problematic Internet Entertainment Use Scale for Adolescents	문제적 행동 약 5%	
그리스	Konstantinos 등	2008	12~18세 (2,200명)	Young Diagnostic Questionnaire for Internet Addiction(YDQ)	12.9%(인터넷 사용자의 18.1%)	5.9%(인터넷 사용자의 8.2%)
	Konstantinos 등	2012	12~19세 (2,017명)	Young Diagnostic Questionnaire for Internet Addiction(YDQ)		2008년 11% → 2010년 16.1%
	Tsitsika 등	2009	청소년 (897명)	Young's Internet Addiction Scale(YIAS) score	12.8%	1.0%
	Kormas 등	2011	청소년 (866명)	Young Internet Addiction Test(YIAT)	잠재적인 문제적 인터넷 사용자 19.4%	문제적 인터넷 사용자 1.5%
노르웨이	Bakkan 등	2008	16~74세 (3,399명)	Young Diagnostic Questionnaire for Internet Addiction(YDQ)	5.2%	1.0%
			16~29세		19.0%	4.1%
			30~39세		10.7%	3.3%

(계속)

8　이해국 외(2013), 인터넷 중독 유병률 예측 연구, 한국정보화진흥원.

국가	발표기관/저자	연도	대상자	측정도구	인터넷 중독 유병률	
					잠재적 위험군	인터넷 중독
터키	Canan 등	2012	18~27세 (1,034명)	Internet Addiction Scale		9.7%
대만	Tsai 등	2009	대학생 (3,806명)	Chinese Internet Addiction Scale-Revision(CIAS-R)		17.9%
중국	Wang 등	2010	중·고등학생 (14,296명)	Young Internet Addiction Test(YIAT)	인터넷 사용자 중 문제적 인터넷 사용자 12.2%	
	Xu 등	2012	고등학생 (5,122명)	DRM 52 Scale of Internet-use(Young의 척도 이용)		8.8%
	Cao 등	2011	청소년 (17,599명)	20-item Young Internet Addiction Test(YIAT)	8.1%	

정확한 진단 개념에 근거한 진단 면접도구의 개발과 국제적 비교가 가능하도록 할 필요가 있다.

4. 인터넷 중독 실태조사인가, 게임 중독 실태조사인가

인터넷 중독이라 함은 엄밀히 말하면 인터넷 사용 장애, 즉 인터넷을 병적으로 이용하고 있는 상태를 정의하는 용어이다. 그렇다면 병적인 사용은 일종의 중독적 사용 상태로 스스로 인터넷의 과도한 사용을 조절하지 못하는 상태를 의미한다. 이러한 상태는 크게 세 가지 요인에 의해 결정된다.

첫째, 중독성 이용의 매개가 되는 대상(즉 인터넷이라는 접근성과 편의성이 높은 전달 수단, 플랫폼과 매력적인 콘텐츠 모두를 포괄적으로 지칭), 둘째, 중독적 사용을 경험하는 사람, 셋째, 그러한 상태가 발생하는 접근성, 사회적 인식 등 사회문화적 환경, 이 세 가지 요인의 복합적 작용에 의해 발생한다. 따라서 온라인 게임, SNS, 성인용 콘텐츠 등은 세 가지 요인 중 매개체의 중독적 특성에 영향을

표 4.3	인터넷 이용 용도 및 이용 정도(단위 : %)								
구분	모바일 인스턴트 메신저 (카카오톡 등)	뉴스 검색	일반적인 웹서핑	음악 (노래)	쇼핑 정보	학업/ 업무용 검색	이메일	온라인 게임 (스마트폰, 태블릿 PC 등)	프로필 기반 서비스 (페이스북, 카카오 스토리 등)
전체	89.5	83.4	65.6	64.2	63.4	61.3	53.4	51.9	51.7
인터넷 중독 유형별 · 인터넷 중독 위험군	92.6	78.7	68.8	76.8	66.6	67.4	59.3	67.5	58.6
고위험	94.8	83.2	74.8	84.0	74.3	72.3	70.9	75.5	66.2
잠재적 위험	91.9	77.4	66.9	74.6	64.2	65.9	55.8	65.1	56.3
일반 사용자군	89.3	83.7	65.3	63.3	63.1	60.9	53.0	50.8	51.1
연령별 · 유·아동(만 5~9세)	30.1	13.0	16.2	34.2	4.9	41.0	5.4	68.8	9.5
청소년(만 10~19세)	90.0	62.8	61.7	77.9	49.7	70.4	41.3	69.2	60.5
성인(만 20~54세)	94.1	94.1	70.4	63.2	71.4	60.7	60.3	46.3	52.8
20대	98.2	94.6	82.6	83.2	81.5	73.3	70.1	56.5	69.1
30대	95.9	94.3	74.2	65.9	77.5	60.5	65.0	48.8	57.6
40대	91.6	93.8	61.1	48.9	63.1	54.6	53.4	39.1	40.8
50대	84.3	92.6	52.3	41.6	48.2	44.4	37.9	30.9	27.2
성별 · 남성	88.9	84.4	65.5	61.5	56.1	65.5	56.2	56.3	49.1
여성	90.3	82.2	65.6	67.2	71.4	56.7	50.4	47.1	54.5
학령별 · 유치원 또는 어린이집	17.4	7.3	9.7	31.9	2.2	28.6	2.1	68.2	4.3
초등학생	70.3	34.5	36.9	57.5	20.1	60.6	20.3	73.5	37.1
중학생	92.7	67.1	66.9	81.8	55.3	71.5	45.4	68.4	65.7
고등학생	95.2	81.1	75.8	85.1	69.7	77.3	53.8	63.5	69.0
대학생	98.4	94.2	84.4	87.9	79.2	84.0	71.6	56.7	70.6

주는 요인으로 이해되어야 한다.

따라서 '인터넷 중독이지 게임 중독이 아니다', '인터넷 중독은 많지만 게임 중독은 적다'라는 식의 이분법적인 주장은 만성적이고 복합적인 '현대의 정신행동 증상 증후군'으로서의 '인터넷 중독'이라는 현상의 개념을 제대로 이해하지 못한 데에서 기인한 것이다.

다만 인터넷 중독을 매개하는 인터넷 콘텐츠 중에서 온라인 게임이 가장 흔하게 중독을 매개하는 콘텐츠임은 명확하다고 판단된다. 인터넷 사용자들에게 인터넷 이용의 목적을 복수로 답하게 했을 때, 인터넷의 주된 사용 목적이 게임이라고 답하는 비율이 인터넷 중독 고위험군에서는 75.5%인 반면 일반 사용자군에서는 50.8%로 큰 차이를 보이기 때문이다(한국정보화진흥원, 2013). 또한 이 보고에 의하면 인터넷의 주된 이용 목적으로 온라인 게임을 꼽는 비율이 성인에서는 46.3%인 데 비해 청소년과 유·아동에서는 각각 69.2%, 68.8%로 높은 것을 감안했을 때(한국정보화진흥원, 2013)[9], 남성·아동·청소년 세대의 경우 온라인 게임이 인터넷 중독에서 중요한 요인이며 예방치료적 개입의 주된 목표가 되어야 할 것으로 판단된다.

5. 인터넷 중독 증가하나, 감소하나

최근 5년간의 인터넷 중독 실태조사의 결과를 보면 다행히도 인터넷 중독의 비율이 조금씩 줄어들고 있다. 처음 조사가 시행된 2004년 전체 중독률이 14%대였던데 반해 2011년에는 7.7%까지 감소하였다. 물론 청소년 고위험군의 경우 2013년에 유일하게 일부 상승하기도 하였으나 전반적으로 감소하는 경향은 확실하다.

이는 그간 지속적으로 확대되어 온 인터넷 중독 예방 및 상담 개입 지원 사업에 의해 인터넷 중독의 위험성에 대한 사회적 인식과 서비스가 향상된 것에 기인한다고 일차적으로 판단할 수 있다. 이러한 감소 경향을 단편적으로 확대 적용한다면 앞으로 4~5년 뒤에는 전체 2% 정도가 감소되어 인터넷 중독 유병률이 5% 이

---

9 한국정보화진흥원(2013), 2013년 인터넷 중독 실태조사, 미래창조과학부.

| 그림 4.1 | 인터넷 중독 유병률의 변화 추이 |

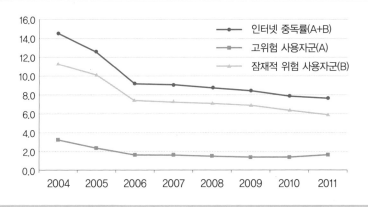

하로 감소될 것으로 예측할 수도 있다.

그러나 최근 LTE 망 확대, 스마트폰 보급 확대와 같은 미디어 환경의 변화는 3~4년 전까지만 하더라도 존재하지 않았던 상황이다. 따라서 인터넷 중독 유병률의 향후 변화는 스마트폰의 보급 확산이라는 미디어 요인을 반영할 필요가 있다. 휴대용 디지털 기기의 특성상 구동 시간이 길거나, 조작이 복잡한 게임 등에 대한 가용성은 오히려 일시적으로 감소할 수 있기 때문이다.

하지만 디지털미디어 콘텐츠의 상호 호환성 증가, 디지털디바이스 융합 인터페이스 증가, 스마트폰 중독자와 인터넷 중독자의 상호 의존적 이동 가능성 등을 고려할 때 이러한 초기 감소 효과는 일정 시간 후 오히려 상호 유병률 상승의 효과를 나타낼 것으로 판단된다. 또한 전반적 인터넷 콘텐츠에 대한 접근성을 획기적으로 향상함으로써 중독성 있는 콘텐츠에 대한 노출이 증가하여 인터넷 중독의 위험성을 높일 수 있다.

현재 인터넷 중독과 스마트폰 중독을 별도의 설문도구로 측정하는 조사구조상 이러한 중독 위험의 증가를 측정하려면 두 가지 중독을 모두 포함하여 추정하는 것이 타당하다. 필자는 최근 3년간의 인터넷 중독 실태조사 자료를 가지고 패널

표 4.4	스마트폰 사용률에 따른 스마트폰 또는 인터넷 중독률 예측				
스마트폰 사용률(%)	50	60	70	80	90
중독률 예측치(%)	10.39	11.05	11.71	12.37	13.03

선형회귀 분석을 통해 스마트폰 보급 확대에 따른 인터넷 중독 또는 스마트폰 중독 전체의 유병률 경향을 예측해 본 바 있다. 여러 가지 자료원의 제한상 해석에 한계가 있음을 감안하고 결과를 간단히 나타내면 스마트폰 사용률이 1% 증가할 때 스마트폰 또는 인터넷 중독률이 0.066% 증가한다고 예측할 수 있다. 예측치에 따르면 스마트폰 사용이 60%에서 80%로 20% 증가할 때 스마트폰 또는 인터넷 중독률이 11.05%에서 12.37%로 약 1.32% 증가하는 것으로 나타났다.[10]

°°맺음말

지금까지 우리는 인터넷 중독의 역학에 대한 다양한 논쟁점에 대해 살펴보았다. 인터넷 중독은 그 개념이 계속 변화하고 있으며, 이에 따라 다양한 관련 전문가들의 논의가 때로는 논쟁으로 비쳐지지만 상당 부분은 새로운 개념에 대한 이해의 속도 차이에서 비롯되는 것도 많다.

인터넷이라는 새로운 시대의 필수적 도구는 분명히 우리에게 여러 가지 이점을 가져다준다. 그러나 그 사용량과 패턴에 따라 다양한 건강 위험, 사회적 손해를 유발할 수 있음은 주지의 사실이다. 전문적인 보건학적 개입의 대상이 되는 질병으로서의 인터넷 중독은 문제 성격에 맞추어 보건학적 엄격성에 근거한 역학조사를 통해 그 문제의 크기를 파악해야 한다. 이것을 제대로 정의하고 파악해야 위험하지 않은 수준의 건강하고 건전한 이용을 어떻게 촉진할 것인가도 제대로 추구할 수 있다.

---

[10] 이해국 외(2013), 인터넷 중독 유병률 예측 연구, 한국정보화진흥원.

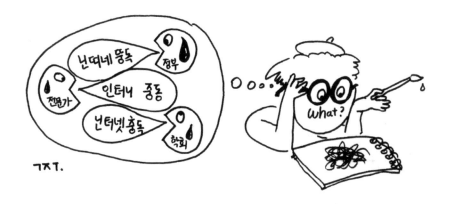

또한 건강에 영향을 주는 비특이적 보건학적 영향 요인으로서의 인터넷 사용은 역학조사와는 또 다른 차원에서 여타 건강 위험 요인과의 적절한 통합을 통해 조사될 수 있다. 청소년 온라인 행태 조사가 보건복지부, 교육부의 긴밀한 협력 관계 속에서 진행되는 것이 좋은 예이다.

그리고 사회문화적 맥락에서의 인터넷 사용량과 패턴에 대한 것은 객관적이고 균형 잡힌 광범위한 실태조사와 사회 연구를 통해 지속적으로 연구되어야 할 것이다. 이는 질병으로서의 인터넷 중독에 대한 역학조사, 건강 영향 요인으로서의 인터넷 사용 패턴에 대한 보건학적 조사와는 또 다른 영역이다.

각각의 조사가 그 내용적 차별성과 보편성을 잘 조화시켜 통합적이고 유기적으로 이루어질 때 인터넷 중독 문제에 대한 정확한 파악이 가능할 것이다.

참고문헌

문화체육관광부, 한국콘텐츠진흥원 (2013). 게임 과몰입 종합 실태조사.
미래창조과학부, 한국정보화진흥원 (2013). 2013년 인터넷 중독 실태조사.
여성가족부 (2013). 인터넷 이용 습관 전수조사. 여성가족부, 교육과학기술부.
이해국 외 (2013). 인터넷 중독 유병률 예측 연구. 한국정보화진흥원.

American Psychiatric Association (2013). *Diagnostic and Statistical Manual of Mental Disorders, Fifth Edition* (DSM-5).

Kormas, G., Critselis, E., Janikian, M., Kafetzis, D., & Tsitsika, A. (2011). Risk factors and psychosocial characteristics of potential problematic and problematic Internet use among adolescents: A cross-sectional study. *BMC Public Health, 11*.

Xu J. et al. (2012). Personal characteristics related to the risk of adolescent internet addiction: A survey in Shanghai, China. *BMC Public Health, 12*.

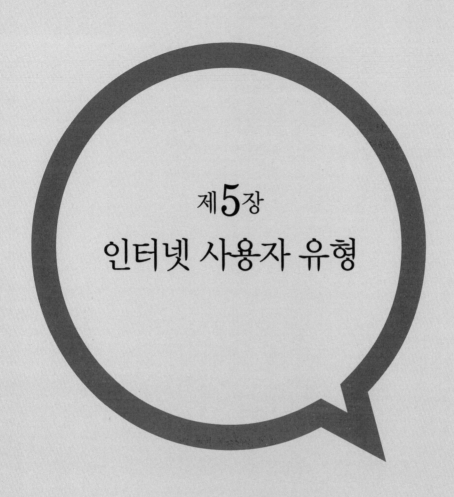

제5장

인터넷 사용자 유형

제5장
인터넷 사용자 유형

윤명희 | 사람과디지털연구소

°° 시작하는 글

공간은 사람들이 살아가는 곳이면서 사람들의 삶이 있기에 존재하는 곳이므로, 공간에 대한 관심은 공간을 살고 공간을 만드는 사람들에 대한 관심으로 표현된다. PC 통신, 인터넷이 등장하기 이전의 공간(space)은 대체로 장소(place)를 의미하는 것이었지만, 오늘날 공간은 대면적이고 물리적인 장소에 한정되지 않는다. 사람들의 일상적 삶은 공간을 통해 드러나며, 인터넷은 오늘날 사람들의 일상적인 공간 경험을 조건화하는 주요한 기제가 되고 있다.

　이 장에서는 사이버 공간을 오프라인과 무관한 별개의 공간이 아니라 오프라인과 긴밀하게 상호 연관된 현대적 삶 공간으로 바라본다. 정보통신 기술 및 커뮤니케이션 매체의 발전으로 도래한 또 다른 일상적 사회 공간으로서 사이버 공간이 어떠한 다양한 사회문화적 특성을 띠는지를 다양한 유형의 인터넷 사용자 특성과 관련된 논쟁을 중심으로 살펴보고자 한다. 이 장에서는 중독자를 논하지 않는다. 인터넷 중독자의 행위를 연구하는 데 반드시 중독이나 중독자를 거론할 필요는 없다. 사용자의 행위와 문화를 있는 그대로 살펴봄으로써 중독 문제를 다르게 이해할 수도 있기 때문이다.

1. 인터넷 사용자는 단일한 집단인가, 다원적 집단인가

1) 또 다른 삶 공간, 인터넷

지금까지 인터넷 사용자의 수는 기하급수적으로 증가해 왔다. 우리나라 인터넷 이용자 수의 증가는 특히 그렇다. 1998년 초고속 인터넷의 보급 이후 가파르게 성장하여 현재는 인구의 대부분이 인터넷 사용자라고 해도 무방할 정도이다. 2013년 7월 현재 만 3세 이상 인구의 인터넷 이용률은 82.1%이며 인터넷 이용자 수는 4,008만 명에 이르고 있다(그림 5.1). 인터넷 이용률은 2000년 44.7%(1,904만 명)에 불과하였으나 초고속 인터넷 인프라의 급속한 확산으로 이용자 수가 약 2배 증가하였으며, 영유아나 노년층을 제외하면 인터넷 사용자 수는 인구의 거의 90%를 넘어서는 수치를 기록하고 있다.

인터넷 사용자는 인터넷을 이용하는 사람이라는 의미 그 이상이다. 인터넷 사용자는 사이버 사회, 즉 인터넷으로 연결된 사회에서 활동하는 사람이라는 의미에서 누리꾼 또는 네티즌(netizen)이라 불리곤 한다.[1] 한국어 위키백과에 따르면 누리꾼은 "1999년 대한민국의 국립국어원에서 네티즌을 순화한 단어로서, 세상을 뜻하는 '누리'와 전문인을 뜻하는 '꾼'의 파생어"이다. 초기에는 네티즌을 누리꾼으로 순화하는 것에 대해 반발이 심했으나 현재는 두 단어 모두 사용하고 있다.

인터넷 사용자를 일컫는 또 다른 용어인 네티즌은 통신망을 뜻하는 'net'과 시민을 뜻하는 'citizen'의 합성어이다. 네티즌이라는 용어를 처음 쓴 Michael Hauben은 네티즌이란 용어를 단순히 통신망을 이용하는 사람들을 모두 통칭하는 개념이

---

[1] 네티즌은 영어권에서 나온 말이지만 영어권보다는 중국이나 우리나라에서 자주 사용된다. 그 영향으로 영어권에서는 주로 아시아 지역 누리꾼을 가리키는 말로 사용한다. 영어권에서는 사이버시티즌(cybercitizen)이라고도 하며, 인터넷(internaut : internet+astronaut)이라는 은어가 쓰이기도 한다(한국어 위키백과, http://ko.wikipedia.org).

그림 5.1 **인터넷 이용률 및 이용자 수 변화 추이**(단위 : %, 천 명)

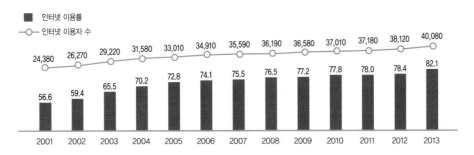

- ■ 인터넷 이용률
- ○ 인터넷 이용자 수

24,380 26,270 29,220 31,580 33,010 34,910 35,590 36,190 36,580 37,010 37,180 38,120 40,080

56.6 59.4 65.5 70.2 72.8 74.1 75.5 76.5 77.2 77.8 78.0 78.4 82.1

2001 2002 2003 2004 2005 2006 2007 2008 2009 2010 2011 2012 2013

※ 2006년부터 조사 대상을 만 3세 이상 인구로 확대함(2000~2001년 : 만 7세 이상 인구, 2002~2005년 : 만 6세 이상 인구)
* 출처 : 미래창조과학부, 2013 인터넷 이용 실태조사.

아니라 통신망에서 문화를 만들어 내고 이를 가꾸어 가는 사람들이라는 의미로 사용하였다.

인터넷 사용자를 지칭하는 이러한 용어들이 내포하고 있는 바는, 인터넷이 개인의 편리를 위해 이용하는 하나의 도구이기도 하지만, 다른 사람들과의 연결성을 높인다는 점에서 일종의 사회적 · 문화적 공간을 형성한다는 것이다. 다시 말해 인터넷은 단지 기술적 도구나 수단이 아니라 오프라인 공간과 마찬가지로 사람들의 일상적 사회적 상호작용이 이루어지는 삶 공간이라고 볼 수 있다.

이는 스마트폰 같은 모바일미디어도 마찬가지이다. 개인이 휴대하고 움직일 수 있는 인터넷으로서 스마트폰은 단순히 의사소통을 위한 기능적 도구가 아니라 그 자체가 가치이며 의미 있는 일상이다. 모바일폰의 사용은 도구적 사용 (instrumental use)과 표현적 사용(expressive use) 모두를 포괄한다. 즉 긴급한 응급 상황이나 약속 변경을 위해 사용하거나 외출 후 자녀 돌보기 등과 같은 일상적인 활동을 조정하는 미시 조정(micro-coordination)의 차원 그리고 사람들과 관심사를 공유하고 정서적 · 사교적 커뮤니케이션을 위한 하이퍼 조정(hyper-coordination)의 차원을 동시에 지닌다고 할 수 있다(Ling & Yttri, 1999).

2) 인터넷 사용자의 다양성과 차이

사람들의 상호작용은 사회적 조건과 문화적 관습, 상황적 맥락 위에서 이루어진다. 사이버 공간에서 사람들의 상호작용 역시 오프라인 공간과 마찬가지로 구조화된 조건 및 문화적·상황적 맥락과 무관하지 않다. 이런 점에서 인터넷 사용자들은 동일한 사용자 집단이 아니며, 성별·나이·직업·학력 등에 따라 이용률과 사용 방식, 활용 능력 등에 차이를 보인다. 단순한 예를 들자면 인터넷 이용률은 직업별로 차이를 보이는데, 사무직과 전문 관리직, 학생들의 인터넷 이용률은 거의 100%에 가깝고 서비스·판매직 83.2%, 주부 67.2%, 생산 관련직 57.2%의 순으로 나타난다. 이는 직종과 업무 형태에 따라 인터넷 사용의 차이가 있다는 것을 보여 준다.

그런데 인터넷 사용자 집단 간의 차이는 이용 횟수나 사용 방식의 단순한 차이를 넘어서 정보 격차라는 사회적 불평등의 문제로 귀결될 가능성을 내포하고 있다. 그동안 PC 기반의 기존 정보화 격차는 상당 부분 개선되었지만, '접근성' 차원의 격차가 완화된 것에 비해 '정보 역량'이나 '정보 활용'의 차원은 여전히 그 격

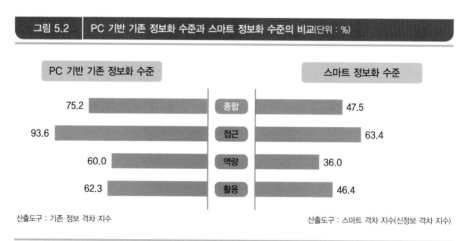

그림 5.2 PC 기반 기존 정보화 수준과 스마트 정보화 수준의 비교(단위 : %)

PC 기반 기존 정보화 수준 / 스마트 정보화 수준

	PC 기반 기존 정보화 수준	스마트 정보화 수준
종합	75.2	47.5
접근	93.6	63.4
역량	60.0	36.0
활용	62.3	46.4

산출도구 : 기존 정보 격차 지수   산출도구 : 스마트 격차 지수(신정보 격차 지수)

※ 수치는 전체 국민의 정보화 수준을 100으로 가정했을 때, 전체 국민 대비 소외 계층의 정보화 수준을 의미함
* 출처 : 한국정보화진흥원(2014), 2013 정보 격차 지수 및 실태조사.

차가 크게 남아 있다. 컴퓨터나 인터넷, 스마트폰 같은 기기나 정보 서비스에 대한 접근성 문제와 달리 인터넷 사용자 집단 간의 정보 역량 및 활용 능력의 차이는 단기간에 해결할 수 없는 문화적이고 질적인 차원의 문제와 관련되어 있다. 스마트폰 등 모바일 인터넷 환경에서 인터넷 사용자 집단 간의 기존 정보 격차는 더 큰 격차로 확대, 재생산될 가능성이 있다는 점에서 보다 지속적인 제도적 개선이 필요하다(그림 5.2).

2. 10대 청소년은 인터넷 중독자인가, 디지털 원주민인가

1) 청소년의 디지털 친화성

인터넷 사용 시간과 활용 면에서 가장 열렬한 사용자는 젊은 층, 특히 10~20대 청소년 세대라고 여겨진다. 세대 간 인터넷 이용률의 차이를 보면 젊은 층에 비해 60대 이후 노년층의 이용률이 현저히 떨어진다(그림 5.3). 연령별로 10대(99.7%), 20대(99.9%), 30대(99.7%) 등 젊은 층은 거의 대부분이 인터넷을 이용하고 있으며, 40대와 50대, 3~9세 아동의 인터넷 이용률도 각각 96.8%, 80.3%, 80.2%로 나타났다. 반면에 노년층이라고 할 수 있는 60대(41.8%)와 70세 이상(11.3%)의 이용률은 젊은 층에 비해 상대적으로 낮은 편이다. 인터넷과 청년 세대의 높은 친화성은 젊은이들이 언제나 새로운 문화의 진원지였다는 점에서 새삼스러운 일이 아니다.

이러한 청년 세대의 디지털 친화성은 상반된 평가를 받고 있다. 먼저 10대 청소년의 높은 인터넷 이용은 '지나친 사용' 혹은 '중독'이라는 관점에서 접근하는 경향이 있다. 특히 청소년 세대의 과다한 인터넷 이용이 가진 역기능이나 폐해에 대한 사회적 우려는 '청소년의 인터넷 중독이나 게임 중독'과 관련된 대중매체의 보도나 관련 정부기관의 입장 표명을 통해 볼 수 있다. 이러한 각종 매체와 기관은 청소년의 지나치고 과도한 인터넷 사용이 컴퓨터 게임에 대한 강한 몰입 및 타인 정보의 무단 도용, 사이버불링(cyberbulling) 같은 일탈적인 행동으로 이어질 수 있

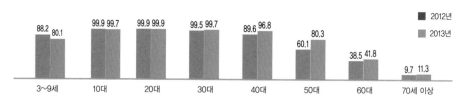

* 출처 : 미래창조과학부, 2013 인터넷 이용 실태조사.

다는 점을 부각한다.[2] 이러한 견해는 대체로 성인과 달리 청소년은 과도기적 존재, 즉 정신적인 면이나 신체적인 면에서 불완전하고 미성숙한 상태라는 점을 전제하고 있다.

2) 인터넷 중독자로서의 청소년, 또 다른 낙인

이러한 '중독'에 대한 우려와 인식이 정당한 것인지에 대해서는 이론의 여지가 많다. 물론 청소년의 인터넷 중독률은 성인보다 상대적으로 높은 편이다. '2014년도 인터넷 중독 실태조사'에 따르면 청소년의 인터넷 중독률은 잠재적 위험군까지 포함하여 12.5%이며, 이 가운데 중독질환으로서 집중적인 관리와 치료가 필요한 고위험군은 2.9%이다(한국정보화진흥원, 2014b).[3] 그런데 소위 '성인'으로 분류되는 20대 청년층의 경우 인터넷 중독률이 11.6%이고 고위험군은 3.7%로 10대보

---

2 사이버불링은 이메일, 인스턴트 메신저, SNS, 휴대전화 등 디지털미디어를 사용하여 온라인 공간에서 욕설, 험담, 허위 사실 유포, 따돌림, 음란물 전송 등으로 상대방을 괴롭히는 현상으로, 청소년의 스마트폰을 통한 SNS 사용이 증가하면서 그 피해 유형도 다양화되고 있다. 카카오톡 알림이 수시로 울려 대고 채팅방을 나가도 끊임없이 다시 초대해서 벗어날 수 없게 만드는 '카톡 감옥', 카카오톡 채팅에서 집단 따돌림을 하는 '카따', 떼를 지어 욕을 하는 '떼카', 채팅에 초대한 뒤 한꺼번에 나가 버려 피해 청소년만 남기는 '카톡방폭'(대화방 폭파)이 대표적이다(http://article.joins.com/news/article/article.asp?total_id=15694620&cloc=olink|article|default).

3 현재 인터넷 중독 측정척도에 따르면 인터넷 중독 집단은 집중치료가 필요한 '고위험군'과 상담 개입이 필요한 '잠재 위험군'으로 구분된다. 인터넷 중독률은 고위험군과 잠재 위험군을 산술 합산하여 구한다.

다 오히려 높다. 그럼에도 20대 청년층의 인터넷 사용은 중독 문제를 중심으로 언급되지 않는 반면에 10대 청소년의 인터넷 사용은 중독 가능성과 항상 결부되는 경향이 있다.

청소년의 미래를 고려할 때 각종 중독 문제에 대해 수치의 높낮이에 관계없이 사회적인 관심을 둘 필요가 있다. 하지만 청소년의 인터넷 중독에 대한 지나친 우려는 애정 어린 관심을 넘어 청소년에 대한 일종의 낙인이자 통제의 담론으로 작용하는 측면이 있다(윤명희, 2012; 김지연, 2014). 다시 말해 청소년의 인터넷 사용을 웹 중독이나 휴대전화 중독 같은 부정적인 측면으로 일방적으로 부각하는 것은 보호 대상이나 통치 대상으로 청소년을 분류하는 결과를 만들어 낸다. 하지만 청소년이 성인에 비해 경험이 부족한 것은 사실이라 하더라도 청소년에게 내재된 능력이 성인과 다르다고 할 실질적인 증거는 없다. 오히려 많은 분야에서 청소년은 성인보다 많은 경험을 했을지도 모른다. 특히 급속한 사회 변화와 관련된 오늘날의 환경에서는 더욱 그러하다.

무엇보다 인터넷 중독에 대한 일방적인 강조는 청소년의 인터넷 중독이나 사이버 일탈의 원인으로 인터넷이나 스마트폰을 지목하는 기술 결정론적인 경향을 지니고 있다. 하지만 청소년의 인터넷 중독은 단지 인터넷이나 스마트폰의 남용으로 빚어진 문제가 아니라 보다 복합적이고 구조화된 문제와 관련되어 있다. 인터넷 중독 상태의 청소년은 인터넷 중독에 앞서 가정과 학교, 교우관계 등에서 다양한 문제 상황에 동시에 놓여 있는 경우가 허다하다. 혹자는 인터넷 중독을 가족 내 갈등과 불화를 가속시키는 원인으로 지목하지만, 실제로는 가족이 처한 빈곤 문제나 부모의 권위적 훈육, 가족 내 비민주적 소통구조 같은 문제 상황이 청소년의 인터넷 중독을 초래하고 심화하는 경향을 띤다.

또한 우리나라 청소년의 인터넷 중독은 학업과 여가의 불균형이라는 구조화된 문제와 밀접히 관련되어 있다. 실제로 청소년들은 인터넷 중독을 과도한 학업 부담, 여가 활동의 부족 등과 관련된 것으로 보며, 이의 해결 방안으로 여가 활동의

표 5.1	청소년이 인식하는 인터넷 게임 중독의 해결 방안						
구분	합계	성별		t-검증	교급별		t-검증
		남	여		중학생	고교생	
① 인터넷 게임 중독자에 대한 상담 강화	3.36 (.98)	3.21 (1.07)	3.52 (.84)	−5.50***	3.31 (1.97)	3.41 (.99)	−1.78
② 부모의 관심이나 부모와의 대화	3.70 (.99)	3.56 (1.07)	3.85 (.85)	−5.22***	3.58 (.99)	3.82 (.97)	−4.34***
③ 여가 활동의 활성화	3.98 (.97)	3.90 (1.06)	4.07 (.86)	−2.93**	3.78 (1.01)	4.18 (.89)	−7.19***
④ 게임 관련 미디어 교육 강화	3.37 (1.00)	3.38 (1.07)	3.36 (.91)	−.262	3.34 (1.02)	3.40 (.98)	−.92
⑤ 입시 위주의 교육환경 개선	3.84 (1.09)	3.76 (1.18)	3.92 (.97)	−2.65**	3.67 (1.09)	4.00 (1.06)	−5.36***
⑥ 인터넷 게임 중독 예방을 위한 게임 사업자의 사회적 노력 및 책임 강화	3.32 (1.05)	3.15 (1.12)	3.50 (.93)	−5.90***	3.32 (1.00)	3.31 (1.09)	.11

주 : 괄호 안은 표준편차
* p<.05, ** p<.01, *** p<.001
전혀 동의하지 않는다(1점)~매우 동의한다(5점)
* 출처 : 이창호(2014)

활성화와 입시 위주의 교육환경 개선을 가장 필요한 대안으로 꼽는다(표 5.1).

3) 디지털 원주민으로서 청소년 세대의 이질성

다른 한편으로 청소년 세대의 인터넷 사용을 중독이 아닌 청소년 사용자의 세대 문화라는 맥락에서 접근하는 시각이 있다. 이러한 관점에서 오늘날 10대 청소년 은 디지털 원주민(digital native)으로 불린다(Prensky, 2001 ; Tapscott, 2009).[4] 디 지털 원주민이라는 용어는 오늘날 청소년 세대가 디지털미디어 환경에서 태어

---

4 디지털 원주민은 미국의 교육학자인 Marc Prensky가 디지털을 활용한 교육 방법을 역설한 논문 〈Digital Native, Digital Immigrants〉(2001)를 통해 처음 사용한 용어로, 1980년대 개인용 컴퓨터의 대 중화, 1990년대 휴대전화와 인터넷의 확산에 따른 디지털 혁명기 한복판에서 성장기를 보낸 30세 미만 의 청소년 및 청년 세대를 지칭한다.

표 5.2	디지털 원주민과 디지털 이민자의 특징 비교	
구분	원주민(natives)	이민자(immigrants)
언어(language)	•언어 습득의 자연스러운 과정(유아기 → 성인기) •언어 구현의 완벽함	•언어 발달 지체/한계 •의사소통 제한
생활양식(lifestyle)	•우월주의(white supremacy) •생활양식의 기준(white normality → transparency)	•문화 변용의 스트레스 •통합, 동화, 분리, 주변화
Prensky의 분류 (dichotomy)	•멀티태스킹 •디지털 실용 지식(digital savvy) •일상 자체가 놀이/게임	•디지털 시대 이전 기성세대 •디지털 테크놀로지 기술 이해도의 수용 의지 부족

* 출처 : 배상률(2014)

나 성장한 세대로서, 청소년의 삶과 문화, 자아정체성 형성에 인터넷과 스마트폰 같은 미디어가 밀접한 연관을 맺고 있다는 점을 강조한다. 또한 청소년의 뉴미디어 사용이 기성세대보다 전반적으로 활발하고 일상적으로 이루어질 뿐 아니라 멀티태스킹(multitasking) 능력 면에서도 느린 적응 속도를 보이는 이전 세대와는 견줄 수 없을 만큼 월등하다는 점을 부각한다(표 5.2). 청소년의 휴대전화 문화를 한 예로 들 수 있는데, 인터넷이나 스마트폰을 통해 자기 자신의 정체성과 개성을 표현하고 또래 집단과 소통하는 디지털 친화적인 청소년은 말하고 표현하는 적극적인 새로운 세대이자 새로운 모바일 부족으로 언급된다(사이토 다마키, 2005).

그런데 디지털 원주민이라는 비유는 디지털 이민자라는 기성세대와 다른 디지털 세대의 새로운 특징을 상징적으로 드러내는 데는 적절할지 모르지만, 청소년 세대에 대한 또 다른 고정관념을 고착화할 수 있는 문제를 내포하고 있다(배상률, 2014). 흔히 디지털 원주민으로서 청소년은 뉴미디어 활용 능력이 매우 뛰어난 것으로 여겨진다. 하지만 우리나라 청소년의 상당수는 온라인 콘텐츠의 저작권 침해나 개인 정보 노출, 사생활 침해 같은 문제의 심각성을 간과하곤 한다. 또한 콘텐츠의 생산보다는 SNS상 타인의 글이나 사진 같은 콘텐츠의 소비 활동에 치우치는 청소년도 많은 편이다(이창호 외, 2012; 배상률, 2014). 이러한 디지털 이해 및 활용 능력의 부족은 청소년뿐만 아니라 성인도 마찬가지이며, 이러한 점에서 네티켓이나 정보의 올바른 취사선택이라는 차원을 넘어서는, 콘텐츠에 대한 비판적 해석 및 자기표현, 소통 능력을 포괄하는 디지털 문화자본(cultural capital)을 강화할 필요가 있다.[5]

다른 한편으로 인터넷 사용자들은 동일한 사용자 집단이 아니며, 유사한 특성을 공유하는 집단이라 하더라도 그 내부적 다양성과 차이가 존재한다. 예를 들어 청소년 집단 내에서도 남자 청소년과 여자 청소년의 인터넷 사용 방식은 상당한 차이가 있다. 남자 청소년은 게임이나 오락물에 열중하는 데 비해 여자 청소년은 커뮤니케이션 용도로 더 많이 사용하는 경향이 있다.[6] 이러한 사용 방식의 차이가 세대 내 다양성을 보여 주는 지표라면 청소년 세대 내 디지털 문화자본의 차이 역시 주목할 필요가 있다.

청소년들의 디지털 이해와 활용 능력은 동일하지 않으며 세대 간 디지털 격차(digital divide)만큼이나 세대 내에도 존재한다(Norris, 2001; Straubhaar et al., 2012). 앞의 그림 5.2에서 보듯이 정보화의 '접근' 격차는 상당 부분 좁혀지는 데 반해 정보화의 '역량'과 '활용' 같은 질적 측면은 상당한 차이를 보이고 있다. 이러한 디지털 이해와 활용 능력의 격차는 개인의 연령 및 성별과 함께 부모의 사회·경제적 지위와 밀접한 관련이 있다(이호영 외, 2012). 이 점에서 청소년 세대 내 디지털 문화자본의 격차 문제는 디지털 시대의 불평등과 관련된 중요한 사회적

---

5 Pierre Bourdieu에 따르면, 문화자본은 ① 사회화 과정 속에서 획득한 내면화된 특성, 습관 같은 체화된 문화자본, ② 그림, 책, 사전, 도구, 물건 등 문화적 재화 형태의 객관적 문화자본, ③ 공식적인 교육 자격과 훈련을 통해 취득한 제도적 문화자본으로 나눌 수 있다(Bourdieu, 1995; Bourdieu & Passeron, 2000).

6 인터넷·스마트폰 사용 및 사이버불링 실태조사(2014)에 따르면 사이버불링의 피해자는 커뮤니케이션용으로 스마트폰을 사용하는 여학생(31.0%)이 남학생(14.6%)보다 2배 이상 높게 나타나고 있다. 이는 대인관계를 통해 상처받는 경우와 사이버불링이 남학생 집단보다 여학생 집단에서 폭넓게 이루어질 가능성이 높음을 보여 준다.

쟁점이라고 할 수 있다.

3. 인터넷 사용자는 자아정체성의 기만자인가, 새로운 실험가인가

1) 정체성의 기만과 위장 : 다중자아의 시각

사이버 공간은 오프라인의 장소적·대면적 상호작용과 달리 탈장소적이고 매개적인 상호작용에 기반하고 있다. 이러한 공간적 특징은 사이버 공간에서 사용자가 어떠한 정체성(identity)을 갖는지에 대한 논쟁을 촉발해 왔다. 사이버 공간의 사용자 정체성과 관련하여, 익명성이 보장되는 사이버 세계에서는 면대면 단서를 감출 수 있다는 점에서 정체를 위장할 수 있으며, 이러한 정체 위장 및 언행 불일치가 지속화되면 정체성 혼란, 사이버 일탈 등의 문제를 일으킬 수 있다고 보는 시각이 있다.

기만이나 위장으로 보는 이러한 시각은 인터넷 사용자의 자아정체성을 '다중자아(multiple selves)'로 규정하기도 한다. 다중자아란 한 사람이 자기 안에 상반된 여러 개의 인격을 가지고 있는 것으로, 사이버 공간에서 다중자아는 오프라인의 자아정체성과 다르게 속이거나 오프라인의 평소 태도나 행동과 다른 일탈적이고 반사회적인 행동을 하는 사례와 관련하여 주로 언급된다. 최근 사회 문제가 되고 있는 일베 현상도 정체성의 기만이나 다중자아 현상으로 접근할 수 있다.[7] 일베 사용자들은 익명성을 띤 사이버 공간의 가면 뒤에 숨어 오프라인에서는 쉽게 드러내기 어려운 조롱과 비난을 극단적으로 쏟아내기 때문이다(그림 5.4). '다중자아'의 시각은 물리 세계에도 다중자아 현상이 존재하지만 신체적·물리적 제약 및 공동체적 제약이 존재하지 않는 사이버 공간에서 더 빈번한 것으로 보며, 오프

---

[7] 일베는 2009년 10월 디시인사이드에서 추천을 많이 받던 글을 따로 모아 일간베스트라 하던 데에서 유래한 것으로, 민주화 진보 세력과 페미니즘에 대한 비난, 전라도 지역에 대한 비하와 조롱, 5·18 광주 민주화 운동에 대한 희화화, 그리고 최근 세월호 유족에 대한 조롱 등으로 사회적 논란이 되고 있다.

| 그림 5.4 | 사이버 공간의 일탈 및 정체성 기만 사례 |

단원고 희생자 '오뎅' 비하 **일베** 회원 검거, 무직에 졸업생도 아냐
[동아닷컴] 세월호 희생 단원고 학생을 모욕한 **일베** 회원이 검거됐다.
뎅'으로 지칭해 망자를 모욕한 일간베스트(...

단원고 희생자 '어묵' 비하 **일베** 회원 "주목 받고 싶어서" 6시간전 | ᄉ
관심받고 싶어 그랬다니,. "과연 **일베**답다" 분노 폭발 6시간전 | 국민
[Nationwide]단원고 희생자'어묵비하'**일베**, 어이없는 이유 6시간전 |

* 출처 : 한국정보화진흥원(2013)

라인 정체성에 비해 물리적 · 사회적 구속력이 약화된 온라인 정체성이 가진 부정
적 가능성을 강조하는 경향이 있다.

2) 디지털 호모루덴스 : 표현하고 소통하고 놀이하는 존재

'탈육체화(disembodiment)'된 사이버 공간에서 나타나는 사용자 정체성의 다양한
면모는 혼란이나 위장, 기만과 같은 부정적 의미로 축소할 수 없는 또 다른 측면

이 있다. 육체를 동반하지 않는 사이버 공간의 정체성은 주어진 것으로 판정되는 정체성이 아니라 구성되고 만들어지는 성격을 띤다. 사람들이 서로 상호작용하는 사이버 공간에서 가상적 몸은 우리의 존재를 대신하며, 하나의 몸에 하나의 자아가 존재하는 것처럼 여겨지는 기존 현실 세계의 인식에서 벗어나 다양한 몸과 다양한 정체성 차이에 주목할 수 있도록 한다(Haraway, 1991; Braidotti, 1994; 백욱인, 2001; 장정희, 2011).

즉 사이버 공간은 익명성을 이용하여 자신을 위장하고 남을 기만하는 공간이 아니라, 다양한 이미지나 콘텐츠를 통해 적극적으로 자신을 표현하고 타인과 의사소통을 하며 나아가 정체성을 형성하는 공간으로 활용된다. 또한 사이버 공간에서 자기노출이나 자기표현은 일방적인 자기과시가 아니라 사회적 관계 및 친밀성을 형성하는 사회적 상호작용의 수행과 관련되어 있다. 블로그나 페이스북 같은 SNS에 자신의 감정과 경험을 노출하는 자기표현적 글쓰기와 타인의 글 읽기는 공감 경험을 확대하고 대인적·사회적 신뢰도를 높이는 한편, 온·오프라인의 대인 네트워크를 형성하는 데 중요한 역할을 한다(장현미 외, 2012; 이지은 외, 2013).

특히 최근 인터넷 사용자의 정체성에 대한 논의는 기만 혹은 새로운 실험이라는 이분법을 넘어 현대의 자아정체성이 가진 표현적이고 수행적인 특성에 좀 더 주목하는 경향이 있다. 정보통신 기술의 확장 및 사회문화적 변동에 따라 현대의 자아정체성은 성찰성에서 표출성으로 전환하고 있다. 이에 따라 사이버 사용자의 정체성 역시 고정된 정체성의 존재(being)가 아니라 정체성의 수행(performing) 차원이 중요하게 떠오르며, 사이버 공간은 역할 전시와 정체성 수행이 이루어지는 공적 무대로 주목받고 있다(김종길, 2008; 김수진, 2012; 최종렬, 2012; 윤명희, 2013).

정체성의 표현과 수행이라는 시각에서 볼 때, 인터넷 사용자의 정체성은 기만적이면서 표현적이고, 참여적이면서 놀이적인 자아라는 다원적이고 복합적인 정체성의 양상으로 파악될 수 있다. 트위터봇(Twitter Bot)을 한 예로 들 수 있다. 트위터봇 세계의 참여자들은 각자가 맡은 배역/역할을 연기하는 '정체성 놀이(identity play)'를 수행한다.[8] 트위터봇 계정 관리자는 오프라인의 자아정체성을 극도로 감추는데, 이것은 단순한 속임수가 아니라 가면 놀이이자 상호작용 놀이라는 의미를 지닌다. 즉 트위터봇 계정 관리자는 자기가 연기하는 배역/역할의 캐릭터를 충실히 표현하며, 트위터봇 팔로워는 이러한 트위터봇의 캐릭터 연기를 관객의 위치에서 보고 즐기며 상호작용한다.

4. 인터넷 사용자는 집단지성인가, 집단주의인가

1) 새로운 참여자로서의 인터넷 사용자

집단지성이라는 개념은 1910년대 William Morton Wheeler가 개미의 사회적 행동을 관찰하면서 처음 사용한 이후 Pierre Levy가 집단지성을 사이버 공간과 연결시켜 논의하였다. 2008년 미국산 쇠고기 수입 반대와 관련된 한국의 촛불 집회나 아랍의 자스민 혁명 등이 그 구체적인 사례로 꼽힌다. 이러한 정치·사회적 집단행동은 집단지성, 즉 인터넷과 소셜 네트워크 등을 매개로 이루어진 공유 지식(common knowledge)의 확장과 밀접한 관련이 있다. 집단지성은 단순히 지식을 알고 있다는 것이 아니라 공유 지식에 기반하는데, 이 공유 지식은 '내가 안다는 사

---

8 트위터봇은 이용자가 특정 시간에 특정 내용의 트윗을 업로드할 것을 입력해 두면 프로그램이 자동으로 업로드하는 자동 예약 전송 기능을 가지고 있을 뿐 아니라, 입력받은 말 중 특정 단어나 어구를 인식하고 미리 준비된 답을 하는 경우도 있다. 이러한 트위터봇은 누군가에게 정보를 제공하거나 연예인 같은 특정 인물을 흉내 내기도 하며 자신의 개그감을 뽐내기 위한 방법으로 활용되거나 누군가의 고민을 들어 주고 조언을 하는 사이버 상담자로서 활용되기도 한다. 트위터봇은 집계하기도 어려울 만큼 그 수가 많고 종류 역시 천차만별이지만, 봇 사용자들 사이에서 통용되는 몇 가지 구분 방식이 존재한다. 먼저 봇 캐릭터에 대한 창작권, 저작권의 측면에서 '공식봇'과 '비공식봇'으로 분류한다. 또한 어떤 방식으로 트윗이 업로드되는가에 따라 '자동봇', '반자동봇', '수동봇'으로 나눌 수 있다. 그리고 봇이 제공하는 내용 면에서 '정보봇'과 '캐릭터봇'으로 나눌 수 있는데, 이러한 봇 유형은 상호작용 방식에서 일정한 차이를 보인다(윤명희·손수빈, 2015).

실을 당신이 알고, 당신이 안다는 사실을 내가 알고, 나도 알고 당신도 안다는 사실을 서로가 아는' 인지의 연쇄 과정을 통해 형성된다(마이클 S. 최, 2014).

집단지성은 이러한 사회적 이슈나 정치적 쟁점 등과 연관된 형태뿐만 아니라 일상적 영역에서의 호혜적이고 이타적인 집단행동의 방식으로도 나타난다. 최근의 협력 소비나 공유 경제가 그 대표적인 예라고 할 수 있다.[9] 협력 소비는 소유보다는 사용에 초점을 둔 소비 모델로서, 독점적 소비가 아니라 공유하고 교환하고 빌리고 같이 사용하는 새로운 소비 방식이다. 협력 소비는 단순히 물물교환이나 재활용이 아니라 공동체의 구성원으로서 선택하는 새로운 삶의 방식과 행위라는 의미를 지닌다. 예컨대 인터넷 사용자의 협력 소비는 SNS 같은 매개자를 통해 이루어진다. 이 거래의 참여자들은 별점이나 댓글을 통해 평가를 공유함으로써 온라인 평판을 만들어 내며, 이러한 과정은 공동체를 형성하는 주요한 기반이 된다.

광장 참여나 협력 소비, 공유 경제 등과 같은 집단지성은 오늘날 미디어 수용자의 새로운 면모를 보여 준다. 기존의 대중문화에서 수용자는 미디어가 만든 미디어 상품을 단순하게 소비하는 수동적 행위자로 간주되었다. 하지만 오늘날 미디어 수용자는 즐거움을 추구하고 적극적으로 행동하는 문화 참여자의 모습을 띠며 프로슈머(prosumer)나 크리슈머(cresumer), 트윈슈머(twin-sumer) 등 다양한 소비자 현상을 형성하고 있다.

여기서 프로슈머는 생비자(生費者)로서 생산자와 소비자의 역할을 동시에 하는 사용자를 일컫는 용어로 생산소비자 혹은 참여형 소비자라고 할 수 있다. 그리고 트윈슈머는 '쌍둥이(twin)'와 소비자를 의미하는 '컨슈머(consumer)'의 합성어로, 다른 사람의 사용 후기를 참조하여 상품을 구입하고 자신의 구입 경험도 공유하는 소비자를 지칭한다. 크리슈머는 창조적 소비자로서 주어진 제품을 소비하는 것을 넘어 다양한 경로로 기업의 제품 개발, 디자인, 판매 등 기업 활동 및 시장 흐름에 적극 개입하는 소비자를 지칭한다. 이러한 인터넷 사용자들은 생산과 소비

---

9 "'나만 소유'에서 '다 함께 이용'으로", 이코노미 인사이트(2014년 46호)

제공 서비스	거래 방식	공유 자원	공유 기업	
			국외	국내
제품 서비스	사용자가 제품 혹은 서비스를 소유하지 않고 사용할 수 있는 방식	자동차 셰어링	Zipcar, Streetcar, Go Get	쏘카, 그린카
		바이크 셰어링	Velib, Barclays Cycle Hire	푸른바이크쉐어링
		태양 에너지 공급	Solar City, Solar Century	
		장난감 대여	Dim Dom, Baby Plays	희망장난감도서관
		도서 대여	Chegg, Zookal	국민도서관, 책꽂이
물물 교환	필요하지 않은 제품을 필요한 사람에게 재분배 하는 방식	경매 시장	eBay, Craiglist, Flippid	옥션, 지마켓, 11번가
		물물교환 시장	Threadup, Swapstyle	키플, 열린옷장
		무료/상품권 교환	Freecycle, Giftflow	
협력적 커뮤니티	커뮤니티 내 사용자 간의 협력을 통한 방식	공간 공유	Air BnB, Roomorama	코자자, 모두의주차장
		구인·구직	Loosecubes, Desksnearme	알바몬, 알바천국
		여행 경험	Air BnB	플레이플레넷
		지식 공유	Teach Street, Trade School	위즈돔
		택시 셰어링	Taxi2, Taxi Deck, Taxi Stop	
		크라우드펀딩	Kickstarter, Indiegogo	씨앗펀딩, 굿펀딩

* 출처 : 경기개발연구원(2014)

의 경계를 해체하고 협력적 상호작용을 시도하는 새로운 참여자라고 할 수 있다.

2) 사이버 공간의 극단화된 집단주의

인터넷 사용자의 이타적이고 호혜적인 집단행위가 반드시 긍정적 결과를 낳는 것만은 아니다. 사이버 공간에서 빠르게 유포되는 부정확하고 무분별한 정보는 집단지성이라기보다는 비합리적이고 심지어 폭력적인 집단주의의 경향을 부추기기도 한다. 인터넷 사용자의 집단주의 경향은 집단사고와 밀접한 관련이 있다. 집단사고란 어떤 집단이 문제해결의 방안을 찾는 과정에서 갖는 일치된 생각으로, 집단의 응집력이 높고 인지적 다양성이 부족하고 커뮤니케이션의 폐쇄성이 높을수록 잘 발생하며 극단적인 행위 방식으로 귀결되기 쉽다(최영, 2014).

그런데 이러한 극단주의는 일탈적인 특정 집단이 가진 성향이 아니라 교육 정도나 사회적 지위와 관계없이 상황적 조건이 형성되면 나타날 수 있는 보편적 현상이다. 예컨대 개인의 합리성이나 성찰성이 배제된 탈개인화는 이러한 극단적 집단주의를 부추긴다. 이와 관련하여 Hannah Arendt는 '악의 평범성'이라는 개념을 통해 홀로코스트 같은 극단적 행위가 광신자나 반사회적 인격장애자가 아니라 국가에 순응하며 자신들의 행동을 보통이라고 여기게 되는 평범한 사람들에 의해 행해진다는 점을 지적하였다(Arendt, 2006).

예를 들어 사소하고 일상적인 사건에서 사회적 · 정치적 이슈에 이르기까지 폭넓게 발휘되는 한국 '네티즌 수사대'는 집단지성이기도 하지만 집단주의의 모습을 띠기도 한다. 네티즌 수사대는 자칫 미궁에 빠질 수 있는 사건의 실마리를 찾아내고 여론을 환기함으로써 공권력과 제도기관의 미비한 점을 보완하는 역할을

하기도 하지만, '신상 털기' 식의 개인 정보 유출 및 마녀사냥으로 이어지는 경우도 적지 않기 때문이다.

온라인 공간에서 벌어지는 신상 털기와 마녀사냥은 처음부터 일탈적이고 반사회적인 의도에서 시작되기보다는 사건의 피해자에게 도움을 주거나 공동체의 가치를 지키려는 도덕적이고 규범적인 의도에서 시작되는 경우가 많다. 하지만 가해자로 지목된 사람이나 집단을 몰염치하고 적대적인 타자로 규정짓고 몰아 가는 과정은 확인되지 않은 정보나 상황적 맥락의 제한성 안에서 이뤄지는 '묻지 마' 식의 비난과 폭력이라는 양상으로 변질되곤 한다.[10] 이러한 극단적인 집단주의는 특정한 개인이나 집단에 국한되지 않고 평범한 사람부터 사회적 엘리트까지 광범위한 사람들의 동조적 참여에 의해 조장된다.

°° 맺음말

현대적 삶 공간으로서 사이버 공간은 사람들의 일상적인 활동과 사회적 교류, 문화적 변형이 이루어지는 복합적인 공간이다. 이 일상적인 사회 공간에서 인터넷 사용자는 단 하나의 상태로 규정하기 어려운 다양하고 혼성적인 정체성과 특징을 드러낸다. 과도한 사용자, 디지털 원주민, 다중자아, 디지털 호모루덴스, 집단지성, 극단주의 같은 인터넷 사용자의 다원적이고 복합적인 양상이 그 예이다. 인터넷 사용자의 이 같은 복합성은 디지털 시대의 사회적·문화적 과제를 제시한다.

앞서 살펴보았듯이 소위 디지털 원주민이라 불리는 청소년은 부모 세대에 비

---

10 '크림빵 뺑소니 사건'을 한 예로 들 수 있다. 이는 2015년 1월 10일 새벽에 임신한 아내를 위해 크림빵을 사 오던 강 아무개 씨가 차에 치여 목숨을 잃은 사건으로, 사고 차량이 별다른 단서를 남기지 않은 채 도주하여 경찰 수사가 미궁에 빠졌다. 하지만 누리꾼의 관심과 제보로 전 국민적 관심이 일어났고 뺑소니 사건으로는 이례적으로 수사본부까지 차려져 결국에는 용의자의 자수로 마무리되었다. 하지만 이 과정에서 사건과 관계없는 특정 차량 번호가 인터넷상에 오르면서 엉뚱하게 용의자로 몰린 이 시민의 블로그에는 '잡히면 죽는다', '넌 X 됐다' 등의 글이 무수히 달리고 전화번호까지 공개되기도 했다(출처 : "크림빵 뺑소니, 누리꾼 수사대 칭찬받을 만하지만", http://www.hani.co.kr/arti/society/society_general/676599.html).

해 디지털 친화성이 높은 것은 사실이지만 디지털 문화자본이 전반적으로 부족하며 청소년 세대 내 디지털 문화 격차도 적지 않다. 이러한 차이와 불평등은 새로운 디지털 기기의 발 빠른 보급보다 더 시급하게 디지털 문화자본의 보편적 확대를 위한 제도적 장치가 필요하다는 것을 보여 준다.

또한 인터넷 사용자의 복합성은 인공성이 강화되고 있는 디지털 시대에 조응하는 새로운 사회문화적 윤리를 요청하고 있다. 이 새로운 윤리는 도덕과 다르며 좋음과 나쁨이라는 이원론과 구분된다. 오늘날 사람들은 스스로 선택하고 표현하고 행동하는 사회문화적 환경 속에 놓여 있으며 첨단 디지털테크놀로지는 이를 더욱 가속화하고 있다.

이러한 디지털 현실은 이타적이고 호혜적인 집단행동과 존중의 가치를 만들어 내는 모습으로 나타나기도 하지만, 익명성을 악용하여 타인을 조롱하고 나아가 공동체적 조화를 위협하는 극단적 형태로도 나타나고 있다. 후자의 극단적인 행위는 대체로 자신과 다른 타자의 인격과 존재를 무시하거나 제거해야 할 것으로 규정하는 데에서 시작된다. 이러한 점에서 디지털 시대의 새로운 윤리는 다양하고 이질적인 가치를 상호 존중하는 바탕 위에 그 타당성을 검증하는 소통의 실천에서부터 시작될 필요가 있다.

● ● ● 참고문헌 ● ● ●

김수진 외 (2012). "농담과 비키니, 나꼼수 사건을 바라보는 조금 다른 시선". 페미니즘 연구 제12권 1호, 219-253.

김종길 (2008). "사이버 공간에서의 자아 인식과 복합 정체성 수행". 사회이론 봄/여름호, 201-245.

김지연 (2014). "인터넷 게임 중독 논쟁의 기술사회적 함의". 한국게임학회 논문지 통권 56호, 81-92.

배상률 (2014). 디지털 시대의 청소년 미디어 교육 제도화 방안 연구. 한국청소년정책연구원.

백욱인 (2001). "사이버 공간과 사회문화적 정체성". 계간 과학사상 가을호, 37-51.

사이토 다마키 (2005). 폐인과 동인녀의 정신분석. 김영진 역. 황금가지.

서울시 (2014). 인터넷, 스마트폰 사용 및 사이버불링 실태조사.

윤명희 (2012). "하위문화, 다시 읽기". 문화사회학. 살림.

윤명희 (2013). "소셜네트워크에서 상호작용 의례의 복합성: 페이스북 사례 연구". 한국사회학 제47권 4호, 139-170.

윤명희, 손수빈 (2015). "소셜 네트워크와 정체성 놀이: 트위터봇 사례 연구를 중심으로". 문화와사회 제8권, 287-328.

이지은 외 (2013). "페이스북 이용과 대인 네트워크 변화에 대한 한·미 문화 간 비교 연구: 자아개념과 자기노출, 대인불안을 중심으로". 사회과학연구 제24권 1호, 257-281.

이창호 (2012). "청소년의 SNS 이용 실태 및 전망". NYPI 기획 세미나 청소년과 SNS 소통. 한국청소년정책연구원.

이창호 (2014). 인터넷 게임 중독의 원인과 해결 방안에 관한 청소년들의 인식. 한국청소년정책연구원.

이호영 외 (2012). 디지털 세대와 기성세대의 사고 및 행동양식 비교 연구. 방송통신위원회.

장정희 (2011). "사이버 스페이스와 여성 정체성의 재구성". 탈경계 인문학 제4권 2호, 125-149.

장준오 외 (2012). 청소년 폭력 위기에 대한 단기적 대응 방안. 한국형사정책연구원.

장현미 외 (2012). "블로그에서 자기표현적 글쓰기와 읽기 선호도가 대인적 및 사회적 신뢰에 미치는 영향에 관한 연구: 블로그에서 공감 경험의 매개적 효과를 중심으로". 한국언론학보 제56권 2호, 48-71.

최영 (2014). "집단사고와 극단주의 그리고 편협성". 공유와 협력, 소셜미디어 네트워크 패러다임. 커뮤니케이션북스.

최종렬 (2012). "잡놈의 사회학: 나꼼수의 비키니 사건을 중심으로". 한국문화사회학회 가을 학술대회 발표문. 숭실대학교.

한국정보화진흥원. 2014 국가정보화백서.

한국정보화진흥원. 2014 한국 인터넷 중독 실태조사.

Arendt, H. (2006). 예루살렘의 아이히만: 악의 평범성에 대한 보고서. 김선욱 역. 한길사.

Bourdieu, P. (1995). 구별짓기: 문화와 취향의 사회학. 최종철 역. 새물결.

Bourdieu, P. & Jean-Claude P. (2000). 재생산. 이상호 역. 동문선.

Braidotti, R. (1994). *Nomadic Subjects*. New York: Columbia University Press.

Chwe, M. S. (2014). 사람들은 어떻게 광장에 모이는 것일까? 게임이론으로 본 조정 문제와 공유 지식. 허석재 역. 후마니타스.

Haraway, D. (1991). *Simians, Cyborgs, and Women*. London: Routledge.

Ling, R. & Birgitte Y. (1999). Nobody sits at home and waits for the telephone to ring: Micro and hyper-coordination through the use of the mobile telephone. *Telenor Research and Development*. R&D Report, pp. 30-99.

Norris, P. (2001). *Digital divide: Civic engagement, information poverty, and the Internet worldwide*. Cambridge, U.K.: Cambridge University Press.

Prensky, M. (2001). Digital Natives, Digital Immigrants. *On the Horizon, 9*(5), 1-6.

Straubhaar et al. (2012). *Inequity in the Technopolis: Race, Class, Gender, and the Digital Divide in Austin*. University of Texas Press.

Tapscott, D. (2009). 디지털 네이티브: 역사상 가장 똑똑한 세대가 움직이는 새로운 세상. 이진원 역. 비즈니스북스.

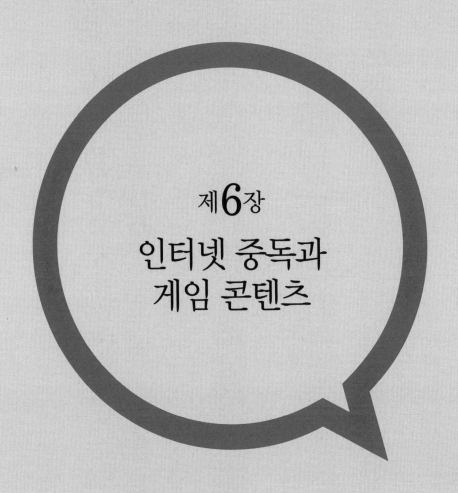

제6장

인터넷 중독과
게임 콘텐츠

원일석 | 광운대학교 정보콘텐츠대학원

∘∘ 시작하는 글

일상생활에서 우리가 사용하는 '게임 중독'이란 용어에는 매우 주관적인 기준이 적용된다. 특정 게임에 빠진 상태를 "난 그 게임에 중독되었다"라고 자랑스럽게 말하는 청소년, 무심코 "우리 아이가 게임에 중독되면 어쩌지?"라고 물어보는 학부모 등이 대표적인 예일 것이다.

이뿐만이 아니다. 아직까지 '게임 중독'이라는 용어의 사회적 함의도 언론과 사회적 이슈에 따라 유동적이다. 문성호(2013)는 '컴퓨터 중독'이나 '인터넷 중독'이라는 모호한 용어를 배제하고 '게임 중독'이라는 용어를 사용한 2013년까지의 언론 자료 610건과 관련 판례 200건, 정책 보고서 4건, 논문 자료 417건을 분석한 결과를 바탕으로 '게임 중독자'라는 단어가 어떤 방향으로 사용되는가를 조사하였다. 이에 따르면 1990~2005년에는 게임 중독자에 대해 '위험한 범죄자'라는 인식이 강했으며, 2001~2012년에는 '교정 가능한 일탈자'로서의 게임 중독자, 그리고 2012년부터는 '아동 게임자'로 그 개념의 변화가 이전되고 있다. 즉 '게임 중독'의 의미가 상황에 따라 달라지고 있다.

게임 중독이라는 용어의 의미가 시대 상황에 따라 유동적으로 변하는 이유는 무엇일까? 여러 가지 이유가 있겠으나 필자는 게임과 청소년의 관계를 설명하는 데 정확한 대상을 정의하기 위해 필요한 과정인 '게임 자체에 대한 구조적 접근'이 부족했던 것을 그 이유 중 하나로 들고 싶다.

왜 청소년은 게임에 열광적으로 몰입할까? 게임의 재미는 어디에서 시작될까? 인터넷 게임을 그만두기 힘든 이유는 무엇일까? 이러한 문제에 접근하기 위해서는 순수하게 게임 콘텐츠 측면에서의 접근이 필요하다.

이런 의미로 이 장에서는 다른 장에서 적극적으로 시도해 보지 않은 관점인 게임 시스템을 통해 게임 과몰입[1]을 분석하는 과정을 다루고자 한다. 물론 다양한 전공의 연구자들에 따라 게임 과몰입을 바라보는 여러 시각이 존재하겠지만, 게임을 연구하는 사람의 시각은 순수하게 게임 시스템과 관련된 부분인 경우가 많다. 특히 게임 시스템의 어떤 요인이 게임을 하는 사람에게 과몰입을 일으키는가와 같은 부분은 오래전부터 게임 관련 연구자들이 중요 이슈로 다루어 왔다(과몰입되는 게임은 잘 팔리는 게임이니까).

따라서 이 장에서는 게임 연구자의 입장에서 게임의 각 시스템이 어떤 과정을 통해 게임 과몰입을 일으킬 수 있는지 다양한 연구와 개인적인 분석을 통해 확인해 보고자 한다.

1. 게임 과몰입의 원인은 무엇인가

청소년층의 게임 과몰입을 일으키는 원인은 무엇일까? 먼저 선행 연구에서 밝혀진 영향 요인을 살펴보자. 김양은과 박상호(2007)가 한 조사에서는 온라인 게임

---

[1] 필자는 게임 디자인과 청소년 문화를 연구하는 과정에서 긍정적으로 게임이 사용되는 경우를 대단히 많이 목격하였고, 중독이라는 부정적 용어를 사용하는 데 상당한 주의가 필요하다고 주장한다. 그런 이유로 필자는 '게임 중독'이라는 용어가 아닌 '게임 과몰입'이라는 용어를 사용하고 있으며, 이 장에서도 '게임 과몰입'으로 언급하고자 한다. 단, 다른 연구의 인용 문장에서 사용되는 '중독'은 그대로 유지하였다.

중독군일수록 커뮤니티 추구, 캐릭터와 보상 추구, 여가 문화 추구, 회피 추구, 시간 보내기 추구, 성취와 만족 등이 게임 중독에 영향을 주는 것으로 나타났다. 또한 서낙원(2008)은 중학생을 대상으로 한 온라인 게임 중독에 대한 조사에서 현실 도피, 보상, 매개된 실재감 등이 큰 원인이 된다고 하였다.

이재무와 심정우(2010)가 청소년을 대상으로 게임 중독에 미치는 영향력 요인을 조사해 본 결과 게임 중독 성향이 높을수록 감각적 욕구 충족, 현실 이탈 욕구 충족, 사회적 욕구 충족에 대한 선호도가 큰 영향력을 미친다는 것을 알아냈으며, 김용영(2010)은 커뮤니티의 사회적 상호작용이 게임 중독에 큰 영향을 준다고 하였다. 현실 도피와 공격 욕구 충족이 게임 중독에 영향을 미치는 것으로 나타난 이윤희(2014)의 연구도 있다.

류성옥과 이훈(2013)의 연구에서는 청소년의 실내외 여가 활동에 대한 제약이 게임 중독과 밀접한 관계가 있으며 여가 제약이 클수록 게임 중독 수준도 크다는 것을 알아냈다. 또한 여가 활동에 흥미를 느끼지 못하거나 다른 사람과 쉽게 어울리지 못하는 청소년의 경우 게임 중독 위험군이 된다고 하였다.

초등학생의 경우도 유사하다. 심정우와 이재무(2009)의 조사에 따르면 게임 중독에 빠지는 경우는 감각적 욕구 충족과 지적 욕구 충족, 현실 이탈 욕구 충족, 경쟁 욕구 충족, 사회적 욕구 충족 등의 이유와 밀접한 관련이 있었다. 또한 학업 성적이 낮을수록 사회적 욕구 충족에 대한 성향이 더 높았다.

이러한 영향 요인 중에서 반복적으로 언급된 중요 요인을 살펴보자. 첫째, 커뮤니티를 통해 사회적 상호작용으로 욕구를 충족하고자 하는 것, 둘째, 현실을 도피할 수 있는 회피기제로서 사용할 수 있다는 것, 셋째, 공격성이나 화려함 등 감각적 욕구를 손쉽게 충족할 수 있다는 것, 넷째, 시간을 들인 만큼 만족스러운 보상이 존재한다는 것이다.

위와 같은 선행 연구 분석을 통해 게임 과몰입에 영향을 미치는 이용 동기와 요인 중 공통적인 네 가지를 찾아낼 수 있었으며, 이를 표 6.1에 정리하였다. 그렇다

표 6.1	게임에 과몰입되는 이유

① 커뮤니티를 통한 사회적 욕구 충족이 가능하다.
② 현실을 잊어버리고 게임을 즐길 수 있다.
③ 타인을 공격하고 이기면서 감각적 욕구를 충족할 수 있다.
④ 시간(또는 돈)을 들인 만큼 만족스러운 보상이 있다.

면 과연 이는 여러 장르의 게임에서 어떻게 이용되고 있는 것일까? 이를 알기 위해서는 조금 어렵더라도 다음의 게임 디자인 이론을 알아 둘 필요가 있다.

2. 게임의 어떤 시스템이 과몰입을 일으키는가

게임 시스템을 연구하는 사람들은 그 기반이 되는 몇 가지 고전 연구를 이용하는데, 그중에서 제일 오래된 연구이면서도 많은 사람들이 인용하는 것이 Roger Caillois(1913~1978)의 연구이다. 프랑스의 사회학자이자 사상가인 Roger Caillois는 컴퓨터 게임이라는 것이 있기 이전부터 유럽과 각 지역의 놀이 문화를 모아 그 특성을 연구하고 놀이와 인간이라는 책으로 출판하였다. 놀이와 인간에서 Caillois는 의지의 개입 여부와 규칙의 존재 여부를 이용하여 그림 6.1과 같은 네 가지 종류의 놀이 형태로 분류하였다(Caillois, 1994).

Caillois는 세상에 존재하는 놀이가 이 네 가지 놀이 중 하나라고 하면서 분류하였다. 각 놀이의 특성은 다음과 같은데, 우리가 게임의 과몰입 요인을 이해하는데 매우 중요한 부분이므로 그림 6.1과 비교하면서 생각해 봐야 한다.

아곤형 놀이

아곤(agon)은 그리스어로 '경쟁'이라는 뜻으로, 아곤형 놀이는 정해진 규칙이 있고 자신의 의지로 그 결과를 바꿀 수 있는 놀이를 말한다. 대표적으로 장기, 바둑과 같은 대전형 놀이나 스포츠와 같은 운동경기가 있다.

그림 6.1 | Roger Caillois의 놀이 분류

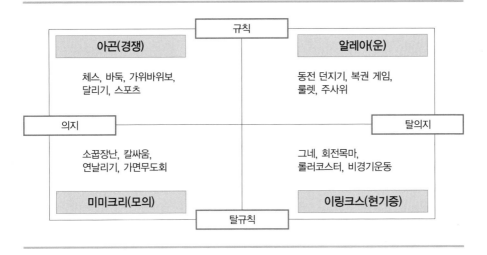

알레아형 놀이

알레아(alea)는 라틴어로 '운'이라는 뜻으로, 알레아형 놀이는 규칙이 있으나 일단 시작하면 자신의 의지가 놀이의 결과에 영향을 미칠 수 없는 놀이를 말한다. 대표적으로 복권이나 주사위놀이처럼 일단 복권을 구매하거나 주사위의 숫자를 결정한 뒤, 그 결과에 그 누구의 의지도 개입될 수 없는 놀이이다.

미미크리형 놀이

미미크리(mimicry)는 영어로 '모의'라는 뜻으로, 미미크리형 놀이는 일정한 규칙이 없으나 자신의 의지로 놀이 자체를 운영할 수 있는 놀이를 말한다. 모의에는 소꿉놀이 같은 역할놀이(롤플레이)를 위한 모의도 포함된다. 연날리기나 팽이치기를 생각해 보자. 내가 연과 팽이를 날리거나 계속 돌리는 것은 나의 의지에 따른 것이다. 그러나 이 놀이에는 규칙 같은 것이 없다. 그냥 즐기며 신나게 놀 뿐이다. 만약 여기에 '너와 나의 팽이가 서로 부딪혀서 넘어지는 사람이 진다'라는 '규칙'이 추가되는 순간, '미미크리형 놀이'인 팽이놀이는 '아곤형 놀이'인 팽이싸움

으로 변형되는 흥미로운 현상 또한 존재한다.

이링크스형 놀이

이링크스(ilinx)는 그리스어로 '현기증'이라는 뜻으로, 이링크스형 놀이는 일정한 규칙도 없고 자신의 의지도 반영될 수 없는 놀이를 말한다. 대표적으로 롤러코스터와 불꽃놀이같이 아무런 규칙도 없이 그냥 바라보거나 타는 것이 전부인 상태에서 중력, 소리, 빛과 같은 강력한 자극을 나의 의지와는 관계없이 즐기는 놀이를 들 수 있다.

Caillois의 이러한 놀이 분류는 현대의 컴퓨터 게임에도 영향을 미치고 있다. 또한 게임 시스템의 분석 방법에도 이 분류법이 유용하게 쓰이고 있는데, Caillois의 분류법이 온라인 게임에 부여하는 네 가지 중요한 시사점이 있다.

> 첫째, 지금 우리가 하고 있는 온라인 게임은 네 가지 놀이 형태 중 하나 이상 또는 전부를 포함하고 있다.

컴퓨터가 없던 시절에는 네 가지 형태 중 하나의 게임을 하는 것만 해도 많은 준비물과 절차가 필요하였다. 그러나 온라인 게임은 단일 게임 안에 경쟁 시스템, 놀이 시스템, 도박 시스템과 화려한 특수효과 시스템이 공존할 수 있는 기술적인 자원을 모두 가지고 있다. 게임의 특수성으로 인해 단 하나의 놀이 형태만을 컴퓨터에 구현하는 경우도 있지만(예를 들어 컴퓨터 슬롯머신은 오로지 결과를 운에 맡기는 알레아형 게임이다), 대부분의 게임이 하나 이상의 놀이 형태를 사용하고 있다는 것은 이상한 일이 아니다.

현재의 온라인 게임에 들어가면 모든 형태의 놀이를 즐길 수 있다. 플레이어가 게임에 들어가 낚시, 연주회를 하거나 마스터와 동료가 되기도 하고(미미크리), 불꽃놀이나 화려한 마법을 체험하며(이링크스), 타인과 전투를 하고(아곤), 아이템 강화나 뽑기를 한다(알레아)는 행위는 현실에 존재하는 모든 형태의 놀이를 간략화한 것이라고 할 수 있다.

> 둘째, 원래 온라인 게임은 미미크리형 놀이와 이링크스형 놀이를 즐기는 것으로 시작하였으나, 과몰입을 일으킬 수 있는 요인을 다수 가지고 있는 아곤과 알레아형 게임 요소를 경쟁적으로 도입하게 되었다.

초기에 시장에 나온 PC 게임이나 온라인 게임은 재미있는 놀이(미미크리)와 환상감(이링크스)을 극대화하는 데 주력하는 게임이 많았다. 그러나 시장이 팽창하고 경쟁이 심화되면서 많은 사람들을 과몰입시킬 수 있는 요인을 강화했는데, 그것이 바로 커뮤니티의 경쟁을 기반으로 한 전투(아곤)와 도박성 뽑기나 확률형 아이템형(알레아)의 게임 시스템이다. 이것이 심해지면 결국 전투와 아이템 강화만을 특화한 온라인 게임이 나오게 되는데, 온라인 게임뿐만 아니라 스마트폰 게임에서도 이러한 형태를 쉽게 볼 수 있다.

> 셋째, 아곤형 게임 시스템과 알레아형 게임 시스템이 동일 게임 속에 공존함으로써 알레아형 게임마저도 아곤형 게임으로 인식되고 있다.

게임 이용자들의 경쟁을 유도하는 아곤형 게임 시스템과 아이템 등을 운에 의존하여 뽑는 알레아형 게임 시스템이 동일 게임에 공존한다는 것은 '의지 대 탈의지'가 공존한다는 점에서 다소 아이러니한 경우라고 할 수 있다. 그런데 이런 공존이 게임 이용자, 특히 청소년에게 알레아형 게임 또한 경쟁적인 아곤형 게임으로 인식된다는 점은 주의해야 한다.

알레아형 게임은 규칙이 존재하지만 일단 시작되면 게임 이용자의 의지와 노력이 결과에 개입할 수 없다. 그러나 게임 이용자의 의지와 노력이 영향을 끼칠 수 있는 유일한 방법이 있는데, 바로 알레아형 게임의 횟수를 의도적으로 늘리는 것이다. 즉 뽑기의 횟수나 아이템 강화의 횟수를 늘릴 수 있는 기회를 캐쉬템으로 파는 것이다. 그런데 문제는 캐쉬템 구입을 통해 성공 확률 자체가 높아지는 것이 아니라 시도 횟수가 늘어날 뿐이라는 것이다.

많은 온라인 게임 또는 스마트폰 게임이 이 시스템을 사용하면서 횟수를 늘릴 수 있는 수단을 유료로 판매하고 있다. 알레아형 게임 시스템의 유리한 위치를 선점하기 위해 게임 이용자들이 돈을 '경쟁적'으로 쓰기만 한다면 회사는 큰 이익을 얻을 수 있기 때문이다.

> 넷째, 고전적인 네 가지 종류의 놀이 형태만으로는 현대인에게 지속적인 재미와 흥미를 줄 수 없기 때문에 다양한 부속 시스템이 추가되고 있다.

네 가지 놀이 형태는 가장 확실하면서도 독자적인 놀이 영역을 가지고 있으나 현대인에게 지속적인 흥미를 주기에는 부족한 면이 있다. 따라서 게임을 만드는 사람들은 다양한 요인을 집어넣고 있는데 그중 대표적인 것이 변화와 자극이다.

게임의 규칙이 변하지 않는 등 단조로운 내용을 반복적으로 하면 게임 이용자가 싫증을 낼 수 있다. 이를 피하기 위해 게임을 만드는 사람은 난이도의 변화를 주거나, 내용을 자동적으로 생성시키거나, 사람 대 인공지능 간의 경쟁 구도에서 사람 대 사람으로 경쟁 형태를 변화시키는 등 게임 내용의 변화를 이용한다.

또한 게임 이용자가 지속적으로 게임을 하도록 만들기 위해서는 기존 게임에서 얻은 자극보다도 더욱 강한 자극을 주어야 하고, 동일 게임 내에서도 진행하면 할수록 자극을 증가시켜야 한다. 자극을 증가시키는 방법은 난이도를 변화시키는 간단한 방법, 폭력성과 선정성을 높이는 방법 등 다양하다.

앞의 선행 연구에서 도출한 표 6.1의 게임 과몰입 요인을 다시 생각해 보자. 게임의 네 가지 과몰입 요인은 과연 Caillois의 놀이 형태와 어떠한 관계가 있을까? 이를 비교하여 접점을 찾으면 온라인 게임이 가진 놀이의 형태가 어떻게 과몰입 요인으로 변화할지 알 수 있을 것이다.

> ① 커뮤니티를 통한 사회적 욕구 충족이 가능하다.
> = 미미크리(모의) + 아곤(경쟁)

게임 속의 커뮤니티는 가상 세계의 '모의된' 인맥이다. 그 안에서 '경쟁'을 통해 우열을 가릴 뿐만 아니라 타 커뮤니티의 공격에서 생존하기 위해 자기가 소속된 커뮤니티의 상부상조를 강화한다. 즉 게임 시스템이 커뮤니티 내에 가입하여 얻는 이익이 많을수록, 강력한 경쟁 시스템하에서 커뮤니티에 가입하면 생존의 가능성이 높아질수록 게임 이용자는 커뮤니티에 의존하고 그 게임에서 빠져나갈 기회를 잃어버리게 된다. 이는 지속적인 게임 접속을 유도하여 게임에 많은 시간을 투자하게 만든다.

> ② 현실을 잊어버리고 게임을 즐길 수 있다.
> = 미미크리(모의)

모의된 가상의 게임 세계는 현실과는 다른 세계관을 가진 곳이다. 게임 이용자는 게임에 빠져 들어가는 순간부터 현실의 세계관이 아닌 게임에서 사전 모의된 세계관에 적응하게 된다. 그런데 게임 과몰입의 증상을 보이는 경우 현실보다도 게임의 '모의된' 세계관에 더욱 깊이 몰입하고, 가상 세계 내부에 자리 잡은 자신의 아이덴티티(예를 들면 '나는 길드마스터다!')와 커뮤니티(예를 들면 '우리 길드를 위해 충성을 다한다')에 더욱 빠져든다. 심각한 경우 현실보다도 더 '모의된' 가상 세계에 탐닉하고 현실과의 구분이 모호해지는 경우도 생길 수 있다.

> ③ 타인을 공격하고 이기면서 감각적 욕구를 충족할 수 있다.
> = 아곤(경쟁) + 이링크스(현기증)

게임에 과몰입되는 이유로 자주 거론되는 것이 '스트레스 해소'이다. 특히 격투 게임, 총을 쏘는 게임이나 전략 시뮬레이션과 같이 상대방을 완전히 파괴해야만 하는 게임의 경우 파괴와 공격을 통해 스트레스를 해소하고 승리의 쾌감을 얻을 수 있도록 하는 아곤형 시스템이 깊이 관여하고 있다. 그런데 문제는 컴퓨터 게임의 경우 상대방을 때리는 느낌을 줄 수 있는 방법이 매우 제한적이라는 것이다. 이를 보완하기 위해 폭발음, 총소리, 비명 등과 함께 화려한 특수효과, 불꽃, 튀기는 피 등을 보여 주면서 간적접인 파괴의 결과를 확인시켜 주는 방법을 사용한다.

이 파괴의 결과가 현실적일수록 '매개된 실제감'이 높아지고, 이는 승리 또는 생존의 쾌감을 높여 준다. 극도의 아곤 시스템은 그 결과를 확실히 전달해 주기 위해 이링크스 시스템을 사용하는 것으로 정리할 수 있다.

> ④ 시간(또는 돈)을 들인 만큼 만족스러운 보상이 있다.
> = 알레아(운)

원래대로라면 알레아 시스템은 '뽑힐지 안 뽑힐지 알 수 없는 상태'이다. 그러나 게임 제작자는 뽑는 횟수를 늘리는 아이템을 만들어 냈다. 이러한 시스템은 아이템을 뽑을 수 있는 코인을 더 주거나, 강화의 횟수를 늘릴 수 있거나, 심지어 강화의 확률을 한시적으로 올릴 수 있는 캐쉬 아이템을 만들어 내는 수준까지 이르렀다. 이런 시스템의 문제점은 게임 과몰입보다는 사용하는 돈이 기하급수적으로 늘어난다는 데 있다. 강화의 수준을 높이는 아이템을 사려면 더 많은 금액을 투자해야 한다거나, 자신이 원하는 카드를 뽑기 위해 많은 금액을 결제한다는 것을 게임 과몰입에 빠진 내담자에게서 흔히 들을 수 있다.

이를 정리하면, 앞의 선행 연구를 통해 보았던 게임에 과몰입되는 요인은 모두 게임 시스템에서 제공하고 있는데, 이를 Caillois의 놀이 분류와 비교하면서 알아보았다. 심지어 하나의 게임 속에서 이 모든 과몰입 요인이 통합적으로 운영되고 있다는 것은 현재 시장에 나와 있는 온라인 게임들이 가지고 있는 공통적인 특징이다. 그렇다고 해서 모든 게임을 과몰입을 일으키는 원흉으로 보는 것 또한 섣부른 판단일 것이다. 과몰입이라는 극단의 상황으로 가게 되는 경우는 각 과몰입 요인을 심하게 강화했을 때로 한정할 수 있다. 경쟁 요소를 너무 높여서 게임 이용자들 간의 살상이 가능하도록 만들거나, 도박 요소를 너무 강화하거나, 커뮤니티 결속으로 인한 이익을 너무 높이거나, 극단적 표현이나 특수효과를 넣는 경우가 그런 예일 것이다.

3. 대표 장르를 통해 알아보는 게임의 특성

이러한 과몰입 요인은 게임에 모두 포함되어 있다. 또한 각 게임의 장르는 과몰입 요인이 여러 가지 특성과 혼합되어 재미를 주기 때문에 게임을 직접 즐기는 사람이 아니라면 게임의 장르가 무엇이고 어떤 재미를 가지고 있는지 알기 힘들다. 표 6.2는 이러한 게임 장르의 구분법과 특징, 사례를 간단히 정리한 것으로 게임 장르의 간단한 구분 방법을 알 수 있다. 표 6.2의 내용을 중심으로 하여 각 게임 장르가 대표적으로 가지고 있는 속성을 통해 게임의 과몰입 요인을 분석 및 설명하고자 한다. 이를 위해 앞에서 다룬 놀이의 형태를 이용할 것이다.

여기서 반드시 알아 두어야 할 것은 이후 설명되는 게임의 과몰입 요인은 각 장르의 대표적인 요인일 뿐, 각 게임의 과몰입 요인은 게임마다 다소의 비중 차이는 있지만 모두 동일하게 적용된다는 점이다. 예를 들어 롤플레잉 게임의 과몰입 요인을 다루면서 게임 아이템을 위주로 설명했으나, 게임 아이템 요인은 다른 장르의 게임에도 공통적으로 내포되어 있다.

4. 액션 게임과 슈팅 게임의 구조로 알 수 있는 게임의 재미

액션 게임과 슈팅 게임은 모든 게임의 어머니라고 불릴 수 있을 만큼 그 역사가 오래되었다. 옛날 오락실에서 가장 많이 볼 수 있는 게임 중 하나였으며, 게임을

표 6.2	장르에 따른 게임의 종류	
구분	특징	게임 사례
액션 게임	권투, 유도, 태권도 등 다양한 격투 행위를 통해 상대방과 겨루는 게임	킹오브파이터스, 철권, 갯앰프트
슈팅 게임	총이나 포를 발사하여 상대나 목표를 가격하는 게임	포트리스, 웜즈, 카르마온라인, 서든어택
롤플레잉 게임	게이머가 게임 내의 한 캐릭터로서 특정 역할을 맡아 주어진 목표를 수행하는 게임	리니지, 뮤, 라그나로크, 메이플스토리, 바람의 나라, 씰온라인, 창세기전, 삼국지무한대전, 월드오브워크래프트, 마비노기
전략 시뮬레이션 게임	전투와 같은 상황에서 나름의 전략을 세워 상대방(상대 종족)과 겨루는 게임	스타크래프트, 임진록, 워크래프트3
건설/경영/육성 시뮬레이션 게임	도시를 기능에 맞게 건설하거나 하나의 상품을 제작하고 유통하는 경영 체험을 할 수 있는 게임, 인물 등을 성장시키는 게임	심시티, 심즈, 쿠키샵, 롤러코스터타이쿤, 프린세스메이커, 코코룩
캐주얼 게임	게임이 그다지 어렵지 않아 간단한 조작으로 이용할 수 있는 게임	카트라이더, 팡야, 크레이지아케이드
스포츠 게임	야구, 축구, 농구 등의 인기 스포츠를 즐길 수 있는 게임	NBA Live 시리즈, FIFA 시리즈, 위닝일레븐
레이싱 게임	자동차 등을 통해 스피드를 겨루는 게임	시티레이서, 그란투리스모, 니드포스피드
어드벤처 게임	게이머가 주인공이 되어 수시로 변하는 모험 상황에서 문제를 해결해 나가는 게임	툼레이더, 슬레이브제로, 어둠 속에 나 홀로, 페르시아왕자
보드 게임	판 위에서 퍼즐을 맞추거나 그림의 짝을 찾아 나가는 방식의 게임	테트리스, 바둑, 장기, 고스톱
교육용 게임	게임을 하는 과정 중에 교육적 효과를 주는 게임	토익넷, 줌비니 수학논리여행, 콩콩이랑 영어로 말해요, 아이토이 에듀키즈

* 출처 : 고영삼(2012)

만들고자 하는 사람들이 기본적으로 먼저 배우는 것이 액션 게임과 슈팅 게임이다. 액션 게임과 슈팅 게임은 정해진 목표를 향해 진행하는 도중 나타나는 적이나 물체를 캐릭터의 행동(액션)이나 무기(슈팅)로 파괴하는 게임이다.

액션 게임과 슈팅 게임의 차이는 아바타의 행동을 조종하며 그것을 통해 게임을 진행하는가와 발사형 무기를 탑재한 차량 등을 사용하는가의 차이에 불과하며, 그 외의 진행 방법이나 형식은 두 게임 모두 동일하다. 액션 게임의 대표적인 예로는 〈하얀마음 백구〉나 〈짱구는 못 말려〉와 같이 백구 아바타나 짱구 아바타를 조종하는 게임을 들 수 있다. 또한 슈팅 게임의 대표적인 예로는 〈갤러그〉, 〈인베이더〉와 같이 전투기를 조종하여 적을 파괴하는 게임을 떠올리면 이해하기 쉬울 것이다.

게임이 과연 어떠한 재미를 주는가라는 질문은 게임을 만드는 사람들이 항상 화두로 삼는 것이다. 관점에 따라서 여러 접근 방법이 사용되지만, 이 장에서는 액션 게임과 슈팅 게임이 게임의 과몰입, 특히 앞에서 다루었던 게임 시스템적 입장에서 어떤 형태로 재미를 주는지 접근해 보겠다.

먼저 기본적인 게임 시스템을 설계해 보자. 그림 6.2와 같이 시작과 끝을 만든다. 시작에는 끝으로 가야만 하는 당위성을 넣어야 한다. 이 당위성이 스토리를 통해 설명되느냐, 강제로 무작정 진행되느냐는 순전히 게임을 만드는 사람의 특성에 달려 있다. 단, 끝에는 반드시 보상을 주어야 한다. 칭찬이든 단순히 랭킹 게시판에 1등의 이름을 올려 주는 것이라 하더라도 말이다.

여기에 시작부터 끝까지의 여정인 커다란 화살표를 추가한다. 그런데 이 여정에 방해물이 끼어든다. 이 방해물은 싸움이든 풀리지 않는 퍼즐이든 열리지 않는 문이든 괜찮다. 무엇이든 끝을 향해 가는 데 방해가 되어야 한다. 이 방해물을 없애는(해결하는) 과정이 연속적으로 반복되면서 게임이 진행되는 것이다. 단, 이

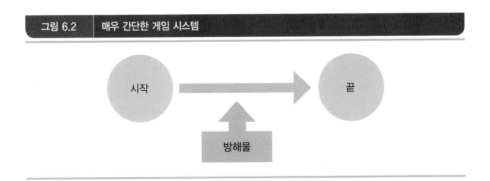

그림 6.2　매우 간단한 게임 시스템

방해물이 반드시 가져야 하는 세 가지 조건이 있다.

- 첫 번째 조건은 게임을 하는 사람의 연령과 지적 수준으로 해결 가능해야 한다는 것이다. 다소 어려워도 되지만 절대 불가능해서는 안 되며, 형편없이 쉬워서도 안 된다.
- 두 번째 조건은 방해물을 해결하는 과정을 통해 성장해야 하고, 그 성장으로 인해 다음 방해물을 해결할 수 있어야 한다는 것이다. 가능한 한 이 효과를 게임을 하는 사람이 직접적으로 체험해서 스스로 성장하는 기쁨을 느껴야 한다.
- 세 번째 조건은 '방해물 자체'와 '방해물을 해결하는 과정', '방해물을 없앤 뒤의 결과'가 모두 재미있어야 한다는 것이다. 조금 추상적이고 힘든 부분이지만 이 세 번째 조건을 만족시키기 위해 게임을 만드는 사람들이 고생하고 있다는 것을 명심하자.

지금까지 기본적인 게임 시스템의 구조를 살펴보았다. 게임은 이렇게 기본적인 시스템의 주변에 온라인, 커뮤니티, 게임 규칙 등 다양한 요인을 융합하여 재미와 화려함을 증강한 것이다.

그런데 다시 한 번 그림 6.2를 살펴보자. 그림 어디에도 '게임'이란 말이 없다. 이제 중요한 부분이다. 앞에서 "먼저 기본적인 게임 시스템을 설계해 보자"로 시작된 문장부터 바로 위의 문장까지에 사용된 '게임'이란 단어를 '산수'로 바꿔 보자. '중간고사' 같은 단어도 무방하다. 그리고 다시 처음부터 읽어 보자.

공부와 게임은 그 시스템이 거의 유사하다. 차이는 바로 방해물의 세 가지 조건이다. 게임이 재미있는 이유는 방해물인 '문제' 자체가 적당히 어렵고, 그 문제를 풀면 자신의 성장이 눈에 보이기 때문이다. 여기에 더해 재미있기도 하니 게임에 빠지는 사람의 입장에서는 공부보다도 더 재미있고 도전해 볼 만한 보상이 많아 보이는 것이다.

이것을 앞에서 다루었던 게임 시스템과 연결해 보자. 그림 6.2에서 다룬 게임 시스템은 미미크리(모의)가 있어야만 참여할 수 있다. 시작과 끝을 정확히 정하고 움직인다는 점 또한 그 특징이 될 것이다. 또한 게임에서 사용되는 대부분의 방해물은 아곤(경쟁)형이다. 그것들과의 전투 등을 통해 이링크스(현기증)를 느끼며 게임에 빠져든다. 그림 6.2에서 설명한 시스템은 '현실을 잊어버리고 게임을 즐길 수 있는' 시스템을 구축하는 데 영향을 미칠 뿐만 아니라 '타인을 공격하고 이기면서 감각적 욕구를 충족'하는 과정을 통해 게임 과몰입에 다가가는 기반이 된다.

5. FPS 게임을 통해 알아보는 게임의 몰입과 폭력성

앞에서 설명한 슈팅 게임 중에서 아바타가 총을 쏘는 상황에 실감을 부여할 수 있도록 시점을 조절하는 데 특화된 삼차원 게임이 있다. 이는 일인칭 슈팅 게임인 FPS(first person shooting, first person shooter) 게임을 말하는데, 〈서든어택〉과 같이 아바타의 시점 또는 게임 이용자의 시점으로 총을 발사하는 게임이 그것이다. FPS는 슈팅 장르이지만 독자적인 장르로 분화하여 발전한 경우이다.

최근에 특히 같은 사격 위주의 게임으로 TPS(third person shooting) 계열의 게임은 FPS 게임의 진행 방법을 그대로 사용하지만 시점의 이동이 다른 형태를 취하

고 있다고 생각하면 된다. TPS는 카메라가 아바타의 뒤에 있기 때문에 게임 속에서 다양한 전략과 연출을 구현할 수 있다. 또한 FPS에 익숙한 사람들에게는 바꾸기 쉬운 시점을 제공할 수 있기 때문에 최근 선호되고 있는 장르 중 하나이다. 이외에도 다양한 내용과 게임 규칙 등이 적용된 게임이 대거 출시되고 있다.

FPS 게임의 강력한 과몰입 요인은 몰입감이다. 이 부분은 이링크스(현기증) 부분과 결합하여 강력한 과몰입 원인을 제공한다. 우선 이런 몰입감이 주는 문제는 강력한 자극이다. 나의 시각으로 적에게 사격을 하고, 적의 사격에 '내가' 죽는다는 느낌은 게임에 빠져들수록 강력한 자극을 준다. 여기에 더해서 파괴의 쾌감, 강력한 시각효과와 음향효과, 그리고 죽고 죽이는 과정이 반복되면서 게임 이용자는 강력한 자극을 여러 경로로 받는다. 이러한 자극이 누적되면 쉽게 피로해지고 추후에는 더 강한 자극을 추구할 가능성이 커진다.

몰입감이 주는 또 하나의 문제는 게임 과몰입의 증상 중 하나인 현실과의 혼동이다. 즉 게임 과몰입 증상을 보이는 사람이 이런 몰입 장치를 넣은 게임에 탐닉하기 시작하면 게임의 세계와 현실 세계의 논리가 혼동을 일으킬 수도 있다는 것이다. 한국정보화진흥원(2010)의 인터넷 중독 실태조사에 의하면 게임 중독으로 판단되지 않는 일반인들 사이에서는 100명 중 1명 정도가 "게임에서 했던 일을 현실에서도 해 보고 싶다"라고 하였으나, 게임 중독 고위험군은 100명 중 50명 이상이 그렇다고 답변했으며, 이 중에서도 10명 중 1명 이상이 "항상 게임에서 했던 일을 현실에서도 해 보고 싶다"라고 답변한 것은 이러한 증상의 심각성을 대변한다고 할 수 있다.

또한 한국정보화진흥원(2013)의 인터넷 중독 실태조사에 의하면 인터넷 중독 위험군 중에서 26.3%가 FPS를 주로 이용한다고 하였으며, 이 중에서도 인터넷 중독 고위험군의 39%가 FPS를 선호한다고 한 점을 통해 많은 인터넷 중독 위험군이 FPS를 즐기고 있다는 사실을 알아 두어야 할 것이다.

최근 시장에 출시된 FPS 장르는 몰입감을 더욱 높이는 상황 설정과 특수효과, 음향효과 등을 경쟁적으로 배치하고 있다. 이런 장르뿐만 아니라 요즘 청소년이 하고 있는 다른 장르의 게임도 몰입감을 높이는 여러 가지 장치를 게임에 다양하게 삽입하고 있으므로 유사한 현상이 다양한 장르에서 나타날 가능성이 있다.

여기에 덧붙여 FPS 게임에 대해 이야기할 때 항상 나오는 화두인 '폭력적인 게임을 하는 아이는 현실에서도 폭력적일까?'라는 문제에 대해 언급하고자 한다.

결론부터 말하자면 아직도 확실하지 않다. 이 이야기를 시작하려면 20여 년 전으로 돌아가야 한다. 1993년 미국에서 〈모털컴뱃〉이라는 이름의 비디오 게임이 출시되었다. 이 게임은 상대방의 목을 자르거나 척추를 뽑아내는 등 잔인하고 폭력적인 격투 장면을 표현하면서 게임과 폭력성의 연관관계에 대한 세계적인 논란의 도화선을 점화시켰다(필자도 참 재미있게 했던 게임 중 하나이다).

결국 이 논란은 1994년 미국의 등급 규제 시스템인 ESRB 설립의 단초가 되었다. 이렇게 1990년대 초부터 시작된 게임의 폭력성 논쟁의 요지는 '공격적인 폭력성 게임이 실제 게임 이용자의 현실 생활에서 폭력성이 나타날 정도로 공격성과 폭력성을 전이시킬 수 있는가?'라는 단순하면서도 의미심장한 질문에서 시작되었다.

그렇지만 이런 폭력적 게임과 실제 폭력의 인과관계가 무관하다는 분위기가 아직까지는 지배적이다. 대표적으로 2005년 미국심리협회가 주도했던, 비디오 게임 시장에서 폭력적인 비디오 게임을 줄이자는 결의안은 공격성과의 연관이 없다는 이유로 통과되지 못했으며, 2005년 10월 7일 캘리포니아 주가 발의한 '미성년에게 18세 이상 등급의 폭력적 비디오 게임을 판매하는 것을 불법으로 규정'하는 법률은 2009년 2월까지 심의[2]를 통과하지 못하고 2011년 6월 27일 미국 대법원[3]에 의해 위헌판결이 내려졌다. 그 이유는 미 헌법 수정 제1조에 의거하여 현재 '비

2　In Video Software Dealers Association v. Schwarzenegger, the US Court of Appeals for the Ninth Circuit in a 3-0 majority opinion written by Consuelo Callahan, JD, ruled on February 20, 2009.

3　Supreme court of the United States, No. 08-1448, June 27, 2011.

디오 게임의 폭력성이 현실과 관련 있다는 증거가 없는' 상태에서 보편타당성이 결여되었다고 판단했기 때문이라고 밝혔다.

그 이후에도 여러 차례의 학원 내 총기 사건 등에서 나이가 비교적 어린 범인이 폭력적인 게임을 즐겼다는 것이 밝혀지면서 게임의 폭력성과 실제 폭력의 인과성이 지속적으로 제기되었다. 그러나 결국 개인의 문제 또는 환경적 변수 등을 고려하지 않고 모든 문제를 게임과 관련시키려는 주관적 편향성을 가지고 있다는 비판이 제기되면서 그 인과성의 문제는 아직까지 미제로 내려오고 있는 실정이다. 그런데 정말로 전혀 연관이 없을까?

물론 게임의 폭력성이 게임의 마케팅적인 측면 외에도 긍정적인 효과를 일으킨다는 여러 주장이 있다. 특히 카타르시스 이론(catharsis theory)은 치유적 관점에서 게임의 가상환경에서 일어나는 폭력 행위를 통해 심리적인 불안 해소와 욕구 충족을 할 수 있다는 주장을 펼치고 있다. 이는 현대인의 스트레스와 심적 불안을 게임의 폭력을 통해 저렴하면서도 사회와 타인에게 해를 끼치지 않는 방향으로 해결할 수 있다는 장점을 제시한다.

이 외에도 아직까지 전 세계적으로 게임의 폭력성에 대해 많은 연구와 논란이 이어지고 있다. 폭력적 게임과 실제 폭력성의 인과 문제는 아직까지도 논란의 중심에 있으며 상당 시간이 지난 후에야 결론이 날 것으로 판단된다. 많은 부모와 현장의 선생님은 폭력적인 게임에 대해 우려의 목소리와 시선을 보내지만, 시원한 결론을 내리기 위해서는 좀 더 기다려야 할 듯싶다.

6. 롤플레잉 게임을 통해 알아보는 게임 아이템 문제

롤플레잉 게임이란 〈리니지〉와 같이 게임 이용자가 게임 속 캐릭터의 역할을 대신하여 미지의 세계를 탐험하며 만나는 적과 방해물을 상대하면서 목적을 이루어 나가는 게임이다. 그런데 롤플레잉(역할) 놀이의 특성을 그대로 받아들여 미미크리 게임 형태를 가지고 있을 뿐만 아니라 게임 캐릭터의 행동(전투의 승패나 이벤트의 결정 등)에 따라서 성장하거나 주변 사람들의 대응이 변화되도록 제작되어 있다.

특히 이 롤플레잉 게임이 온라인과 연결되어 제작된 MMORPG(massively multiplayer online role playing game, 대규모 인원이 동시에 하는 온라인 롤플레잉 게임)의 경우 매력적인 캐릭터, 명확한 목표, 합리적인 성장, 참신한 세계관의 요소가 포함되어 있어 그 재미를 더욱 강화한다.

이런 롤플레잉 게임은 아이템이 게임의 진행에 매우 중요하고 전투나 이야기 진행상 아이템 의존적인 성격이 많아 아이템 판매와 관련된 문제가 많이 일어나며, 커뮤니티와 길드가 중요시된다는 특성으로 인해 게임 과몰입과 관련된 문제가 제기되고 있다. 또한 PK(player kill, 게임상에서 다른 게이머를 해치는 행위), 사기, 욕설 등의 단점이 나타나고 있다. 이는 앞에서 다루었던 거의 모든 과몰입 요인이 동시에 온라인 롤플레잉 게임에 포함되기 때문에 생기는 문제이다.

그렇다면 게임 아이템은 게임 과몰입에 영향을 미치는가? 온라인 롤플레잉 게임은 판타지 세계에서의 전투 등을 위해서라도 아이템의 비중이 매우 높고, 이야기 전개상 아이템 의존적인 성격이 많다. 우리나라 초기 게임 시장에서 '아이템 구매'라고 하면 아바타를 장식하여 남보다 우월한 모습을 만들거나 강한 위력을 낼 수 있는 아이템 등으로 자기 자신을 과시하고 타인과의 차별화와 정체성을 확인하는 데 사용하는 편이었다.

그러나 최근의 온라인 게임은 이런 아바타의 장식에 기능적인 면이 더욱 강화된 경향이다. 특히 비싼 아이템에 많은 현금을 들여 강화할수록 더 빠르게 많은 적을 제거하고 경험치를 얻을 수 있으므로 게임을 하는 사람의 시간이 절약된다. 결국 게임 시간을 절약하거나 특정 게임의 벽을 뚫고 나가기 위해서라도 게임 아이템을 구매하거나 강화를 위한 도구, 박스 등을 구입할 수밖에 없도록 유도하는 것이다.

특히 온라인 게임은 게임의 아이템 유료 결제에서 성인보다도 청소년을 노린 경우가 많다. 이런 게임의 유료화 시스템은 청소년이 캐쉬나 문화상품권 등으로 현금 결제를 대신할 수 있도록 유도하기 때문에 손쉽게 아이템 구입이 가능하다는 특징이 있다. 따라서 자기 캐릭터와 무기를 더 강력하고 멋있게 만들고 싶고 시간과 돈 중에서 하나를 선택해야 하는 상황에서 아이템에 목숨을 거는 게임 이용자들이 밤잠을 못 자고 게임을 하도록 만드는 동기를 제공한다. 이렇듯 아이템을 돈을 주고 사거나 강화하고, 또는 아이템을 판매하는 시스템은 청소년의 게임 과몰입 성향에 밀접한 영향을 미친다고 보고된다. 이는 앞에서 다루었던 '시간(또는 돈)을 들인 만큼 만족스러운 보상이 있다'는 알레아 시스템이 일으키는 과몰입 요인과도 관계가 있다.

　이러한 게임 아이템의 과몰입 요인에 대해 이해하는 데는 게임 아이템과 '스키너 상자(Skinner box)'의 연관성이 중요한 단서를 제공한다. 게임 아이템의 강화 또는 뽑기 아이템뿐만 아니라 게임 보상 시스템을 설명하기 위해서는 Skinner의 실험을 살펴보아야 한다. '행동주의 심리학'과 '스키너 상자'에 관한 이야기는

2001년 미국의 한 게임 개발자가 언급한 후 미국 게임 업계에서 많은 논란과 연구 주제를 만들어 낸 이슈이다.**4** 이 이야기를 진행하기 위해서는 행동주의 심리학과 스키너 상자의 연구로 시선을 돌려야 한다.

Watson이 문을 연 행동주의 심리학 이론은 이후 Thorndike에 의해 조작적 조건 형성 이론이 만들어지고 이어서 Skinner에 의해 더욱 발전되어 1950년대 이후 교육에 커다란 영향을 끼쳤다. 특히 Skinner는 유기체의 행동이 특정 자극에 의해 자동적으로 유발되기보다는 과거에 그 행동을 통해 어떤 보상을 받았느냐에 따라 그 행동이 유발된다고 주장하였고, 이를 증명할 수 있는 스키너 상자를 만들었다. 스키너 상자를 통한 실험은 다음과 같다.

- 한쪽 면에 지렛대가 있고 이 지렛대를 누르면 자동적으로 먹이와 물이 나오도록 만든 스키너 상자에 하루에 한 번 정도만 먹이를 먹도록 순응시킨 비둘기를 넣었다.
- 비둘기는 상자 안에서 돌아다니다가 우연히 지렛대를 눌렀을 때 먹이가 나오는 것을 보고 이후 지렛대를 누르는 행동을 반복하기 시작했다.
- 먹이가 주어진다는 강화(reinfocement)를 받았기 때문에 이렇게 행동하게 된 것이며, 반복될수록 비둘기는 지렛대를 누르는 반응을 학습하게 된다.

스키너 상자 실험을 통해 유기체는 행동을 통해 환경에 스스로 작용하면서 결과를 생성해 내고, 그 결과에 따라 행동 유발이 결정된다는 것을 알게 되었으며, Skinner가 주장한 조작적 조건형성 이론은 강화에 의해 반응행동을 변화시키기 때문에 강화 이론(reinforcement theory)이라고도 한다. 이 강화 이론에 따르면 지속적인 강화보다는 간헐적인 강화가, 고통 같은 혐오 자극을 통한 강화보다는 칭찬이나 상과 같은 긍정적 강화물이 학습에 효과적이라고 한다.

이러한 강화계획(schedule of reinforcement)은 여러 종류를 만들 수 있으나 크게

---

4 당시 국내에서는 거의 무관심에 가까웠다. 그러나 최근 국내 게임 개발자들이 게임 시스템 설계에 있어 진화심리학(evolutionary psychology)에 관심을 보이고 있는 점은 지켜봐야 할 변화이다.

네 가지 강화계획을 만들어 낼 수 있다고 한다.

고정간격계획(fixed-interval schedule)

① 일정한 시간이 지난 후 지렛대를 눌러야만 먹이가 나오도록 설계된 강화계획

② 반응학습의 특징 : 강화 직후에 일시적 반응 중단이 있으며, 정해진 시간 간격
의 마지막에 가까워질 때 높은 반응을 다시 보인다.

③ 생활에서 볼 수 있는 예 : 월급날이나 퇴근 시간을 기다리는 사람

변동간격계획(variable-interval schedule)

① 시간에 따라 강화하는 것이 아니라 사전에 정해진 평균 시간에 임의의 간격을
가감한 시간이 지나야 먹이가 나오도록 설계된 강화계획

② 반응학습의 특징 : 느리면서도 꾸준한 반응을 보인다.

③ 생활에서 볼 수 있는 예 : 낚시를 하는 사람, 시골의 버스 정류장에서 도착 시
간이 훨씬 지난 버스를 기다리는 사람

고정비율계획(fixed-ratio schedule)

① 지렛대를 누른 시간에 관계없이 항상 일정한 횟수만큼 지렛대를 눌러야 일정
한 수의 먹이가 나오도록 설계된 강화계획

② 반응학습의 특징 : 반응 속도가 빠르다(빠르게 여러 번 누른다).

③ 생활에서 볼 수 있는 예 : 성과급 보수제나 몇 번 이상 커피를 마시면 한 잔을
무료로 주는 커피 쿠폰 등

변동비율계획(variable-ratio schedule)

① 일정한 횟수만큼 지렛대를 눌러야 먹이가 나오지만, 그 먹이의 수가 사전에 정
해진 평균값에 임의의 값을 가감한 값이 나오도록 설계된 강화계획

② 반응학습의 특징 : 급속도의 반응학습을 한다.

③ 생활에서 볼 수 있는 예 : 도박이나 슬롯머신을 하는 사람

강화계획은 학습과 관련된 많은 부분에 영향을 미칠 수 있으며, 이것은 단순히 비둘기뿐만 아니라 우리 인간의 생활에도 아주 많은 영향을 미치고 있다. 물론 스키너 상자의 실험을 통해 유기체가 외부 자극에 따라 행동하기보다는 유기체 스스로 행동을 일으키고 환경을 통제하며 그것에 의해 통제받는, 의지적이고 자발적인 조작행동이 더 많다는 것을 알 수 있다. 그런데 이런 심리학적 내용을 구태여 게임 시스템에서 언급하는 이유는 스키너 상자에서 실험된 강화계획이 실제 게임에서는 자연스럽게 사용되기 때문이다. 여기서 좀 더 깊이 들어가려면 10여 년 전의 미국으로 돌아가야 한다.

2001년 4월 27일, 미국 대학원에서 심리학을 공부하고 있던 아마추어 게임 개발자 John Hopson은 미국과 전 세계 게임 개발자들의 정보 교류 장이자 성지라고도 할 수 있는 가마수트라(Gamasutra)에 글을 올렸다. 이는 '행동주의 심리학을 이용한 게임 디자인'[5]이라는 글로, 사용자의 몰입과 끝없는 학습행동을 유도하기 위해 강화계획을 사용해서 게임을 디자인하고 보상과 아이템을 주는 방법에 대해 간단히 언급한 것이었다. 그러나 이 글의 파장은 상당히 컸다.

이 글을 올린 지 10년이 지난 2012년 6월 15일, Hopson은 가마수트라에 '행동주의 심리학을 이용한 게임 디자인-10년 뒤'란 제목으로 다시 글을 올렸다.[6] 당시 그는 미국의 번지소프트라는 게임 회사에서 사용자 연구(user research)를 책임진 게임 개발자로 자리를 잡고 있었다. 이 글에서 Hopson은 자신이 10년 전 쓴 '행동주의 심리학을 이용한 게임 디자인'이 엄청난 연구 소재가 되었을 뿐만 아니라 비판도 받았고, 심지어 '게임은 스키너 상자냐'라고 비난을 하는 사람들이 '플레이어를 스키너 상자 안에 넣는다'라는 잘못된 말을 하고 있다고 언급하였다.

또한 오늘날에는 보상 시스템이 사용되지 않는 게임을 찾기 힘들 정도라고 하면서, 게임 기획에서 강화 이론이 받아들여지고 있는 부분은 '업적(achievement)'

---

5 http://www.gamasutra.com/view/feature/3085/behavioral_game_design.php

6 http://www.gamasutra.com/view/feature/172409/10_years_of_behavioral_game_design_.php

과 같은 시스템이며, 변동비율강화계획이라는 용어가 사용되지는 않았지만 오래 전부터 심리학과는 관계없이 무작위로 떨어지는 아이템이 있는 게임을 만들어 왔다고 하였다. 물론 Hopson은 단순히 고전적 행동주의 심리학이 현대의 인간 행동을 총체적으로 설명할 수 없으며, 모든 게임은 플레이어가 특정한 방식으로 반응하도록 요구할 뿐이라고 옹호하였다.

게임을 만드는 사람이 강화계획까지 생각하면서 게임 시스템을 만들까라는 생각이 들 수도 있다. 그러나 대규모의 성장을 계속하고 있는 게임 업계에 다양한 전문가가 투신하고 있는 이때 행동주의를 게임 시스템에 적용하는 것이 그렇게 어려운 일일까? 그리고 이렇게 만든 시스템은 게임 과몰입과 어떤 연관성이 있을까?

앞에서 다루었던 알레아(운) 시스템은 단순히 도박만을 뜻하는 것이었다. 그러나 현대의 온라인 게임은 다양한 심리학 이론과 알레아 시스템을 융합하여 더욱 많은 도박의 형태와 과몰입의 형태를 창출하였다. 지금 여러 온라인 게임이 채용하고 있는 아이템 뽑기 시스템과 아이템 강화 시스템은 과연 어떤 방법을 사용하고 있는가? 게임 이용자를 과몰입으로 몰고 가고 있지는 않은가? 이러한 오해를 받고 싶지 않다면 업계 스스로 시스템에 대한 윤리적인 기준을 만들고 지켜야 할 것이다.

7. RTS 게임을 통해 알아보는 게임과 욕망의 관계

실시간 전략 시뮬레이션이라고도 부르는 RTS(real time strategy) 게임은 게임 이용자가 전쟁 또는 전투를 앞둔 지도자나 사령관이 되어 자신이 세운 전략이나 전술을 이용하여 자원, 병사, 또는 유닛을 이용하고 적절히 배분하여 승리하는 것이 목표인 게임이다. 〈스타크래프트〉를 대표적인 예로 들 수 있는데, 배틀넷(Battle.net)에서 시작된 타인과의 전투는 기존 인공지능과의 전략 시뮬레이션 게임이 아닌 나 자신과 타인의 지적인 전략/전술 능력 대결의 장이라는 측면에서 매력 요인을 가지고 있다. 또한 판타지 세계를 배경으로 한 RTS인 〈워크래프트〉, 현대전을 다룬 〈커맨드앤컨커〉 시리즈 등도 실시간 전략 시뮬레이션의 대표작이다.

　그렇다면 실시간 전략 시뮬레이션의 매력은 무엇일까? 바로 자신의 지적인 우월성을 공개하는 자리를 제공한다는 것이다. 실시간 전략 시뮬레이션은 제한된 시간과 자원을 바탕으로 어떻게 병사를 만들어 내고 어떤 전술로 적의 허를 찌르는가를 겨루는 게임이다. 이때 필요한 것은 정확한 판단력과 손의 움직임, 그리고 상대를 능가하는 전술 운용이다. 승리하면 내가 상대보다 우월한 것이고, 패배하면 운이 나쁜 탓이다. 이런 게임 이용자의 심리는 실시간 전략 시뮬레이션에 지속적으로 빠져들게 만든다.

　그런데 게임 이용자들은 왜 이렇게 타인과의 경쟁과 승리에 집착하는 것일까? 그 배경의 일면을 알기 위해서는 인간의 욕망 충족에 대해 살펴보아야 할 것이다.

　미국의 심리학자 Maslow는 인간의 욕구를 다섯 가지 단계로 나누고 여기에 '등급'을 매겨 인간의 욕구가 어떤 다른 욕구에 의해 지배를 받는지 그림 6.3과 같은 욕구 5단계(hierarchy of needs) 이론을 제시하였다(윤정일 외, 2007). 인간은 맨 아래의 생리적 욕구가 충족되면 그다음 안전의 욕구 등 좀 더 상위의 욕구를 충족하려고 단계를 밟아 올라간다. 그러나 하부의 욕구가 위협을 받으면 상위의 욕구 추구가 중단되고, 위협받은 욕구의 충족으로 다시 돌아가게 된다. Maslow

---

그림 6.3　　Maslow의 욕구 5단계(왼쪽)와 게임에서 이용하는 내용(오른쪽)

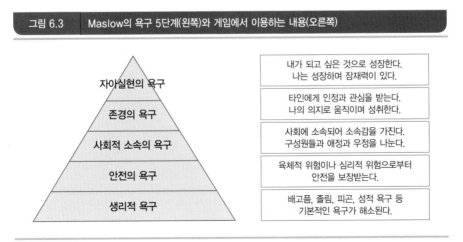

의 욕구 5단계는 특히 온라인 게임에서 자주 언급되는 것으로 다음과 같은 설명이 가능하다.

현대 사회의 청소년은 기본적으로 생물학적, 안전, 사회적 소속의 욕구를 어느 정도 충족하고 있다. 그러나 청소년의 존경과 자아실현에 대한 욕구 충족은 턱없이 부족한 편인데, 이 욕구 충족의 부족분을 온라인 게임이 채워 주는 것이다. 현실의 사회적 위치와 인간관계가 불안정하고 미약한 데다가 자신의 능력 또한 인정받지 못하는 청소년들에게 있어 온라인 게임의 세계에서 영웅도, 전사도, 세계를 구하는 구원자도 될 수 있는 아바타는 그야말로 꿈의 실현이다. 이런 모습을 통해 게임 속의 자신이 타인들에게 인정과 존경을 받는다는 것을 알게 되면 청소년은 게임에 빠져들 수밖에 없다.

반대로 게임이 끝나고 현실로 돌아오면 다시 초라한 자신을 발견하고, 현실보다는 게임이 더 매력적이고 가치 있다는 생각이 들게 된다. 이러한 대리 자아로서의 게임 캐릭터를 통해 욕구를 충족하는 것은 현대 사회의 청소년에게 쉽게 찾아볼 수 있는 모습이며, 이때 느끼는 쾌감과 충족감은 게임 과몰입으로 더욱 이끄는 요인이 된다.

게다가 가상세계는 익명성이 보장된 것처럼 보이는 세계이다(실제로는 대부분 추적이 가능하다). 현실 공간에서 할 수 없는 일들을 자유롭게 할 수 있으며, 게임 속에서는 범죄를 저지르고도 성공적으로 도망치기만 하면 벌을 받지 않는다. 이는 청소년에게 현실에서 억눌린 욕구를 해소할 수 있는 기회를 제공할 뿐만 아니라 최소한의 비용으로도 언제든지 현실에서 금지된 일을 반복할 수 있다는 매력이 있다. 이런 자극적 재미는 다른 놀이 문화에서는 찾기 힘든 매우 특이한 요인이다. 그러나 이 모든 욕구 충족이 단순히 미미크리(모의) 게임 시스템의 가상세계 질서라는 것을 무시해서는 안 된다. 게임 속에서 환호받는 게임 이용자는 현실에서 인정받지 못하는 꿈을 게임 속에서나마 충족하는 것 같겠지만 반드시 그런 것만은 아니다.

박현숙 등(2007)의 연구는 현실의 자신을 존중하지 않고 스스로 비하하는 경향을 가질수록 인터넷 게임 중독에 빠질 가능성이 더 크다는 것을 밝혀냈으며, 이는 자기존중감이 낮아질수록 게임 중독이 심해진다는 부성혜(2009)의 연구와도 연결된다. 한혜경과 김주희(2007)는 게임 중독자의 온라인 게임 중독 정도와 현실 부적응 수준에 영향을 미치는 것은 현실 공간에서의 자아정체감이라는 것을 알아냈다. 또한 가상 공간의 자아정체감은 독자적인 영향력을 미치지 못하고 현실 공간의 정체감과의 관련성을 통해 간접적인 영향만을 줄 수 있다고 한다.

이는 온라인 게임에 과몰입되어 현실 부적응 수준이 높은 게임 과몰입자는 현실 공간의 자신에 대한 인식뿐만 아니라 가상 공간을 탐닉하는 와중에도 여전히 자신에 대한 인식이 부정적임을 스스로 인지하고 있다는 것을 의미한다. 현실에서의 부적응에 울적해진 게임 과몰입자는 게임 속의 화려하고 모두에게 인정받는 아바타를 지켜보면서도 울적할 뿐인 것이다.

8. AOS 장르를 통해 알아보는 시간 왜곡 현상

AOS(aeon of stripe) 장르는 처음 들어 본 독자가 많겠지만 〈리그오브레전드〉 또는 〈롤〉이라고 하면 금방 이해가 될 것이다. AOS 장르는 독자적인 장르라기보다는 실시간 전략 시뮬레이션의 MOD(게임 변형 재생산)에서 파생된 것이지만, 앞에서 다루었던 FPS 장르와 유사하게 매우 거대해져서 독자적인 장르로 독립한 경우라고 할 수 있다. AOS의 초기 대표작은 〈카오스〉(워크래프트3의 MOD)와 〈도타〉이고 지금은 〈롤〉로 대변되는 인기 장르로 청소년뿐만 아니라 성인 남성들에게도 엄청난 인기를 끌고 있다.

AOS 장르의 규칙은 간단히 말해 실시간 전략 시뮬레이션과 유사한 미션 맵을 배경으로 한정된 유닛을 얼마나 잘 운용하는지, 그리고 동료들과의 협업이 얼마나 잘 이루어지는지가 승부를 가른다. 그런데 AOS 장르를 즐기는 청소년과 성인이 공통적으로 말하는 현상이 있다. 바로 게임을 하는 동안 시간이 얼마나 흘

렀는지 모른다는 것인데, 이를 '시간 왜곡 현상'(최문기 외, 2010)이라고 부르기도 한다.

이 현상의 원인은 아직까지 정확하게 밝혀지지 않았으나, Wood 등(2007)은 게임이 복잡하거나, 게임에 대한 몰입이 강력하거나, 목표 달성이 확실하거나, 다른 게임 이용자와의 교류가 강한 게임에서 나타난다고 하였다. 또한 해당 게임을 오랫동안 즐겨 온 게임 이용자일수록, 게임의 장르가 장시간의 재미를 제공할수록 게임 속의 시간이 느리게 흐른다고 느낀다는 김세영과 한광희(2000), 최문기 등(2010)의 연구 결과도 있다.

이런 경험은 게임을 하면서 몰입(flow) 상태에 빠질 때 일어난다고 보는 입장(Chou & Ting, 2003)도 있는데, 몰입의 경우 시간을 인지하는 주의력을 적게 할당하기 때문에 시간 감각을 잃거나 왜곡해서 인지하게 된다는 것이다. 이러한 주의력의 측면에서 게임 이용자의 게임 행동을 살펴보자.

게임 이용자는 자신이 가지고 있는 주의력을 게임 내용뿐만 아니라 시간의 흐름이나 주변 사람들의 대화, 전화벨 소리 등의 다양한 외부 자극을 인식하는 데 사용할 것이다. 그런데 〈롤〉과 같은 AOS 게임은 게임의 경쟁 시스템과 지속적인 이벤트 생성 등이 효율적으로 배치되어 있어 게임 이용자의 주의력을 거의 모두 사용하게 만든다. 이때 게임의 진행 속도와 유닛의 컨트롤 반응 등을 위해서는 상당히 많은 게임 시간을 소모해야 하는데, 게임 이용자의 주의력이 게임에 모두 투입되기 때문에 자신이 얼마나 게임을 했는지 시간을 의식할 주의력마저 모두 게임 진행에 사용해야 하고, 이는 시간 흐름을 왜곡해서 인지하는 원인이 되는 것으로 보인다.

하지만 아직까지 게임 과몰입에 빠졌을 때 시간 감각의 상실이나 왜곡 현상이 일어나는 기제에 대해 확실하게 밝혀진 바는 없다. 한편 확실한 것은 많은 게임 과몰입자들이 게임을 하는 데 엄청난 시간을 들이면서도 그 시간을 아주 짧게 느낀다는 것, 그리고 이러한 시간 왜곡 현상에 의존성까지 가질 수 있다는 것이다 (Rau et al., 2006). 즉 이런 시간 흐름에 대한 감각을 잃어버리는 증상이 게임에 깊이 빠진 게임 중독자에게는 즐겁고 긍정적인 경험(Wood et al., 2007)이면서 게임을 하는 이유 중 하나가 된다(Tobin & Grondin, 2009).

이러한 연구 결과로 보았을 때 시간 감각을 잃게 만드는 원인은 두 단계로 구성된다고 예측할 수 있다. 초기에는 게임의 재미있는 요인이 반복적으로 제시되면서 이를 수용하기 위해 시간을 망각하는 외적 요인 단계가, 후기에는 스스로 시간을 인식하지 못할 정도로 과몰입에 빠지는 내적 요인 단계가 복합적으로 영향을 끼치는 것이다.

게임 연구가로서의 개인적인 의견을 말하라면 AOS 장르, 특히 〈롤〉과 같은 게임은 네 가지 놀이 형태인 아곤, 알레아, 미미크리, 이링크스의 요소를 모두 게임 시스템 속에 적절히 융합하고 청소년들이 선호하고 과몰입될 만한 부가 시스템을 잘 집어넣은 명작 게임이라고 평가할 수 있다.

9. 참여를 통해 정해진 결과를 바꾸는 스포츠 게임

스포츠 게임은 야구와 축구 등 우리가 알고 있는 거의 모든 스포츠를 컴퓨터 게임으로 옮긴 것이다. 모든 컴퓨터 게임은 컴퓨터 시뮬레이션을 기반으로 한다고 생각하면 컴퓨터 게임의 근본을 이해하기 쉬운데, 특히 스포츠 게임은 선수들의 데이터를 기본으로 가상 경기를 시뮬레이션하기 때문에 컴퓨터 시뮬레이션적인 요소가 강하다. 실제 스포츠의 박진감과 현실감을 최대한 구현하면서도 아곤 게임 시스템인 타인들과의 경쟁을 집어넣어야 하고, 알레아를 끌어들여 행운과 같은 기회도 만들어 주어야 한다. 그리고 이링크스의 성격을 가진 특수효과와 떠나갈 듯한 응원의 함성을 넣어 현실감을 높인다.

그러나 가장 중요한 것은 미미크리(모의) 경기 내용 자체이다. 현실에 존재하는 선수들이 실제 그대로의 얼굴로 게임에 나타난다. 시뮬레이션이기 때문에 실제 능력치의 근삿값이 반영되어 지구력, 근력, 전투력 등이 게임 속에서 발휘된다. 말 그대로 시뮬레이션인 스포츠 게임은 각 세부 수치가 입력된 상태에서 정해진 결과를 볼 수밖에 없다. 이때 게임 이용자가 개입한다. 게임 이용자는 패배할 수밖에 없는 팀을 조종해서 강력한 팀을 상대한다. 오랜 게임 시간과 능숙한 조종 실력을 가지고 패배할 게임을 승리로 이끌어 낸다. 즉 이미 정해진 게임의 결과를 자신의 의지로 바꿀 수 있는 것이다.

스포츠 게임의 매력은 바로 자신의 개입으로 인해 정해진 시뮬레이션의 결과를 뒤집을 수 있다는 것이다. 이미 모의된 게임 시스템의 한계를 넘어서는 쾌감은 다른 장르의 게임보다 더 강한 과몰입을 제공한다. 게다가 자신이 원래 좋아하는 스포츠라면 정도가 더욱 심해진다.

10. SNG를 통해 알아보는 커뮤니티와 소셜네트워크[7]

SNG(social network game, 소셜네트워크게임)는 SNS(social network service)의 커뮤니티적 장점과 게임의 재미를 융합한 서비스이다(김윤경, 2011; 홍유진, 2011). 특히 SNS 플랫폼의 도움을 받아 게임이 진행되도록 만들어져 사용자가 여태까지 확보한 온라인 관계를 이용하여 친밀도를 높일 수 있도록 한 새로운 형태의 사회적 인맥 중시 게임이다(원명주 외, 2012). 이를 위해 블로그, 페이스북, 트위터, 카카오톡, 라인과 같은 SNS와 융합된 경우를 많이 볼 수 있다(내가영, 2010).

특히 온라인 게임과 비교될 수 있는 SNG의 특징은 그 이용 목적이라고 할 수

---

7 필자의 박사학위 논문인 〈SNG의 사용자 만족과 지속적 사용을 위한 영향 요인에 관한 연구〉에서 조사·분석한 내용을 일부 인용하였다.

있다. 온라인 게임은 게임 플레이를 위해 같은 게임을 하는 사람을 커뮤니티로 묶는 데 반해, SNG는 단순히 게임을 위한 용도라기보다는 SNS로 결속되어 있는 사용자 간의 사회적 관계를 증진하는 데 그 중요 목적을 두고 있다.

이처럼 SNG는 기존 게임과 비교하여 전혀 다른 게임 환경을 제공하는데, 사회관계망(social network)으로 연결된 사용자들 간의 상호작용을 촉진하여 게임 내부의 네트워크를 형성하고 확장한 뒤, 이의 도움을 받아 컴퓨터를 상대로 게임을 하거나 온라인의 경쟁자와 대결한다. 여기서 가장 많이 사용되는 게임 소재는 농장이나 커피 전문점과 같이 무언가를 기르고 관리하고 경영하는 것이며, 이때 노동력을 추가로 얻기 위해 카카오톡이나 라인과 같은 메신저를 통해 사회관계망의 친구들에게 도움을 요청하는 방식을 사용한다. 이런 관점에서 SNG는 게임 그 자체의 재미를 추구하기보다는 자신의 게임을 도와줄 수 있는 사람을 찾아 사회관계망(대부분 카카오톡이나 라인 등에 연결된)을 공고히 하고, 사회관계망에 연결된 사람들에게 자신의 성취를 자랑할 수 있도록 만들어져 있다.

그런데 온라인 게임의 '커뮤니티'와 SNG의 '소셜네트워크'에 대한 구분이 필요하다. 온라인 게임의 커뮤니티는 게임 속에서 만난 사람들로 이루어져 있으며, 온라인 게임 커뮤니티의 결성 목적은 해당 온라인 게임의 수행인 경우가 대부분이다. 또한 그 온라인 게임에서 이익이 없어지면 쉽게 해체되며, 가상 공동체에 속하기 때문에 가입과 탈퇴가 자유롭다.

한편 SNG에서 사용하는 소셜네트워크는 이미 오프라인 공동체의 인맥이 연결된 카카오톡이나 라인과 같은 메신저에 등록된 사람들이라는 점에서 SNG보다 먼저 결속된 공동체이다. SNG를 그만두는 경우는 있어도 카카오톡이나 라인의 주소록을 지우기는 힘든 것과 같이, 이미 만들어진 오프라인 공동체에서 해체와 탈퇴를 하기란 매우 어려운 일이다. 소셜네트워크는 현실 공동체를 기반으로 하여 가상 공동체가 부가적으로 확장된 개념이기 때문이다.

그렇다면 게임의 커뮤니티는 어떤 효과를 일으키기 위해 만들어졌을까? 특히

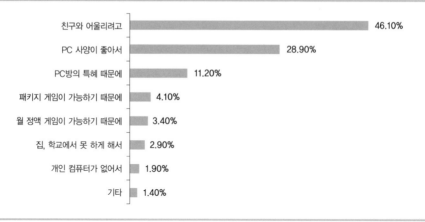

그림 6.4   PC방을 이용하는 이유

친구와 어울리려고	46.10%
PC 사양이 좋아서	28.90%
PC방의 특혜 때문에	11.20%
패키지 게임이 가능하기 때문에	4.10%
월 정액 게임이 가능하기 때문에	3.40%
집, 학교에서 못 하게 해서	2.90%
개인 컴퓨터가 없어서	1.90%
기타	1.40%

* 출처 : 한국콘텐츠진흥원(2013)

청소년에게 게임은 유희의 목적과 함께 친구들과의 친목을 확인하는 수단으로 사용된다는 관점에서 이 문제를 다루어야 할 것이다.

청소년에게 PC방을 왜 이용하는지를 물어본 그림 6.4의 결과에 따르면 대부분의 답변이 '친구와 어울리려고', 'PC 사양이 좋아서', 'PC방의 특혜 때문에'로 모아진다. 같은 게임을 하며 서로 도와주고 경쟁하는 결속력과 동질감은 게임을 하면서 아주 빠르게 맺어지는 중요한 특징이다. 특히 같은 게임이라는 동일 관심사로 만나게 된 사람들은 서로의 실제 신분이나 나이 등을 확인할 필요 없이 게임에서 상부상조하는 관계가 되기 때문에 간편하게 맺어지며, 게임 과몰입 상태로 이전되면 이 커뮤니티의 관계는 가족이나 친지 이상의 끈끈한 관계로 발전한다. 현실 사회에서 인간관계 맺기에 익숙하지 못한 청소년의 경우, 절차가 간편하면서도 자신에게 주는 이익이 극대화되기 때문에 게임 속에서의 관계 맺기를 더 편하게 생각하고 선호하는 것 또한 이런 커뮤니티의 요소가 강화되는 부분이기도 하다.

그렇다면 온라인 게임이 이러한 커뮤니티를 강화할 수 있는 원인은 무엇일까?

이탈을 막으면서도 지속적으로 가입자를 증가시킬 수 있는 효과적인 장치이기 때문이다. 게임을 같이 하던 사람이 갑자기 어떤 이유로 게임을 그만둔다고 가정해보자. 같은 길드나 파티원의 입장에서는 여태껏 믿어 왔던 사람 하나를 잃어버리는 것이고, 다시 믿을 만한 사람을 찾으려면 많은 탐색과 검증의 시간이 소모되므로 차라리 나가려는 사람을 회유하여 붙잡는 것이 더 유리하다.

또한 이런 상황에서 의연하게 대처할 수 있으려면 내가 믿을 수 있는 사람, 특히 동네 친구나 학교 친구를 게임에 끌어들이게 된다. 게임 회사는 이런 점에 착안하여 오프라인상에서 친구를 끌어오면 더 유리한 장치, 믿지 못하는 사람을 게임에 들여놓았을 때는 항상 상대의 배신을 걱정해야 하는 장치를 게임 속에 넣고자 한다. 이런 커뮤니티의 족쇄로 인해 청소년의 온라인 게임 활동은 지속적으로 그리고 규칙적으로 이루어져야 하며, 결국 게임 과몰입의 증상을 점점 심화하는 원인 중 하나가 된다.

∘∘ 맺음말

이 장에서는 게임 과몰입을 일으키는 원인에 대해 선행 연구를 분석한 뒤, 그 원인이 게임의 기본적인 놀이 형태와 어떤 관련이 있고 이것이 어떤 방식으로 과몰입을 일으키는지 알아보았다. 또한 이를 기반으로 대표적인 게임 장르를 살펴보고 그것들이 지닌 과몰입 요인의 쟁점에 대해 분석하였다.

그러나 이 장의 내용적 한계 또한 존재한다. 이 책에서 다루고 있는 인터넷 게임 과몰입의 사례와 내용은 게임 콘텐츠만으로 일어나는 증상이라고 보기 힘들다. 이를 설명하기 위해서는 최소한 개인적인 요인이나 병리적 접근도 있어야 할 것이라고 생각한다. 필자는 이러한 과몰입의 증상을 게임 콘텐츠만의 원인으로 몰아가려는 최근의 사회적 분위기 또한 문제의 핵심을 놓치는 편향된 접근이라고 생각한다.

그러므로 이 장에서는 게임 콘텐츠의 구조적인 특징과 과몰입 요인의 연관성을 통해 게임 과몰입과 청소년 문화의 접점을 찾으려고 하였다. 이 장을 쓰면서 아쉬웠던 점은 더욱 많은 사례, 예를 들어 '수집'과 같은 또 다른 과몰입 요인, 타 게임 장르와의 연관성 등 수많은 게임 분석에 대해 다루지 못했다는 것이다. 이는 향후 계속되는 연구에서 다루고자 한다.

　게임 과몰입에 대한 연구는 아직도 많은 문제점과 논란의 중심에 있다. 게임 과몰입에 대한 연구를 살펴보면 게임 과몰입보다는 다른 이상행동이나 충동조절장애에서 다루어야 하는 것이 일반적으로 보일 경우도 있으며, 뇌 사진을 증거로 하여 게임 중독을 병으로 정의하는 흐름 또한 논리적인 오류가 존재할 가능성이 있다는 연구(Holden, 2001)도 있다. 게임 중독과 관련된 연구는 중독척도를 기반으로 전반적인 내용을 판단하고 있으나, 그것이 과연 그 척도 생성의 기반인 물질 중독과 연결점이 있는지를 찾아야 함에도 불구하고 현재 DSM에 게임 중독을 포함하려는 움직임이 있으며(APA, 2013), 머지않아 포함될 것이 확실해 보인다.

　이런 복잡한 쟁점이 답보 상태인 현 상황에서 해야 할 일은 많고 의문이 계속 제기되며 스마트폰 과몰입까지 겹치면서 게임 과몰입이 점점 복잡한 양상을 띠고

있다. 이런 상황을 어떻게든 함께 해결해 나가고자 이 책을 위해 함께 연구해 주신 전문가들과 필자 또한 열심히 노력하고자 한다. 하지만 무엇보다 게임을 연구하고 제작하는 게임 개발사가 스스로 윤리적인 기준을 정립하고 자율적인 정화 노력에 힘써서 청소년 상담과 여가 선용 지도의 훌륭한 조력자로 나서는 바람직한 움직임이 필요하다.

고영삼 (2012). 인터넷에 빼앗긴 아이. 베가북스.

김세영, 한광희 (2000). "컴퓨터 게임에서의 흥미 관련 요인". 한국인지과학회 2000년도 춘
　　계학술대회 논문집, 209-213.

김양은, 박상호 (2007). "온라인 게임 이용이 게임 몰입 및 중독에 미치는 영향에 관한 연구-
　　이용과 충족 접근을 중심으로". 한국언론학보 제51권 1호, 355-377.

김용영 (2010). "온라인 게임에서 사회적 상호작용이 충만감과 중독에 미치는 영향: 오프라
　　인 의존성의 조절효과". 한국경영정보학회 제12권 3호, 117-139.

김윤경 (2011). "국내 소셜게임 시장 전망". 한국컴퓨터게임학회 논문지 제24권 제1호, 113-
　　123.

내가영 (2010). "모바일 SNS 이용자들의 이용 동기와 만족감에 대한 연구". 서강대학교 대학
　　원 석사학위논문.

류성옥, 이훈 (2013). "청소년의 여가 제약이 게임 중독에 미치는 영향". 관광레저연구 제25
　　권 4호, 289-305.

문성호 (2013). "국내 게임 중독 담론의 역사". 한국컴퓨터게임학회논문지 제26권 1호, 29-
　　35.

박현숙, 권윤희, 박경민 (2007). "청소년의 인터넷 게임 중독 영향 요인". 대한간호학회지 제
　　37권 5호, 754-761.

부성혜 (2009). "청소년의 게임 이용 동기가 게임 중독에 미치는 영향에 대한 중재변인". 한
　　양대학교 대학원 석사학위논문.

서낙원 (2008). "온라인 게임의 특성이 청소년 온라인 게임 중독에 미치는 영향에 관한 연구:
　　지각된 상호작용성과 매개된 실재감을 중심으로". 중앙대학교 대학원 석사학위논문.

심정우, 이재무 (2009). "초등학생들의 게임 요소에 대한 선호도와 게임 중독과의 상관관계
　　연구". 한국게임학회논문지 제9권 2호, 51-58.

원명주, 황민철, 이동엽 (2012). "커뮤니티를 중심으로 소셜네트워크게임(social network
　　game) 사용자의 행동 패턴에 따른 SNG 기능 요소에 관한 연구". HCI 2012 학술대회.

윤정일 외 (2007). 교육행정학 원론. 학지사.

이윤희 (2014). "청소년의 기질과 게임 이용 동기가 게임 몰입과 중독에 미치는 효과". 계명
　　대학교 대학원 석사학위논문.

이재무, 심정우 (2010). "아동의 컴퓨터 게임 중독에 미치는 영향". 한국컴퓨터게임학회논문

지 23호, 237-245.

최문기, 정현일, 한용진, 김지연, 정재범 (2010). "게임의 재미 요소가 주관적 시간 지각에 미치는 영향". 한국컴퓨터게임학회논문지 제3권 21호, 33-40.

한국정보화진흥원 (2010). 인터넷 중독 실태조사. 미래창조과학부, 한국정보화진흥원.

한국정보화진흥원 (2013). 인터넷 중독 실태조사. 미래창조과학부, 한국정보화진흥원.

한국콘텐츠진흥원 정책연구실 (2013). 대한민국 게임백서. 문화관광부, 한국콘텐츠진흥원.

한국콘텐츠진흥원 정책연구실 (2014). 대한민국 게임백서. 문화관광부, 한국콘텐츠진흥원.

한혜경, 김주희 (2007). "현실 공간과 가상 공간의 자아정체감이 게임 중독과 적응감에 미치는 영향-온라인 롤프레잉 게임 이용자를 대상으로". 한국언론정보학보 통권37호, 342-376.

홍유진 (2011). "SNS와 산업공학 : 소셜네트워크게임(SNG) 현황 및 전망". IE매거진 제18권 1호, 33-37.

American Psychiatric Association (2013). *The Diagnostic and Statistical Manual of Mental Disorders, Fifth Edition* (DSM-5).

Caillois, R. (1958). *Les Jeux et les Hommes*. [이상률 역 (1994). 놀이와 인간. 문예출판사.]

Chou, T. J., & Ting, C. C. (2003). "The role of flow experience in cyber-game addiction". *Cyberpsychology & Behavior*, Vol. 6 Issue. 6, pp. 663-675.

Holden, C. (2001). "Behavioral Addictions: Do They Exist?", *Science, 294*, pp. 980-982.

Lieberman, D. A. *Learning: Behavior and Cognition* (2nd edition). [이관용, 김기중 역 (1996). 학습심리학: 행동과 인지. 교육과학사.]

Rau, P.-L. P., Peng, S.-Y., & Yang, C.-C. (2006). "Time distortion for expert and novice online game players". *Cyberpsychology & Behavior*, Vol. 9 Issue 4, pp. 396-403.

Tobin, S. & Grondin, S. (2009). "Video games and the perception of very long durations by adolescents". *Computers in Human Behavior*, Vol. 25, pp. 554-559.

Wood, R. T. A., Griffiths, M. D., & Parke, A. (2007). "Experiences of time loss among videogame players: An empirical study". *Cyberpsychology & Behavior*, Vol. 10 Issue. 1, pp. 38-44.

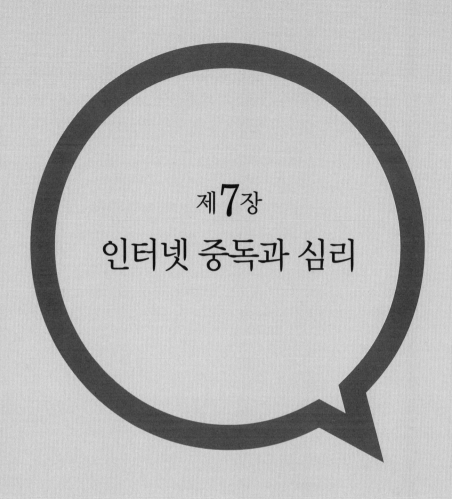

제**7**장

인터넷 중독과 심리

제7장

인터넷 중독과 심리

배성만 ┃ 고려사이버대학교 상담심리학과

°° 시작하는 글

인터넷 중독은 아직 미국정신의학회의 **정신장애진단 통계편람**(*DSM*)에 포함되지 않았지만 최근 DSM-5(2013)에 인터넷게임장애가 참고 진단으로 포함되었고, 2000년 이후 관련 논문이 크게 증가하고 있으며, 향후 공식적인 진단으로 인정받을 가능성이 커 보인다. 인터넷 중독의 문제를 특정 장애의 개념으로 보지 않고 시대적 현상의 하나로 바라보는 일부 임상가와 연구자도 있지만, 적어도 청소년의 경우 인터넷 중독, 게임 중독, 스마트폰 중독 등을 포함하는 행위 중독의 문제는 학업 및 대인관계에 심각한 부작용을 줄 수 있는 문제로 점차 인식되고 있다.

인터넷, 게임 및 스마트폰 사용은 다양한 심리적 문제를 가지고 있는 청소년에게 스트레스 해소와 심리적 보상의 효과를 줄 수 있다. 성인에 비해 상대적으로 자기표현 능력이 부족한 청소년은 익명성이 보장되는 온라인 환경에서 현실에서는 경험하지 못했던 인정, 성취, 관계 욕구 등을 대리만족할 수 있다. 물론 청소년 세대가 온라인 매체의 사용에 능숙하고 이러한 매체가 또래관계에 중요한 매개 역할을 하는 것도 인터넷 사용 문제를 일으키는 중요한 환경일 수 있다.

다른 정신과적 문제와 마찬가지로 인터넷 중독의 문제 역시 단순히 심리적 취약성만으로 설명하기보다는 심리적 · 생물학적 · 사회적 관련 변인을 종합적으로 고려할 필요가 있다. 실제로 인터넷 중독 문제를 보이는 아동 및 청소년의 경우 우울, 충동조절 및 주의력 문제 등을 동반하는 경우가 흔하고, 최근 들어 일부 연구자들에 의해 인터넷 중독의 생물학적 원인을 찾으려는 노력이 지속되고 있다. 따라서 이 장에서는 첫째, 인터넷 중독과 물질 중독의 공통점과 차이점을 분석하고, 둘째, 우울증과 인터넷 중독 간의 상호 관련성에 대해 설명하고, 셋째, 인터넷 중독과 주의력 문제 및 충동성의 관련성을 알아보고, 마지막으로 인터넷 중독과 대인관계의 관련성을 살펴보고자 한다.

1. 인터넷 중독과 물질 중독은 다른가

인터넷 중독과 물질 중독(마약 중독, 알코올 중독, 카페인 중독 등)은 다른 것일까? 인터넷 중독 문제에 대한 이해를 넓히기 위해 기존의 알코올 중독 같은 물질 중독과의 공통점과 차이점을 살펴보는 것은 중요하다. 대중에게 인터넷, 게임, 휴

대전화 중독 같은 행위 중독과 물질 중독은 상당히 다르게 보일 것이다. 그러나 인터넷 중독의 문제는 단순히 심리적 원인에 의한 것만은 아니며 생물학적 요인이 관여할 가능성이 있다. 왜냐하면 다수의 연구에서 생물학적 취약성을 가지고 있는 정신과적 질환과 인터넷 중독의 공존율이 높은 것으로 나타나고 있기 때문이다. 최근 Ho 등(2014)도 인터넷 중독과 정신과적 장애의 공존질환에 대한 메타분석을 실시하였는데, 인터넷 중독은 알코올 남용과 13.3%, 주의력 결핍 과잉행동장애(attention deficit hyperactivity disorder, ADHD)와 21.7%, 우울증과 26.3%, 불안장애와 23.3%의 공존율을 보이는 것으로 나타났다.

이러한 연구 결과에 근거하여 일부 연구자들은 인터넷 중독 문제가 알코올 중독 같은 물질 중독과 유사한 임상적 특성이 있다고 가정하고 연구를 수행하고 있으며, 최근 몇몇 관련 연구가 인터넷 중독의 생물학적 취약성을 시사하는 증거를 밝혀내면서 인터넷 중독 문제를 보이는 사람들의 생물학적 특성을 찾으려는 노력이 더욱 중요해 보인다. 인터넷 중독과 물질 중독의 유사성을 밝히는 데 가장 중요한 변인 중의 하나는 충동성이다. 초기에 인터넷 중독은 충동조절장애의 하나로 정의되었고, 다수의 연구에 의해 인터넷 중독 문제를 가진 사람들에게서 자기조절 및 충동조절 문제가 발견되었다. 김교헌과 최훈석(2008)도 인터넷 중독의 문제를 지속적인 자기조절 실패로 보았으며, 인터넷 사용의 자기조절 실패가 반복되면서 인터넷 사용에 대한 금단과 내성이 생기기 쉽고, 이러한 금단과 내성을 해소하기 위해 인터넷 사용에 더욱 집착하게 된다고 주장하였다.

충동조절장애의 주요한 특성 중 하나로 반응 모니터링(response monitoring)[1]을 포함한 실행 기능의 문제를 들 수 있는데, 이러한 실행 기능의 결핍은 알코올 중독 같은 물질장애의 특징 중 하나로 알려져 있다. 따라서 인터넷 중독군을 대상으로 반응 모니터링을 포함한 실행 기능을 살펴보는 것은 물질 중독과의 유사성

---

1 자신의 행동을 관찰하고 통제할 수 있는 능력을 말한다.

을 밝히는 데 기여할 수 있다. 최근 Erikson flanker task[2]를 하는 동안 ERP(event-related potential)[3]를 측정한 Zhou와 Zhu(2013)의 연구에서 인터넷 중독 집단이 통제집단에 비해 오류 비율이 더 높았고, 오류 반응(error response)에 대한 ERP amplitudes가 감소하였다. 이러한 결과는 인터넷 중독 집단의 반응 모니터링 기능 결핍을 시사한다.

또한 인터넷 중독 문제를 가진 사람들이 그렇지 않은 사람들에 비해 우울, 불안 수준이 높은 것으로 나타나 기분장애와 관련이 있는 도파민(dopamine)[4], 세로토닌(serotonin)[5], 노르에피네프린(norepinephrine) 수준과의 관련성을 보여 준다. 실제로 최근 Zhang, Jiang, Lin, Du와 Vance(2013)의 연구에서 인터넷 중독 집단이 통제집단에 비해 노르에피네프린 수준이 유의하게 낮은 것으로 나타났다. 그러나 도파민과 세로토닌 수준은 두 집단 간에 차이가 없었다.

아직은 인터넷 중독의 생물학적 취약성과 특성을 밝힌 연구가 매우 부족하지만, 물질 중독에서 밝혀진 생물학적 특성이 인터넷 중독 문제를 가진 사람들에게도 나타날 가능성이 있다. 왜냐하면 우울증, 불안장애, ADHD 등 생물학적 취약성을 가진 질환과의 공존율이 높고, 인터넷의 과다 사용이 인간의 다양한 심리적 취약성(예 : 외로움, 대인관계 친밀감의 결여, 좌절된 성취와 인정 욕구)에 대한 보상행동과 보상에 대한 생물학적 민감성(예 : 도파민 수용기)의 상호작용에 의해 가속화될 수 있다는 주장이 설득력을 얻고 있기 때문이다(김교헌 · 최훈석, 2008).

인터넷 중독과 물질 중독의 생물학적 특성의 유사성을 밝히는 노력은 인터넷

---

2 특정 상황에서의 부적절한 반응을 억제하는 능력을 측정하는 인지검사 중 하나이다.

3 인간의 뉴런 활동을 측정하는 지표 중 하나로 특정 자극에 반응하는 뇌에서 발생하는 작은 전압 (voltage)을 말한다.

4 대표적인 신경전달물질 중 하나로 인간의 에너지 생성과 관련되며, 도파민 분비가 과다하거나 활 발하면 조울증이나 조현병(정신분열증)을 일으킬 수 있고 도파민 분비가 줄어들면 우울증을 유발 할 수 있다.

5 대표적인 신경전달물질 중 하나로 행복한 기분, 정서적 안정과 관련된다. 이 물질의 분비가 줄어들 면 우울증을 유발할 수 있다.

중독의 이해를 넓히고 효과적인 개입을 계획하는 데 매우 중요한 일이다. 또한 인터넷 중독의 생물학적 특성에 대한 증거가 충분히 밝혀진다면 인터넷 중독의 문제를 단순히 생활 습관의 문제나 심리적 자기조절의 문제로 보는 시각을 확대하여 심리적 취약성과 생물학적 취약성의 상호작용에 의해 발생하는 문제로 이해하는 것이 더 바람직할 것이다.

2. 인터넷 중독과 우울의 관계

– 우울이 인터넷 중독의 원인인가, 아니면 인터넷 중독이 우울을 야기하는가

인터넷 중독의 위험 요인과 예측 변인을 탐색하는 연구가 지속되면서 우울은 인터넷 중독의 대표적인 위험 요인 혹은 예측 변인으로 인식되고 있다. 그런데 단순히 우울이 인터넷 중독의 원인이라는 관점에 의문을 제기한다. 왜냐하면 인터넷 사용 문제가 지속되면 우울 경험이 증가한다고 가정할 수 있기 때문이다. 우울이 인터넷 중독의 원인인지, 아니면 인터넷 중독으로 인한 결과인지는 치료적 측면에서 중요한 문제가 될 수 있다.

우울감이 높은 사람들은 외로움과 공허감을 빈번하게 경험하며 대인관계에서 위축되고 상호작용이 줄어들면서 인간의 기본적인 욕구인 타인과의 정서적 친밀감을 충분히 느끼지 못한다. 정서적 친밀감의 결핍은 다양한 방식으로 보상행동을 필요로 하는데, 우울감이 높고 친구들과의 관계에서 정서적 친밀감이 부족할수록 인터넷 채팅, 온라인 게임, 페이스북, 트위터 같은 SNS를 통해 면대면 대인관계에서 경험할 수 있는 대인관계 친밀감을 간접적으로 대리만족할 수 있다.

인터넷 혹은 온라인 환경에서의 간접적인 상호작용은 현실에서의 대인관계 상황에 비해 물리적 접근성이 뛰어나고, 상대적으로 수준 높은 사회적 기술이 요구되지 않는다. 또한 익명성을 바탕으로 실제 자신의 모습과는 다른 대인관계 양상을 보일 수 있고, 현실에서 받지 못했던 관심과 인정을 받을 수도 있다. 이러한 이차적 보상은 이들의 인터넷 활동을 더욱 부추기게 되고, 상대적으로 자기조절 능력이 부족한 청소년의 경우 인터넷 사용에 대한 조절보다는 실패를 반복해서 경험할 수 있다.

한편 인터넷 중독이 심해질수록 대인관계 및 사회적 관계가 위축되면서 우울을 경험할 가능성도 있다. 인터넷 중독은 다른 선행 변인의 영향을 받을 수 있으며, 다수의 연구에서 부모의 양육 태도, 부모와 자녀의 친밀감 같은 부모-자녀 변인이 인터넷 중독의 선행 변인으로 거론되었다(배성만 · 박중규 · 고영삼, 2012; 박중규 · 배성만, 2012). 부모의 양육 태도가 지나치게 통제적이고 비합리적이거나 부모와 자녀 간의 대화가 부족하고 역기능적 의사소통을 보인다면 일상에서 청소년의 스트레스가 가중되기 쉽다. 또한 부모와의 지속적인 갈등은 타인에 대한 신뢰와 믿음을 떨어뜨릴 소지가 크며, 나아가 친구관계에도 부정적 영향을 미칠 수 있다.

청소년은 부모 및 친구와의 지속적 갈등에 따른 스트레스를 해소하기 위한 탈출구가 필요한데, 편리하고 접근성이 뛰어난 인터넷 사용은 이러한 청소년에게 일시적 위안을 줄 수 있다. 나아가 인터넷 사용으로 인한 보상 경험은 상대적으로 자기조절 능력, 충동조절 능력이 부족한 청소년에게는 더욱 강력한 강화(reinforcement)가 될 수 있다. 문제는 인터넷 사용에 대한 자기조절의 실패가 반복되면서 신체 증상과 집중력 저하가 나타나고 학교생활 및 직장생활에 부정적 영향을 미칠 수 있다는 것이다. 나아가 인터넷 과다 사용의 문제가 지속되면서 성적이 크게 떨어지고, 직장에서 중대한 실수가 빈번해진다면 심리적으로 위축되고 자신감이 저하되어 결국 자책, 절망 및 우울감을 경험할 수 있다.

인터넷 중독이 우울에 선행하는가, 아니면 우울이 인터넷 중독에 선행하는가의 논쟁에 대한 답을 구하는 과학적 방법은 종단적 관점에서 두 변인 간의 인과적 방향성의 유의성을 동시에 검증하는 것이다. 그러나 관련 연구는 인터넷 중독군과 정상군 사이의 우울 수준을 비교하거나 한 방향 검증(우울에서 인터넷 중독으로 혹은 인터넷 중독에서 우울로)에만 그치고 있는 실정이다.

최근 인터넷 중독과 유사한 휴대전화 중독 관련 연구에서 전상민(2014)은 청소년의 휴대전화 중독과 우울 간의 관계를 종단적 관점에서 확인하였다. 흥미롭게도 시간이 흐름에 따라 우울이 휴대전화의 중독적 사용에 미치는 영향은 검증되지 않았고, 반면 휴대전화의 중독적 사용이 우울에 유의한 영향을 미치는 것으로 나타났다. 즉 우울이 휴대전화의 중독적 사용의 원인이라기보다는 휴대전화의 중독적 사용이 우울을 야기한다는 것을 시사한다. 배성만(2014)의 연구에서도 초기의 휴대전화 중독적 사용이 시간이 경과한 후의 우울 수준에 영향을 미치는 것으로 나타났다. 현재로서는 종단적 관점에서 인터넷 중독과 우울 간의 인과관계 방향성을 검증한 연구 결과가 거의 없는 상태로 이 논쟁에 대한 단정적 주장은 어려워 보인다. 그러나 전상민(2014)과 배성만(2014)의 연구는 인터넷 중독이 우울을 야기할 수 있음을 시사하며, 향후 반복적인 확인이 필요해 보인다.

인터넷 중독이 우울에 영향을 미치는가, 아니면 우울이 인터넷 중독에 영향을 미치는가의 문제는 인터넷 중독의 예방과 개입을 계획하는 데 중요한 문제가 될 수 있다. 즉 인터넷 중독이 우울에 영향을 미친다면 건전한 인터넷 사용이 청소년의 우울증을 예방하는 방법으로, 가정과 학교에서 올바른 인터넷 사용에 대한 지속적인 교육이 더욱 중요해진다. 반면 우울이 인터넷 중독의 원인이라면 인터넷 중독 문제를 보이는 청소년과 성인의 우울 수준을 파악하는 것이 중요하며, 우울의 경중에 따라 인터넷 중독 문제의 개입도 차별화할 필요가 있다. 즉 경미한 수준의 우울감이라면 인지행동, 마음챙김 명상치료, 동기강화 치료 등을 통해 초기에 우울감을 완화할 수 있으나, 중증 이상의 우울감이라면 우선적으로 약물치료를 고려할 필요가 있기 때문이다.

3. 인터넷 중독, 주의력 문제 및 충동성의 관계

– 남학생과 여학생의 인터넷 중독 비율과 관련이 있는가

왜 남학생의 인터넷 중독률이 여학생보다 3~4배 이상 높은 것일까? 흥미롭게도 이러한 현상은 최근 부각되고 있는 스마트폰 중독률과는 차이를 보인다. 스마트폰 중독률은 남녀 차이가 없거나 오히려 여성이 남성보다 더 높다는 조사도 있다(한국정보화진흥원, 2013). 이러한 현상을 이해하기 위해서는 인터넷 사용과 스마트폰 사용의 특성을 살펴볼 필요가 있다. 즉 스마트폰의 경우 전화 통화, 문자, SNS같이 타인과의 상호작용과 관련된 사용이 높은 반면, 인터넷은 정보 검색, SNS뿐만 아니라 온라인 게임 사용이 매우 큰 비중을 차지한다. 특히 인터넷 사용 문제를 가진 사람들의 약 60% 이상이 주로 게임을 위해 인터넷을 활용하는 것으로 나타났다(한국정보화진흥원, 2013).

기질적으로 남학생은 여학생보다 자극 추구(특히 시각적 자극) 경향성이 더 강한 것으로 나타났으며(신미·유미숙, 2010), 이러한 특성 탓에 온라인 게임같이 다양한 시각적 자극을 제공하는 인터넷 환경에 남학생이 더 몰입할 가능성이 높은 것으로 보고되고 있다. 한편으로는 인터넷 중독률의 남녀 차이를 인터넷 중독의 하위 영역별로 설명하는 것이 더 정확할 수 있다. 예를 들어 남학생은 여학생보다 인터넷 게임 영역에서 중독률이 월등히 높은 것으로 나타나고, 온라인 커뮤니케이션의 경우 남녀 학생 간에 중독률이 비슷하거나 여학생이 남학생보다 더 높은 것으로 나타났다. 비슷한 맥락에서 휴대전화 사용 문제의 경우, 온라인 게임을 통해 성취와 인정을 추구하는 것보다 상대적으로 사회적 소통을 더 중요시하는 여학생의 중독률이 더 높을 수 있다.

남학생이 여학생보다 인터넷 게임 중독률이 크게 높은 것은 인터넷 중독과 주의력 결핍 과잉행동장애의 공존율이 높은 것과도 관련될 수 있다. ADHD로 진단받은 아동은 부주의, 과잉행동 및 충동적인 특성을 보이는데, 정확히 말하면 이러한 아동이 모든 수행에서 주의력 저하를 보이는 것이 아니라 과제의 선호와 특성에 따라 주의력 편차가 매우 크다. ADHD는 남학생의 비율이 여학생보다 4~5배 이상 높은 것으로 나타났으며(DSM-5, 2013), ADHD 아동은 시각적 자극에 더욱 몰입하는 경향이 있고, 실제로 지능검사에서 시각-운동 협응 및 시공간적 주의와 관련이 높은 '토막 짜기' 수행에서 우수한 수행을 보이기도 한다.

ADHD 아동의 부모는 자녀가 3~4시간 이상 게임에 집중할 수 있어 주의력에 큰 문제가 없다고 생각하지만, ADHD 아동이 몇 시간 이상 게임 같은 시각적 자극에 몰입할 수 있다고 해서 주의력이 양호하다고 할 수는 없다. ADHD 아동은 인내력과 지속적 주의력을 요하는 학업 성취나 대인관계 상황에서는 부주의하고 충동적인 행동을 보인다. 이러한 양상은 시각적 자극에 대한 민감성이 낮은 아동 및 청소년이 게임 같은 시각적 자극에 더 몰입하게 되고 나아가 인터넷 중독, 게임 중독 등의 문제를 발생시킬 수 있음을 시사한다. 각 매체별 중독률의 성별 차이는 특정 매체의 중독을 이해하는 하나의 지표가 될 수 있다. 즉 남학생이 여학생보다 인터넷 중독률(특히 인터넷 게임 중독률)이 더욱 높은 것은 기질적으로 남학생이 여학생보다 시각적 자극에 더 민감하게 반응하는 것과 관련이 있어 보인다.

충동조절에 어려움이 있는 ADHD와 인터넷 중독 간에 공존율이 높은 것은 인터넷 중독 문제를 가진 청소년 역시 이러한 문제를 공유하고 있을 가능성을 시사한다. 충동성을 측정하는 대표적인 자기보고식 척도인 BIS(Barratt Impulsivity Scale)는 충동성을 세 가지 유형으로 구분하고 있다. 첫째, 인지 충동성은 복잡한 문제를 생각하는 데 쉽게 싫증을 내고 다른 생각에 의해 방해를 받는 것이다. 둘째, 운동 충동성은 자신의 행동을 통제하기 힘들고 계획 없이 행동하는 특성이다. 셋째, 무계획 충동성은 한 가지 일을 끝까지 마무리하지 못하고 다른 일을 시작하는 특성을 말한다.

BIS가 내현화된 충동성을 측정하는 데 비해 지연 디스카운팅 과제(delay discounting task)는 외현화된 충동성을 측정하는 도구이다. 지연 디스카운팅 과제의 경우 실험 참가자에게 즉각적 보상과 지연 보상을 선택하게 하는데, 지연 보상을 더 빨리 포기하고 즉각적인 보상을 선택할 때 외현화된 충동성 성향이 크다고 가정할 수 있다.

인터넷 중독과 충동성 관련 연구를 살펴보면, 인터넷 중독 문제를 가진 사람들이 그렇지 않은 사람들에 비해 충동성이 더 높은 것으로 나타났다(Cao, Su, Liu, & Gao, 2007; Kim, Kim, Ku, & Kim, 2008). 그러나 대부분의 관련 연구가 자기보고식 측정에 의존하여 충동성을 평가했는데, 이러한 시도는 내현화된 충동성만을 측정하는 것이어서 한계가 있다. 최근 김지경, 곽호완, 장문선, 구본훈(2012)의 연구에서는 인터넷 중독의 잠재 위험군과 건전한 사용군을 대상으로 충동성 지연 디스카운팅 과제와 충동성 자기보고식 척도를 실시하였다. 연구 결과 두 과제 모두 집단 간에 차이를 보였다. 이러한 결과는 인터넷 중독 경향성이 높을수록 충동성 경향이 높음을 시사한다(전혜연·현명호·전영민, 2011).

한편 충동성 성향이 높은 사람들이 인터넷 중독에 빠지기 쉬운 것인지, 아니면 과도한 인터넷 사용이 개인의 충동성 성향을 높이는 것인지에 대해서는 의견이 다양하며, 향후 지속적인 관련 연구가 필요해 보인다. 또한 인터넷 중독의 하위 유형에 따라 충동성에 차이가 있는지에 대한 탐색도 인터넷 중독의 이해를 높이는 데 필요하다.

이러한 특성 때문에 인터넷 중독 청소년을 교육할 때 부주의하고 충동적인 특성을 고려하는 것이 중요하다. 즉 주의력 편차가 크고 충동적인 아동 및 청소년을 교육할 때 교육 및 학습 시간을 몇 차례에 걸쳐 짧게 계획하고, 상대적으로 주의력과 자기조절이 용이한 오전 시간에 어려운 과제 수행을 계획하는 것도 도움이 될 수 있다.

4. 인터넷 중독과 대인관계 문제

– 친구관계와 대인관계의 만족도가 낮을수록 인터넷 중독 문제가 증가하는가, 아니면 친구나 대인관계 상호작용이 많을수록 중독적 인터넷 사용이 증가하는가

청소년에게 인터넷 사용은 친구관계를 유지하는 중요한 수단이 될 수 있으며, 친구가 많고 상호작용이 빈번할수록 트위터, 페이스북 같은 SNS 활동이 더 활발해질 수 있다. 그렇다면 친구가 많고 타인과의 상호작용이 빈번할수록 인터넷 사용 문제를 보일 가능성이 클까? 일부 연구에서는 친구가 많고 타인과의 상호작용이 활발할수록 인터넷 사용 시간이 더 증가하여 문제가 된다고 제안했으나, 이러한 해석은 결과를 단순하게 이해한 것일 수 있다. 그보다는 친구관계의 만족도가 인터넷 중독에 미치는 영향을 탐색하는 것이 더 중요해 보인다.

친구가 많고 타인과의 상호작용이 빈번하다고 해서 대인관계의 만족도가 높고 정서적 친밀감의 경험이 더 많을 것이라고 단정할 수 없다. 또한 인터넷 사용 시간이 인터넷 문제를 평가하는 하나의 지표일 수는 있으나, 단순히 인터넷 사용 시간이 많다고 해서 인터넷 중독이라고 단정할 수 없다. 실제로 학생들 중에는 인터넷 사용에 상당한 시간을 소비하지만 친구관계 및 학업 성취가 양호한 경우가 많다. 또한 인터넷 사용 시간보다는 어떻게 인터넷을 활용하는가의 문제가 더 중요할 수 있다. 즉 정보 검색, 학습과 관련하여 상대적으로 많은 시간 인터넷을 사용하는 것보다는 온라인 게임이나 SNS를 위해 많은 시간 인터넷을 사용하는 것이 인터넷 중독 문제를 야기할 가능성이 크다.

관련 연구에서 대인관계의 만족도가 낮을수록 인터넷 사용 문제가 크다는 주장과 친구가 많고 타인과의 상호작용이 빈번할수록 인터넷 사용 문제가 더 크다는 의견이 상반되어 보이지만(김명희, 2004; 이민형, 2008), 실제로 친구관계 혹은 대인관계의 만족도와 인터넷 중독 정도를 측정한 다수의 연구에서는 대인관계의 만족도가 높을수록 인터넷 사용 문제도 낮은 것으로 나타났다(이진영, 2006; 임진형, 2006).

대인관계의 양상과 만족도는 인터넷 중독과 관련하여 특히 중요한 요인으로 여겨진다(Sullivan, 1953). 온라인 환경에서는 익명성을 무기로 다양한 형태의 상호작용이 일어나고 있으며, 특히 최근 들어 젊은 층뿐만 아니라 기성세대까지 SNS의 이용이 폭발적이다. 따라서 과거에는 예상하지 못했던 부정적 상호작용도 발생하는데, SNS상에서 타인을 충분히 배려하지 않고 자신의 입장을 주장함으로써 마음에 상처를 입히고 법적 소송으로 확대되는 경우도 발생하고 있다.

분명한 것은 성격적 취약성과 대인관계 기술의 부족으로 인해 실제 대인관계 상황에서 타인과의 신뢰, 믿음, 정서적 친밀감을 공유하지 못하는 사람들에게는 익명성이 보장된 인터넷 환경에서의 간접적인 상호작용이 매력적인 보상행동이 될 수 있다는 것이다. 물론 SNS의 순기능적인 측면도 있다. 우리는 SNS를 통해 유용한 정보를 신속하게 공유하고 다양한 계층의 목소리를 폭넓게 확인할 수 있다. 그러나 현실에서 경험하지 못했던 타인의 인정과 관심을 SNS 환경을 통해 과도하게 보상받으려는 시도는 분명 부작용을 낳을 수 있다.

우리나라는 세계 어떤 나라보다 인터넷 환경이 발달하여 온라인상에서의 상호작용이 활발하다. 그러나 이러한 변화는 현실에서의 대인관계 상호작용을 축소시키며 편리하고 피상적인 상호작용을 증가시킬 수 있다. 인간은 면대면 접촉을 통해 타인의 감정 상태에 따른 표정을 인식하고 적절한 목소리 톤이나 억양을 학습할 수 있으며, 이러한 경험은 사회 기술의 향상에 매우 중요한 부분이다. 그러나 인터넷 환경에서는 이러한 과정이 생략된다. SNS상에 아무리 많은 팔로워가 있고 이들의 지지를 받는다고 해도 대인관계 만족도나 정서적 친밀감이 높다고 단정할 수 없으며, 온라인상의 상호작용에만 지나치게 의지한다면 실제적인 대인관계 경험이 축소될 가능성이 크다.

정리해 보면, 대인관계의 문제를 가진 사람들은 일종의 보상행동으로 인터넷상의 상호작용에 집착할 수 있으며, 이처럼 온라인상의 상호작용에 지나치게 의존하다 보면 사회적 대인관계의 민감성이 저하되어 대인관계에 서툴러지고 현실의 대인관계가 위축될 수 있다. 인터넷 중독과 대인관계의 문제는 개인과 우리 사회에 시사하는 바가 크다. 우리의 삶에서 대인관계의 중요성은 아무리 강조해도 지나치지 않다. 우리는 타인과의 관계를 통해 자아정체성을 더욱 견고히 하고 타인의 인정과 신뢰를 통해 자존감이 커지며 삶의 만족감을 경험할 수 있다. 한편 우리나라 인터넷 환경의 발달은 면대면 대인관계의 기회를 감소시킬 수 있으며, 그 부작용에 대해 고민해야 할 필요가 있다. 특히 인터넷 사용에 더 많은 시간을 할

애하게 될 우리 다음 세대에게 면대면 대인관계의 중요성을 알려 주고 인터넷 사용의 자기조절 능력을 키울 수 있도록 조기 교육이 중요함을 인식해야 할 것이다.

인터넷 중독을 포함한 다양한 행위 중독의 문제를 이해하기 위해서는 우울, 주의력 문제, 충동성, 대인관계 등의 심리·사회적 요인뿐만 아니라 물질 중독의 특성으로 알려져 있는 생물학적 요인을 종합적으로 검토할 필요가 있다. 특히 대인관계 문제로 인한 정서적 친밀감의 결핍은 인터넷 중독 문제와 관련이 커 보이는데, 대인관계 문제를 가진 남학생의 경우 타인과의 관계에서 경험하지 못한 인정과 친밀감의 욕구를 온라인 게임, SNS 등을 통해 보상받으려는 시도를 할 가능성이 크다. 이러한 현상은 시각적 자극에 대해 민감성이 낮은 남학생의 기질적 특성과 심리적 취약성이 상호작용하여 발생하는 것으로도 이해할 수 있다.

우리 사회가 인터넷 중독 문제에 효과적으로 대응하는 방법은 무엇일까?

첫째, 우리나라의 경우 지난 30년간 출산율이 급격히 감소하면서 한 자녀 가정이 크게 증가하고 있으며 이러한 현상이 가속화될 가능성이 크다. 한 자녀 가정, 핵가족화의 변화는 가정의 교육환경에도 많은 변화를 가져왔다. 개인은 부모 및 형제자매와의 상호작용을 통해 기본적인 대인관계 기술과 관계의 중요성을 배우게 되는데, 한 자녀 가정의 아이는 부모의 과잉보호 환경에 노출될 가능성이 상대적으로 크고, 형제자매와의 상호작용에서 배울 수 있는 대인관계 기술을 배우지 못할 수 있다. 또한 혼자 시간을 보내는 데 익숙해지고 이러한 상황에서 인터넷과 휴대전화는 매력적인 환경이 될 수 있다. 이와 같은 시대적 변화를 국가적 차원의 노력으로 해결할 수 있다면 좋겠지만 현실적으로 이는 쉽지 않은 문제이다.

그렇다면 우리 사회는 어떤 노력을 더 기울여야 하는가? 현실적 대안은 학교에서 대인관계 교육과 인터넷 사용에 대한 교육을 강화하는 것이다. 더불어 국가기관뿐만 아니라 지역사회의 다양한 기관에서 대인관계 훈련과 올바른 인터넷 사용에 대한 교육을 초등학교 저학년 때부터 하는 것이 하나의 대안으로 여겨진다.

둘째, 청소년에게 다양한 놀이문화 환경을 제공하고 지역사회 활동을 독려하는 것이 필요해 보인다. 학생들이 방과 후에 자신이 관심 있는 것에 대해 배우고 공유하는 문화 활동을 하거나 지역사회 기관에서 봉사 등의 활동을 지속적으로 하는 것은 타인과의 정서적 친밀감을 경험하게 하여 지나치게 인터넷 사용에 몰입하는 것을 예방할 수 있으리라 기대된다.

참고문헌

김교헌, 최훈석 (2008). "인터넷 게임 중독: 자기조절 모형". 한국심리학회지: 건강, 13(3), 551-569.

김명희 (2004). 청소년의 휴대폰 사용에 따른 대인관계 성향 및 자기표현의 차이. 고려대학교 교육대학원 석사학위논문.

김혜수, 배성만, 현명호 (2007). "휴대전화 중독 경향성 청소년의 심리, 사회 환경적 특성-공격성, 충동성, 우울, 부모-자녀 관계, 주의집중 문제를 중심으로". 한국심리학회지: 건강 12(2), 383-393.

박중규, 배성만 (2012). "인터넷 사용 동기, 부모-자녀 의사소통 및 심리, 정서적 문제가 초기 성인기 집단의 인터넷 중독에 미치는 영향". 한국심리학회지: 일반 31(2), 419-434.

배성만 (2014). "Data Mining을 이용한 아동 및 청소년의 인터넷 게임 중독의 예측 요인 탐색". 청소년학연구, 21(9) 게재 예정.

배성만 (2014). "중학생의 지각된 부모양육태도, 친구관계 만족, 우울 및 휴대폰 중독적 사용 간의 관계: 다변량 잠재성장 모형 분석". 심사 중.

배성만, 박중규, 고영삼 (2012). "부모-자녀 의사소통과 인터넷 중독과의 관계: 심리, 행동적 문제와 인터넷 사용 동기의 매개 효과". 한국심리학회지: 학교, 9(3), 529-544.

신미, 유미숙 (2010). "청소년 성 발달에 따른 자극추구 성향과 음란매체 접촉 경험 및 반응의 영향력 분석". 청소년학연구, 17(11), 205-225.

이민형 (2008). "중학생의 휴대폰 사용 정도에 따른 충동성, 대인관계, 학교생활 적응의 차이". 경남대학교 교육대학원 석사학위논문.

이진영 (2006). "청소년의 휴대폰 중독에 영향을 미치는 사회환경적 변인과 개인 심리적 변인 탐색". 한국교원대학교 대학원 석사학위논문.

임진형 (2006). "청소년의 휴대폰 중독적 사용에 영향을 미치는 요인에 관한 탐색적 연구: 이천, 여주지역 고등학생을 중심으로". 강남대학교 사회복지전문대학원 석사학위논문.

전상민 (2014). "자기회귀교차지연모형을 이용한 청소년의 휴대폰 과다사용 및 중독적 사용과 우울의 종단관계: 성별 간 다집단 분석". *Family and Environment Research, 52*(3), 301－312.

전혜연, 현명호, 전영민 (2011). "인터넷 중독 성향자의 전두엽 실행 기능의 특징". 한국심리학회지: 건강, 16(1), 117-129.

한국정보화진흥원 (2013). 2013년 인터넷 중독 실태조사.

American Psychiatric Association (2013). *Diagnostic Statistical Manual of Mental Disorders, Fifth Edition* (DSM-5).

Cao, F., Su, L., Liu, T., & Gao, X. (2007). The relationship between impulsivity and internet addiction in a sample of Chinese adolescents. *European Psychiatry, 22*, 466-471.

Ho, R. C., Zhang, M. W., Tsang, T. Y., Toh, A. H., Pan, F., & Lu, Y. et al., (2014). *BioMed Central Psychiatry, 14*, 183-192.

Kim, E. J., Kim, N. K., Ku, T., & Kim, S. J. (2008). The relationship between online game addiction and aggression, self-control and narcissistic personality traits. *European Psychiatry, 23*, 212-218.

Sullivan, H. S. (1953). *The interpersonal theory of psychiatry*. New York: Norton.

Zhang, H. X., Jiang, W. O., Lin, Z. G., Du, Y. S., & Vance, A. (2013). Comparison of psychological symptoms and serum levels of neurotransmitters in Shanghai adolescents with and without internet addiction disorder: A case control study. *PLOS one, 8*(5).

Zhou, Z. & Zhu, H. (2013). An error-related negativity potential investigation of response monitoring function in individuals with internet addiction disorder. *Frontiers in Behavioral Neuroscience, 7*, 1-8.

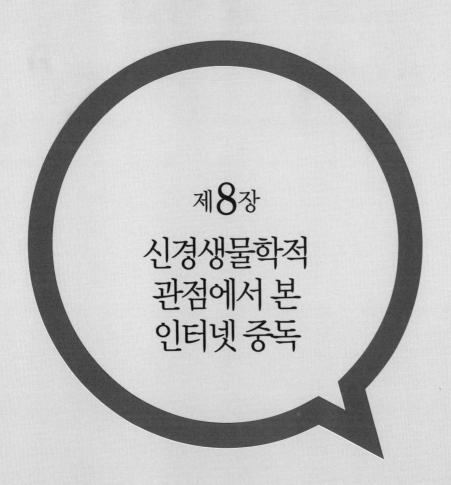

제**8**장

신경생물학적
관점에서 본
인터넷 중독

제8장

신경생물학적 관점에서 본 인터넷 중독

이영식 | 중앙대학교 정신건강의학과

이영식 | 중앙대학교 정신건강의학과

°° 시작하는 글

– 인터넷 중독, 인터넷 게임 중독, 인터넷게임장애

피츠버그대학교의 Kimberly Young은 1996년 주된 컴퓨터 사용 용도에 따른 인터넷 중독의 아형을 ① 정보를 얻는 행위 자체에 몰두하여 정보 수집에 많은 시간을 빼앗겨 실제 업무의 효율이 떨어지고 이로 인해 고통을 받고 조절하려 하지만 매번 실패하는 정보 과다형(information overload), ② 사이버상의 대인관계를 지나치게 추구하여 자신의 현실 상황과는 상관없이 온라인상의 동호회를 만들고 다른 사람들의 개인 홈페이지, 미니 홈페이지를 방문하여 댓글을 달며 참견하지만, 막상 현실 세계에서는 대인관계에 두려움이 많고 서투르기 때문에 가상현실 세계의 인물에 대한 의존도가 높은 사이버관계 집착형(cyber relationship addiction), ③ 의미 없는 웹서핑을 강박적으로 오래 하고 필요 없는 정보까지 검색하는 데 많은 시간을 허비하며 강박적인 온라인 도박, 물건 교환, 과도한 쇼핑이 문제가 되는 웹서핑형(web compusion), ④ 성적인 만족을 위해 가상 공간에서 성적인 대화를 하거나 포르노 동영상을 감상하는 데 지나치게 집착하고 탐닉하여 문제가 발생하는 사이버섹스 중독형(cybersexual addiction), ⑤ 과다한 인터넷 게임 이용으로 금단과 내성이 생겨 이용자의 일상생활에 장애가 발생하는 게임 중독형(computer game addiction)으로 분류하였다. 이 책에서는 이러한 다섯 가지 유형 중에서 가장 사회적 이슈로 떠오른 게임 중독형, 즉 DSM-5(APA, 2013)에서 명시한 인터넷게임장애(internet gaming disorder)에 국한해서 생물학적 관점을 살펴보고자 한다.

미국정신의학회 진단분류 DSM-IV(APA, 1994)에서 충동조절장애(impulse control disorder) 범주에 속해 있던 병적 도박(pathologic gambling) 질환명은 DSM-5(APA, 2013)에서는 도박장애(gambling disorder) 질환명으로 물질 중독과 더불어 물질 관련 및 중독장애(substance related and addictive disorder) 범주로 이적하게 되었다. 그 배경에는 도박 중독에서 보이는 현상, 특히 보상체계(reward system) 형성 과정이 알코올, 코카인과 같은 물질 중독과 유사하다는 뇌신경생물학적 연구 근거가 상당 부분 뒷받침해 주었기 때문이다.

그러나 도박 중독과 유사한 비물질 행위 중독인 인터넷 게임 중독의 경우는 2013년 5월에 출시된 DSM-5에서 인터넷게임장애라는 용어를 사용하고 있으며, 정식 정신과 진단명으로 사용할지는 앞으로 지켜보자는 유보 입장이다. DSM-5 실무진이 이러한 결정을 하게 된 이유는 첫째, 인터넷 게임 문제에 대한 여러 나라의 240개 이상 논문을 살펴본바, 인터넷게임장애는 물질사용장애, 도박 중독과 유사하게 게임에 대한 점진적인 통제력 상실, 내성 및 금단 증상, 일상 기능의 상실이 인정되지만 장애의 기준이 연구자마다 다르며, 이로 인해 병의 빈도가 중국을 비롯한 아시아 국가들과 미국, 유럽 국가 간에 큰 차이를 보인다는 것, 둘째, 10대에 호발하지만 그 후 병의 진행 과정에 대한 장기 추적 연구가 미흡하다는 것이었다. 다만 인터넷게임장애라는 용어를 사용하여 임상적 관심을 가지고 정식 질환명으로 채택할지는 좀 더 지켜보자는 신중한 입장으로 결론이 났다.

1. 인터넷게임장애의 중독 모델 가능성

우리는 '중독(addiction)'이라는 용어가 일상화되어 사용되는 시대에 살고 있다. 정신질환명에 이미 등재된 알코올 중독, 니코틴 중독, 도박 중독과 같은 심각한 중독부터 추후 정신질환명으로 등재될 가능성이 있는 인터넷 중독, 쇼핑 중독, 섹스 중독, 심지어 주변에서 흔히 볼 수 잇는 일 중독(workholic), 여행 중독, 탄수화물 중독, 운동 중독 등 중독이라는 말이 붙은 신조어가 급증하고 있다. 그러나 의학적 용어로 중독을 붙이는 데에는 통제할 수 없는 갈망(craving), 내성(tolerance), 금단(withdrawl), 정신신체적 일상생활 기능의 명백한 손상 기준이 동반되어야 하므로 신중을 기해야 한다.

1990년대 중반부터 일상생활에 장애를 초래할 만큼 인터넷 사용이 심각한 사람들이 출현하면서 이러한 현상을 중독장애, 충동조절장애, 강박장애로 볼 것인지, 아니면 하나의 사회문화적 현상으로 간주할 것인지가 사회적 관심사로 떠오르기 시작하였다. 정신의학자, 심리 전문가, 사회학자 등 다양한 분야의 학자들에 의해 다양한 용어를 사용한 연구가 중국, 한국, 대만 등 아시아 국가와 미국, 유럽 내 일부 지역에서 지난 20년간 진행되었다.

필자가 국내외 학술잡지에 실린 인터넷 중독 관련 논문 252편의 용어를 분석한 결과는 다음과 같다. 우선 일상생활에 지장을 초래하는 비정상적 현상임을 표현하기 위해 '과도한(excessive)/병적인(pathological)/강박적인(compulsive)/문제가 있는(problematic)'이라는 수식어가 붙고, 게임 대상을 지칭하는 용어로 '비디오/컴퓨터/인터넷/온라인' 등이 사용되었으며, 이러한 현상을 어떻게 보느냐에 따라 '사용(use)/장애(disorder)/중독(addiction)'이란 용어의 조합으로 연구자의 견해와 입장에 따라 16개 이상의 다양한 용어가 사용되었다. 이 중 '인터넷 중독'이란 용어는 국내외 연구자의 약 40%가 사용하므로 가장 흔하게 사용하는 용어로 볼 수 있다. 이 외에 일부 게임 중독이란 용어에 저항을 보이는 사람들은 '게임 과몰입'이라는 용어를 사용하고 있다.

한편 2000년 이전에는 청소년 중독 문제의 사회적인 이슈가 본드, 부탄가스 등의 흡입제 사용으로 인한 사고(화상, 추락사), 폭행 사건 등의 범죄 기사였다면, 최근 사회면을 채우는 청소년 중독 문제는 단연 '게임 중독'으로 인한 사고, 범죄 사건이다. 특히 경악할 일은 게임 중독으로 인해 통제력을 잃은 자녀가 이를 말리는 가족을 살해하거나 게임에 빠진 젊은 부부가 아이 양육을 방치하는 존속, 비존속 살인이다.

1990년부터 2013년까지 국내 4개 신문사 기사의 변천 양상을 살펴보면 1990년대 초반에는 청소년의 '흡입제'와 관련된 각종 범죄가 횡행하였고, 특히 1996년에는 그 기사의 수가 절정을 이루었다. 하지만 2000년대 이후에는 '인터넷 중독'과 관련된 사회적 문제가 대두되기 시작하면서 상승세를 보여 2009년 이후에는 매년 흡입제 관련 기사를 웃도는 심각한 문제로 자리매김하였다.

A라는 약물에 중독되었던 청소년이 그 시대의 유행 약물인 B라는 약물에 중독되는 교차 현상은 흔한 것으로 알려져 있다. 하지만 우리나라 청소년 사이에 유행하였던 흡입제 약물 중독 현상이 잠잠해지고 그 시대에 유행한 게임 중독이라는 비약물적 행위 중독으로 바뀐 현상은 의학계에서도 관심 사항이다.

요약하면 인터넷 중독은 국내외 연구자들이 가장 흔히 사용하는 용어이지만 아직 DSM 체계, 국제질병분류(ICD) 체계에서 인정하는 정식 정신질환명이 아니다. 실제 정신과 의사들은 인터넷 게임 문제로 병원을 방문한 사람의 경우 해당 질환명이 없기 때문에 보험 청구를 위해 국제질병분류의 '기타 습관과 충동장애(Other Habit and Impulse disorder)' 질병 코드를 가장 흔히 사용한다. 하지만 DSM-5에서 도박 중독이 충동조절장애 범주에서 중독 범주로 넘어왔듯이 인터넷 게임장애를 설명하는 가장 적합한 생물학적 모델은 충동조절 모델이나 강박 모델이 아니라 중독 모델이 될 가능성이 가장 높다.

2. 중독 모델의 뇌회로

일반적으로 어떤 물질에 중독된 뇌는 그림 8.1과 같이 악순환 고리(vicious cycle)를 맴돌게 된다. 그리고 악순환 고리가 진행되면서 점점 더 강한 자극이 채워져야 그 효과에 만족하게 되는 내성이 생긴다.

2주일 내내 술만 마셔서 입원한 알코올 중독자 A씨의 예를 살펴보자. 직장 상사와 충돌한 후 분노와 좌절, 우울감이 쌓인 상태에서 삼겹살 냄새가 풍기는 술집 골목에 들어선 A씨는 술을 끊겠다는 다짐과 술 먹고 기분이 상승되었던 달콤한 유혹 간의 갈등에 빠지게 된다. 결국 음주 갈망이 단주 결심을 이기고 술을 먹는 행위로 이어진다. 1차, 2차, 3차 점점 더 다량의 술을 먹어야 기분 상승과 불만 분출 해소에 따른 자기만족에 이르게 된다. 음주 후 시간이 지나 혈중 알코올 농도가 떨어지면 초조하여 안절부절못하고 땀을 흘리며 손발을 떠는 금단 증상이 생긴다. 그래서 술 취했을 때의 긍정적인 감정을 떠올리며 술을 찾아 헤매고 결국 다시 음주를 하는 악순환을 밟았다.

이러한 현상을 인터넷 중독 문제로 입원한 B군에 적용하면 다음과 같다. 학교

그림 8.1 | 중독 뇌의 악순환 고리

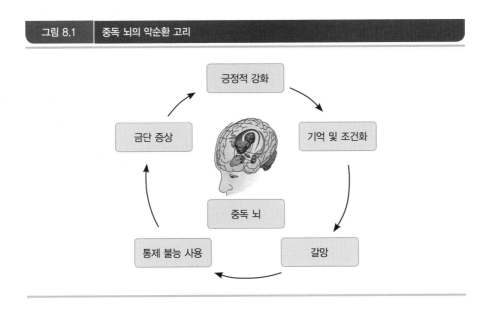

에서 친구들로부터 얼굴, 차림새에 대해 놀림을 받고 찌질하다고 따돌림을 자주 당한 B군은 점차 결석이 잦아지고, 부모가 모두 일을 나가 집에 혼자 있는 시간이 늘면서 온라인 게임에 빠져들게 되었다. 화려한 게임 화면, 음향효과 아래 적을 무찌르는 통쾌함에 매료된 B군은 시간 가는 줄 모르고 밤새 게임을 하고는 아침에 피곤하다, 몸이 아프다는 핑계를 대며 등교를 거부하였다. 문제가 심각하다고 느낀 부모가 게임을 제지하자 순종적이던 B군은 반항을 하기 시작하고 집을 나가 밤늦도록 PC방에서 시간을 보냈다. B군은 점차 게임 레벨이 올라가는 긍정적 보상을 얻고, 자신의 외모나 차림새에 대한 놀림을 받지 않고 게임 세계에서 점차 남들이 인정해 주는 존재가 됨에 따라 더욱 게임에 빠져들었다. 어쩌다 게임을 못할 경우 안절부절못하고 짜증을 내고 무력하고 멍한 표정을 짓고 머릿속에는 게임 장면이 계속 떠오르는 금단 증상으로 인해 부모와의 약속을 깨고 게임할 때의 통쾌한 기억을 되찾고자 PC방으로 달려가곤 하였다. 입원 직전 상태에 대한 어머니의 말을 빌리면 "B군은 단지 사는 목적이 게임을 하는 것일 뿐 머릿속에 다른 것은 아무것도 없는 것 같다."

인터넷 중독의 경우 알코올 중독이나 마약 중독 같은 물질 중독과 관련된 도파

그림 8.2 　도파민 중독회로의 주요 구조물

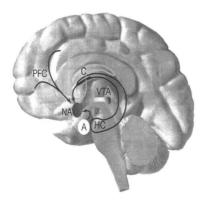

NA ⬅ VTA

PFC prefrontal cortex(전전두피질)
NA nucleus accumbens(중격측좌핵)
VTA ventral tegmental area(복측피개영역)

A amygdala(편도체)
C cingulate gyrus(대상회)
H hippocampus(해마)

민 보상회로, 일명 중독회로와의 연관성이 자주 거론되고 있다(그림 8.2). 복측피개영역, 중격측좌핵을 핵심으로 전두엽의 일부, 대상회, 해마, 편도를 연결하는 도파민 보상회로는 약물 중독 연구에 의해 밝혀졌으나 최근 도박 중독, 인터넷 중독과 같은 반복적인 행위에 의해서도 뇌회로가 변화된다는 것이 알려졌다.

비디오 게임과 같은 목적 지향적인 행동을 할 때 복측피개영역에서 중격측좌핵으로의 도파민 분비가 증가하는데, 이는 쾌락 보상행동을 강화하는 방아쇠 역할을 한다. 해마, 편도체의 경우 긍정적 강화 기억을 떠올리게 하여 갈망 욕구를 증가시키고, 전두엽 대상회와 같은 상층 컨트롤타워는 갈망 욕구를 조정, 통제하는 역할을 한다. 중독된 뇌는 점차 조정, 통제 기능이 상실되고 보다 강한 자극이 주어져야 만족하는 악순환의 고리에 빠지게 된다. 비록 중독성 물질의 섭취가 보상 기전에 훨씬 강력한 영향을 미치지만 도박 중독, 인터넷 중독과 같은 반복적 행위도 중독성 물질과 유사한 방식으로 뇌 작동기전에 영향을 미치므로 유사한 개념으로 이해할 수 있다.

뇌 보상회로에서 한 발 더 나아가 보다 설득력 있는 가설은 보상결핍 이론(reward deficiency syndrome)이다. 노력을 통한 학업 성취감과 같은 정상적인 보상(natural reward)에 대해 만족하지 못하는 개체는 약물과 같은 외부 자극을 통해 보상 경로(reward pathway)의 자극 항진을 추구하게 되는데, 인터넷 사용이 새로운 종류의 비정상적 보상(unnatural reward) 방법으로 이용된다는 것이다. 인간이 집중을 하거나 목적행동을 할 때 중격측좌핵이 포함된 선조체의 도파민 분비가 증가하고 이는 보상행동을 강화하는 것으로 알려져 있다. 보상결핍 이론은 Cloninger의 자극 추구형(novelty seeking) 기질(temperament)을 타고난 사람들에게 잘 적용되는 이론이다. 도파민 수용체, 도파민 수송체, 도파민 분해효소에 유전적 변이를 타고난 사람들은 도파민이 부족하여 외부 자극을 통해 이를 보상하려 하기 때문에 물질 중독뿐만 아니라 인터넷 사용을 포함한 행위 중독에도 취약할 것이라는 가설이다.

3. 중독 모델 이외의 가설

도파민 신경전달물질 중심의 중독 모델 이외에 우울 모델, 충동조절 모델이 제기되고 있다. 현재 확실한 증거는 미비하지만 충동성, 허무함 등의 임상 증상이나 공존질환 중 ADHD(주의력장애, 과잉행동, 충동성이 3대 핵심 증상임)와 우울증이 높은 빈도로 호발한다는 상황으로 미루어 충동성과 우울증에 깊이 관여하는 세로토닌이라는 신경전달물질의 불안정성 또한 의심되고 있다. 실제 몇몇 연구에서는 인터넷 과도 청소년의 경우 세로토닌 수송 유전자나 세로토닌 수용체 유전자의 유전자 다형성을 보고하기도 하였다(Lee et al., 2008).

한편 Dong 등(2012)의 제안에 따르면 청소년기의 전두엽은 계속 발달하는 영역으로 아직 미완성이기 때문에 충동성이나 보상기전을 관장해야 하는 전두엽의 반응 억제(response inhibition) 기능이 다른 연령에 비해 취약하여 물질 중독을 비롯한 각종 중독증이 청소년 시기 때 시작된다고 보았다. 이들은 일차적 생물학적 뇌 부위를 중독 모델 개념에서 보이는 중격측좌핵을 포함하는 선조체보다 전전두엽 발달 미숙으로 보았다. 최근에는 전두엽과 기저핵(선조체 포함) 간의 연결 이상으로 인한 반응 억제의 실패라고 보는 연구가 주를 이룬다. 또한 다른 행위 중독과 비교되는 인터넷 중독의 특징으로 모니터 사용에 따른 시각, 청각 자극 효과를 들 수 있다. 이에 일차 혹은 이차 시각영역의 과활성화 또한 인터넷 중독 뇌영상 연구에서 흔히 보고되는 모델이기도 하다.

4. 인터넷 중독에 취약한 신경생물학적 개인 특성

뇌 발달상 청소년기는 중독에 취약한 시기이지만 인터넷 게임을 사용하는 모든 청소년이 중독에 빠지는 것은 아니다. 인터넷 중독 고위험군 청소년의 성장 배경, 심리적 원인, 가족과 학교를 포함한 주변 환경 요인을 제외하고 신경생물학적 개인 특성, 즉 유전적 성향, 타고난 기질(temperament)에 대해 살펴보면 다음과 같다.

Cloninger는 중독 연구를 진행하면서 인간의 행동양식을 타고난 기질로 설명하려는 시도를 하였다. 그는 타고난 기질이란 생의 초기부터 나타나 일생 동안 지속되며 특정 신경전달물질에 의해 나타나는 결과라고 가정하여 자극 추구형(novelty seeking)은 도파민, 위험 회피형(harm avoidance)은 세로토닌, 보상 의존형(reward dependency)은 노르에피네프린과 관련이 깊다고 하였으며, 여기에 인내력형(persistence)을 추가하여 총 네 가지 형태로 기질을 세분하였다.

　　국내외 인터넷 중독 성향자들을 대상으로 한 대부분의 연구 결과에서는 자극 추구형과 위험 회피형이 많았다. 이 분야의 연구로는 Han 등(2007)이 인터넷 게임 과다 사용자를 대상으로 한 연구에서 DRD2 Taq1A1이라는 도파민 수용체 소지자의 보상 의존적 기질이 흔했고, Lee 등(2008)은 SS-5HTTLPR 세로토닌 수송체 소지자가 우울 위험 회피 기질을 흔히 보였다고 하였다.

　　이는 인터넷 중독자가 새로운 것을 추구하는 한편 불안, 우울 수준이 높아 게임으로의 현실 도피적인 측면이 있음을 나타내는 것이라 여겨진다. 선천적으로 충동성이 높고 자제력이 없는 사람들이 인터넷 중독, 도박 중독과 같은 행위 중독, 물질 중독으로 넘나들 가능성이 높다. 즉 흡연, 알코올 중독 등의 다른 중독장애도 인터넷 중독과 밀접한 연관이 있다. 중·고등학생을 대상으로 한 연구 조사에서 인터넷 중독 청소년이 흡연과 음주를 더 많이 경험하였고, 이처럼 다른 중독장애를 가진 경우 게임 중독의 위험성이 높아질 수 있으므로 청소년의 게임 중독 치료가 성인기의 다른 중독장애를 예방하는 데 필요할 것으로 생각된다.

　　필자가 우리나라 청소년(13~18세) 7만 3,000여 명을 대상으로 한 온라인 건강 행태 조사 자료를 분석한 결과, 인터넷 중독을 예측할 수 있는 가장 강력한 위험 요인은 흡연 등 약물남용이었다(Lee et al., 2013). 결론적으로 특정 유전자나 기질 혹은 특정 증상이 인터넷 중독과 바로 연결된다는 증거는 현재 없다. 단지 성향을 말할 뿐인 것이다. 왜냐하면 인터넷 중독을 형성하는 수많은 유전자와 사회·심리학적 요인이 복합적으로 관여하기 때문이다.

5. 뇌영상 연구

현대 의학의 눈부신 발전 분야 중 하나는 뇌영상 의학이다. 회백질 백질의 형태와 크기를 침습적 방법을 통하지 않고 측정하는 CT(computed tomograpy)와 MRI(magnetic resonance imaging), 백질, 즉 신경세포 간의 연결망을 볼 수 있는 DTI(diffuse tensor imaging), 뇌세포의 당대사와 신경전달물질의 수용체 활동을 볼 수 있는 PET(positron emission tomograpy), 조작된 자극을 주면서 뇌 특정 부위의 활성화 정도를 알아보는 fMRI(functional MRI)가 인터넷 중독 연구에도 사용된다. 그간 진행되었던 국내외 주요 연구를 요약하면 다음과 같다.

① MRI DTI를 통한 뇌구조 연구를 살펴보면 인터넷 중독자의 경우 다양한 뇌 부위(특히 전전두엽) 회백질의 크기가 정상인에 비해 감소되고, 회백질 크기 감소와 백질 신경연결망의 감소는 인터넷 중독 기간과 Young 인터넷 척도 점수에 비례하였다는 중국의 연구가 있다(Yuan et al., 2011; Zhou et al., 2011). 이러한 소견이 시사하는 바는 인터넷 중독이 진행됨에 따라 약물 중독자와 같이 대뇌의 전반적인 인지 기능 감퇴를 초래한다는 것이다. 관심 부위는 감정, 보상, 갈망, 강박행동 의사결정 기능을 하는 안와전두엽(orbitofrontal cortex), 목적 지향적인 수행 능력을 관장하는(dorsolateral prefrontal cortex), 상부 뇌구조인 전두엽과 하부 구조인 중격측좌핵, 편도의 연결고리인 대상회(anterior cingulate cortex)이다.

국내 프로게이머와 인터넷 중독자의 회백질 크기의 뇌 부위별 차이를 비교·분석한 결과, 프로게이머의 뇌는 '좌측대상회(cingulated gyrus)'가 주로 작동했고 게임 중독자는 '좌측시상(thalamus)'이 활성화되었다. 좌측대상회는 계획을 세우고 결정을 하는 등 조정, 판단을 할 때 사용하는 부위로, 프로게이머는 게임을 할 때 정해진 시간과 규율에 맞춰 게임을 플레이하는 업무에 열중했을 때의 상태를 보여 준 반면, 게임 중독자의 활성화된 좌측시상은 외부에서 들어오는 감각적 자극을 처리하는 부위로 논리적 사고보다는 외부 자극에 반응한다고 해석하였다(Han et al., 2012).

② Kim 등(2011)은 PET(양전자 방출 단층촬영) 연구에서 인터넷 중독자의 경우 선조체 도파민 D2 수용체의 활성이 떨어져 코카인 물질 중독자의 뇌와 유사한 결과를 보였다고 하였으며, 이에 대해 도파민이 부족하여 외부로부터 도파민 분비를 자극시켜야만 개체가 안정되는 중독자의 보상결핍 가설에 타당한 소견이라고 주장하였다. 이 연구팀은 PET를 이용하여 인터넷 중독군과 정상 인간의 당(glucose) 소모 차이를 비교한 결과 뇌의 충동조절 부위, 중독회로 부위에 차이를 보였다고 하였다(Park et al., 2010).

③ fMRI 연구에서는 게임 자극을 주었을 때 활성화되는 뇌 활성화 부위가 물질 중독에서 활성화되는 부위와 유사했다(Ko et al., 2009)는 보고가 다수 있다. 공격적 게임에 과다 노출된 경우 비호감적인 자극(사고 장면, 타인이 공격받는 장면, 다친 얼굴 사진)을 주었을 때 이를 억제하는 뇌 부위의 활성이 떨어진다는, 즉 별 감정 없이 부정적 자극을 덤덤히 받아들인다는 감정둔화 연구

(Montag et al., 2011)가 있다.

　최근에는 모바일폰이 유행하면서 자연히 유아가 어린 나이부터 모바일 게임에 중독되는 것은 아닌지 사회적 관심이 고조되고 있다. 3~6세는 뇌 발달 과정에서 수용성 표현성 언어, 운동조절, 정서 사회성을 담당하는 뇌 부위를 비롯하여 좌뇌·우뇌를 연결하는 뇌량, 판단력·사고력·주의집중력·통제력과 관련이 있는 전두엽이 성장하기 시작하는 시기인데, 과도한 게임 집착은 게임 자극과 관련된 특정 뇌 부위만 과도하게 발달시킬 우려가 있다. 2010년 미국 아이오와주립대학교 연구진은 하루에 2시간 이상 게임을 한 아동의 경우 전두엽이 발달하지 않아 ADHD(주의력 결핍 과잉행동장애)에 걸릴 가능성이 2배까지 증가한다고 하였다.

　뇌영상학 연구를 종합해 볼 때 인터넷 중독은 약물 중독과 유사한 측면이 있으며, 인터넷 중독이 심할수록 인간이 타 동물에 비해 가장 발달한, 즉 컨트롤타워에 해당되는 전전두엽 부위의 회백질, 백질 기능 감소로 인지기능장애를 초래하고 공격성에 둔감해진다. 하지만 대부분의 연구가 단기적이고 특히 인터넷 중독 이전의 상태를 측정한 비교 자료가 없으며, 인터넷 게임 이외 다른 요인의 영향을 배제하기가 실제로는 어렵다. ADHD 아동의 경우 장차 인터넷 중독 고위험군이라는 것은 일관된 연구 결과가 나타나 정설로 받아들여지지만, 반대로 인터넷 중독이 ADHD가 된다는 것은 현재 증거가 부족하다. 즉 인터넷 중독자의 뇌영상 소견이 인터넷 중독의 선행 요인인지, 인터넷 중독의 결과물인지 학자들 간에 논란이 있는바, 향후 뇌영상의 전향적 장기 추적 연구가 필요하다.

6. 생물학적 치료

현재 인터넷 중독에 특이적으로 사용하는 약물은 없다. 하지만 그동안 인터넷 중독자의 공존질환 치료, 갈망 욕구 억제, 강박행동 억제, 충동조절 능력 향상을 목적으로 다양한 약물 사용이 시도되었고 효과가 있었다는 보고가 있다. 우울장애,

강박장애, 충동조절장애의 치료 목적으로 선택적 세로토닌흡수차단제(SSRI)를 시도한 경우가 가장 많았고, 항우울제 중 도파민을 증진하는 부프로피온이 니코틴 중독 치료제로 인정받은 것을 근거로 인터넷 중독에 사용하여 효과를 보았다는 보고가 있다(Han et al., 2012). 아편계 차단제인 날트렉손은 갈망 욕구 억제제로 이미 알코올 중독에서 인정받았고 도박 중독에 시도되는 약물인데 이 또한 인터넷 중독에 사용이 시도되고 있다. 인터넷 중독자에게 흔히 보이는 동반 질환인 ADHD의 경우 정신자극제가 사용되는데 ADHD 증상은 물론 인터넷 중독 증상도 함께 호전된다고 보고되었다(Han et al., 2009).

참고문헌

American Psychiatric Association (1994). *Diagnostic and Statistical Manual of Mental Disorders*, 4th ed. Washington, DC., American Psychiatric Press.

American Psychiatric Association (2013). *Diagnostic and Statistical Manual of Mental Disorders*, 5th ed. Washington, DC., American Psychiatric Press.

Dong G, Devito EE, Du X, & Cui Z (2012). "Impaired inhibitory control in 'Internet addiction disorder': A functional magnetic resonance imaging study." *Psychiatry Res* 203, 153–158.

Doug Hyun Han, Young Sik Lee, Kevin C Yang, Eun Young Kim, In Kyoon Lyoo, & Perry F Renshaw (2007). "Dopamine Genes and Reward Dpendence in Adolescents with Excessive Internet Video Game Play." *J Addict Med 1*(3), 133–138.

Han DH, Lee YS, & Renshaw Perry (2009). "The effect of methylphenidate on internet video game play in children with attention deficit hyperactivity disorder." *Compr Psychiatry 50*(3), 251–256.

Han DH, Lyoo IK, & Renshaw PF (2012). "Differential regional gray matter volumes in patients with on-line game addiction and professional gamers." *J Psychiatr Res 46*(4), 507–515.

Han DH & Renshaw PF (2012). "Bupropione in the treatment of problematic online game play in patients with major depressive disorder." *J psychopharmacol 26*(5), 689–696.

Kim SH, Baik SH, Park CS, Kim SJ, Choi SW, Kim SE (2011). "Reduced striatal dopamine

D2 receptors in people with Internet addiction." *Neuroreport*. 11;22(8), 407−11.

Ko CH, Liu GC, Hsiao S, Yen JY, Yang MJ, Lin WC, Yen CF, & Chen CS (2009). "Brain activities associated with gaming urge of online gaming addiction." *J Psychiatr Res 43*(7), 739−747.

Lee YS, Han DH, Yang KC, Daniels MA, Na C, Kee BS, & Renshaw PF (2008). "Depression like chracteristics of 5HTTLPR polymorphism and temperament in excessive internet users." *J Affect Disord 109*, 165−169.

Montag C, Weber B, Trautner P, Newport B, Markett S, Walter NT, et al. (2012). "Does excessive play of violent first-person-shooter-video-games dampen brain activity in response to emotional stimuli?" *Biol Psychol 89*, 107−111.

Park HS, Kim SH, Bang SA, Yoon EJ, Cho SS, & Kim SE (2010). "Altered regional cerebral glucose metabolism in internet game overusers: A 18F-fluorodeoxyglucose positron emission tomography study." *CNS Spectr 15*(3), 159−66.

Young Sik Lee, Doug Hyun Han, Sun Mi Kim, & Perry F. Renshaw (2013). "Substance abuse precedes internet addiction." *Addict Behav 38*(4), 2022−5.

Yuan K, Qin W, Wang G, Zeng F, Zhao L, Yang X, Liu P, Liu J, Sun J, von Deneen KM, Gong Q, Liu Y, & Tian J (2011). "Microstructure abnormalities in adolescents with internet addiction disorder." *PLoS One*. 2011;6(6):e20708.

Zhou Y, Lin FC, Du YS, Qin LD, Zhao ZM, Xu JR, & Lei H (2011). "Gray matter abnormalities in Internet addiction: A voxel-based morphometry study." *Eur J Radiol*. 2011 Jul;79(1), 92−5.

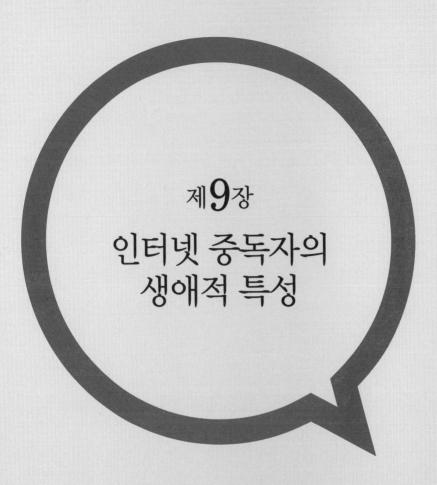

제9장

인터넷 중독자의
생애적 특성

인터넷 중독자의
생애적 특성

서보경 | 한국정보화진흥원

°° 시작하는 글

인간은 태어나서 죽는 순간까지 발달과 쇠퇴 등 변화를 거듭하며 성장해 나간다. 예전에는 유아기와 청년기에 긍정적 발달을 하고 성인기와 노년기에는 쇠퇴한다고 생각하였으나, 관련 연구에서 인간은 노년기에도 긍정적 발달을 계속하는 것으로 밝혀졌다(Baltes, 1987). 발달 과정은 전 생애에 걸쳐 일어나지만 특정 능력은 특정 발달 단계에 중점적으로 습득하여 다음 발달 단계의 양분이 된다. 청소년기에는 새로운 정보를 받아들이고 처리하는 속도가 뛰어나며, 청·장년기의 정보 축적을 바탕으로 노년기에는 추론, 분석, 문제해결 능력이 뛰어나다.

Piaget(1952)의 인지 발달 이론, Erickson(1950)의 사회적 발달 이론에 따르면 각 발달 단계에 따라 해야 할 신체적·정서적·인지적·사회적 발달 등의 과제가 있다. 가장 기본적인 과제는 키와 몸무게, 몸속의 장기 등 물리적인 성장이다. 뇌 발달로 인간은 세상을 자신의 틀에 따라 이해하고 조작하는 인지적 발달을 경험한다. 또한 원시 형태의 정서 상태는 대상과의 접촉 및 상호작용을 통해 사회 적응적으로 다듬어지며, 타인에게 자신의 권리를 주장하고 타인의 욕구를 수용하면서 대인관계를 만들고 유지해 나간다.

전 생애를 연구 대상으로 하는 생애발달심리학(life-span developmental psychology)에서는 모든 생애주기 발달 단계가 서로 유기적으로 밀접하게 연결되어 있어, 특정 생애주기에 나타나는 현상을 이해하기 위해서는 전체 발달 단계를 고려해야 한다고 본다. 유아기의 발달 과정을 보면 청소년기의 발달을 예측할 수 있고, 청소년기의 발달 과정을 이해하기 위해서는 그 전 생애주기의 발달 과정을 이해해야 한다. 따라서 이 장에서는 생애주기별 상호 연관성을 바탕으로 유·아동, 청소년, 성인에게 나타나는 인터넷 중독 현상과 영향에 대해 논의하였다.

1. 유·아동의 인터넷 중독은 다른 세대와 어떤 차이가 있는가

1) 애착 대상이 부모에게서 인터넷, 스마트폰으로 달라지는 문제

유·아동 만 3~9세의 인터넷 이용률은 78.8%이며, 이용자 수는 3,193,000명에 달한다.[1] 유아의 인터넷 기기 소지 비율이 낮고, 부모의 의사결정에 의지하는 특성상 유·아동의 3/4이 인터넷을 사용하는 것은 매우 높은 수준이다.

엄마가 스마트폰을 하고 있을 때 아이가 엄마의 스마트폰을 바라보고 어떻게 해서든 스마트폰을 쥐고야 말겠다고 악을 쓰며 우는 장면을 흔히 볼 수 있다. 엄마는 스마트폰을 아이에게 쥐어 주며 아이가 진정하고 스마트폰에 집중하는 모습에 내심 안도감을 느낀다. 예전에는 아이가 동네 언니, 오빠, 친척과 놀다가 헤어질 때 그 사람과 헤어지기 싫어 울고 떼쓰던 장면을 종종 볼 수 있었는데 지금은 그 대상이 스마트폰으로 바뀐 듯하다. 애착 대상이 사람에서 기기로 바뀐 것이다.

인간은 생물학적으로 긴밀한 애착을 형성하도록 프로그래밍되어 있다. 애착은 음식, 접촉, 행동에 대한 반응성, 양육자가 제공하는 자극의 총량, 보상성과 위안

---

1 한국인터넷진흥원(2014), 인터넷 이용 실태조사.

등에 따라 형성되는데, 안정적인 애착관계를 형성한 사람은 자신의 감정과 행동이 허용된다는 경험을 바탕으로 자신에 대한 확신과 심리적 안정감을 갖게 된다. Vygotsky(2009)는 인간의 모든 발달이 인간과 인간, 인간과 환경의 상호작용을 통해 나타나고 그 경험은 내면화되어 개인의 실제적 발달로 이어진다고 하였다. 어렸을 때의 안정적인 애착관계는 인간을 발달시키는 기본 단위가 되는 것이다.

본능적인 애착관계를 스마트 기기에 형성한다는 것은 어떤 의미일까? 스마트 기기는 반응, 자극, 보상, 위안을 주지만 한계가 있다. 기계적인 반응, 자극적인 소리와 시각, 성취감을 주지만 사람처럼 음식, 따뜻한 접촉, 심리적 보상과 위안을 주지 못한다. 기계적으로 프로그래밍되어 있는 반응을 일괄적으로 보낼 뿐이다.

Harlow와 Zimmerman(1959)의 아기 원숭이 애착 실험으로 스마트 기기와의 애착 영향을 추측해 볼 수 있다. 아기 원숭이에게 두 종류의 엄마를 제공하였다. 하나는 젖병이 달려 있는 철사로 만들어진 엄마이고, 또 하나는 헝겊으로 씌워 놓은 엄마였다. 아기 원숭이는 어느 엄마에게 더 오래 머물렀을까? 철사 엄마에게는 우유를 먹을 때만 다가갔고 대부분의 시간은 헝겊 엄마와 함께 있었다. 조금 커서는 우유를 먹을 때조차도 다리를 헝겊 엄마에게 걸친 채 우유만 철사 엄마에게서 먹었다. 공포 상황에서 헝겊 엄마와 있는 아기 원숭이는 쉽게 진정할 수 있었지만, 철사 엄마하고만 살게 한 아기 원숭이는 안절부절못하며 이상행동까지 보였다. 외부 환경과의 접촉 상황, 즉 새로운 장난감을 만지게 했을 때에도 헝겊 엄마와 있는 아기 원숭이는 조심스럽게 접근하지만 철사 엄마와 있는 아기 원숭이는 반응을 보이지 않았다.

Harlow와 Zimmerman의 실험은 애착관계에서 접촉위안이 심리적 안정, 세상과의 소통에 매우 중요한 요인임을 보여 준다. 이를 스마트 기기와 연결시켜 보면 스마트 기기와의 애착관계에서는 정서적 위안과 심리적 안정을 기대할 수 없으며, 세상과의 소통에도 부정적인 영향을 미친다는 것을 추측할 수 있다.

중독과 애착관계를 설명한 Flores(2011)는 어렸을 때의 애착 결핍이 성인이 되어서 중독으로 나타난다고 하였다. 중독은 건강한 애착 능력이 손상된 데 대한 임시 해결책이자 결과로, 애착관계 형성에 실패한 사람들은 공허함과 결핍을 보상행동, 즉 중독행동으로 대치한다는 것이다. 또한 중독자들이 만족스러운 대인관계를 맺을 수 있는 능력을 발전시키기 전에는 재발이나 중독 상태로 남으며, 치료의 성공을 위해서는 건강한 대인관계를 유지하는 방법을 배워야 한다고 강조하고 있다.

유아기의 스마트 기기 애착은 청소년기, 성인기의 인터넷 중독 위험을 높이고 부적응행동의 가능성을 키울 것이다. 멀지 않은 미래에는 인공지능을 장착하고 정서적 기능을 보유한 스마트 기기가 나타나 애착 대상으로서 사람을 대치할 수 있을지 모르나, 유아의 안정 애착 형성을 위해서 인터넷 기기는 멀리해야 할 대상임에 틀림없다.

2) 아날로그 놀이가 인터넷으로 대치된다면 아이의 발달은 어떤 영향을 받는가

아이가 인터넷을 사용하는 가장 큰 이유는 재미있어서이다. 재미있어서 부모와 싸워 가면서 인터넷 또는 스마트폰을 한다. 인터넷이 등장하기 전에 재미를 주는 놀이는 무엇이었을까? 사람마다 다르겠지만 예전에는 블록, 공, 자동차, 인형 등과 같은 장난감을 가지고 혼자서 또는 누군가와 같이 시간 가는 줄 모르고 놀았다. 장난감은 촉감, 색, 소리, 물리적 변형 등 오감을 자극하고, 놀이 친구는 설명, 칭찬, 신체적 접촉 등을 하면서 발달을 촉진하는 기능을 한다.

그런데 장난감을 가지고 놀지 않고 대부분의 시간을 인터넷으로 보낸다면 아이의 발달은 어떤 영향을 받을까? 첫째, 아이의 정서적 발달 촉진에 문제가 생길 수 있다. 인터넷은 여타 놀이와 마찬가지로 재미와 성취감을 느끼게 하고, 에너지를 소모시키고, 상상력을 발산하게 한다. 그러나 인터넷은 아이의 감정을 궁금해하지도 않고, 아이의 감정 표현이 적절한지, 놀이 상대를 화나게 했는지에 대해 묻거나 설명을 요구하지도 않는다. 아이는 스마트 기기와 놀면서 마우스나 키보드, 스크린을 터치하고 플라스틱과 유리의 촉감을 느끼며, 자신의 터치에 반응하는 기기의 장면과 소리같이 매우 기계적이고 반복적·단편적인 피드백을 받는다. 이처럼 아이가 인터넷으로부터 받는 피드백은 편향되어 있어, 스마트 기기와의 얇고 단편적인 소통은 아이의 정서 발달과 공감 능력, 타인에 대한 배려 등 사회지능(social intelligence)**2**의 발달을 저해할 것이다.

둘째, 인터넷은 고차원적인 인지 과정보다는 감각 중심의 일차원적인 정보처리 과정을 촉진한다. 아날로그 놀이가 인지, 행동, 정서 등 유아의 다양한 심리적 기능에 대한 피드백을 준다면, 인터넷은 내가 빨리 반응했는가, 맞게 반응했는가, 바르게 판단을 내렸는가 등 나의 행동과 얇은 인지적 측면에 대해서만 피드백을 준다. 인터넷에서는 고전적 놀이보다 훨씬 더 많은 자극을 짧은 시간 내에 처리해야 하는 특성상, 생각과 추론을 하면서 다음 행동을 결정하는 심사숙고 과정을 생략해야 한다(그럴 수 있다 하더라도 바둑을 둘 때처럼 수십 가지 경우의 수를 오랫동안 생각할 수는 없다). 정신없이 나타나는 자극에 대해 바로바로 눈과 손으로 반응해야 한다. 여러 사람과 실제로 고스톱을 칠 때와 인터넷으로 고스톱을 칠 때를 비교해 보면, 인터넷상에서는 고스톱 한 판이 금세 끝나서 내가 어떻게 이겼는지 그 과정을 기억하기가 쉽지 않은 반면에, 오프라인에서 고스톱을 칠 때는 점수를 어떻게 얻었는지를 끝나고 나서도 얘기할 수 있다.

인터넷을 하는 동안에 감각기관(눈, 귀 등)에 도달한 자극은 뇌로 전달되어 바로 신체기관(손, 눈 등)으로 동적 신호를 보내 반응한다. 고등 인지영역인 전두엽이 활성화되기보다는 주로 자극에 대한 신체적 반응 루트가 활성화된다. 이러한 정보처리 과정은 게임 중독자와 프로게이머가 게임하는 동안 뇌 활성화를 비교한 연구에서도 확인되었다. 〈스타크래프트〉 프로게이머 17명과 게임 중독자 13명의 뇌를 각각 MRI(자기공명 영상장치)로 촬영한 결과, 프로게이머의 뇌는 '좌측대상

---

2 Daniel Goleman(2006)은 사회지능을 타인의 감정과 의도를 파악하고 타인의 말을 잘 경청하며 어울리는 능력으로 개념화하였다. 그에 따르면 미래에 성공하는 인간형이 되기 위해서는 사회지능을 갖추어야 하며, 이는 어렸을 때부터 길러 주어야 한다. 그는 이미 2006년에 당시 유행했던 아이팟이 인간관계를 단절시킨다고 경고하였다.

회(cingulated gyrus)'가 주로 작동하고 게임 중독자는 '좌측시상(thalamus)'이 활성화되었다(한덕현, 2010). 좌측대상회는 계획을 세우고 결정을 하는 등 조정, 판단을 할 때 사용하는 부위이고, 좌측시상은 외부에서 들어오는 감각자극을 처리하는 부위이다. 약물 중독자는 주로 좌측시상이 발달하는데, 게임 중독자도 약물 중독자처럼 논리적 사고보다는 외부 자극을 처리하는 기능이 활성화되는 것이다.

요컨대 놀이는 재미를 줄 뿐만 아니라 정서, 교감 능력, 사회적 소통 능력, 인지, 심리동적(psychomotoric) 능력 등 아이의 전반적인 성장에 영향을 미친다. 그러나 인터넷 사용이 아날로그 놀이를 대치할 경우, 놀이를 통해 촉진되는 발달이 편향될 수 있다. 특히 두뇌가 급속한 발달 변화를 겪는 유아기의 인터넷 노출은 뇌의 불균형 및 감정조절 능력과 의사소통 능력 저하를 초래할 수 있다(신의진, 2013). 인터넷이 공기와 같은 오늘날 유아의 균형적인 발달을 위해서는 오프라인 놀이와 온라인 놀이의 적절한 배합이 필요하다. 우리 아이들이 미래의 스마트미디어 시대에 적합한 사람으로 성장하기 위해서는 디지털 유목민인 기성세대가 생각하는 것보다 온라인 놀이의 비율이 오프라인 놀이보다 더 클지도 모르겠다.

3) 유아의 인터넷 사용, 괜찮을까

아이에게 인터넷 사용을 허용하면서도 왠지 잘못하는 것 같은 느낌을 지울 수 없다. 아이가 벌써 인터넷을 사용해도 괜찮을까?

유아의 인터넷 사용에 대해서는 다양한 해답이 제시되고 있다. 대만에서는 2세 미만 영아의 스마트폰 사용을 금지하는 아동과 청소년 복지보호법이 있다. 이를 어길 경우 부모는 벌금(약 171만 원)을 내야 한다. 애플의 창업자인 스티브 잡스는 자녀의 스마트 기기 사용을 제한하여 저녁 시간이면 아이들과 식탁에 모여 책을 읽고 토론을 하였으며, 저명한 기술 기업 CEO 등도 자녀의 스마트 기기 사용을 주말에만 30분씩 허용한다고 한다. 미국, 캐나다의 심리학자, 교육학자들도 어린 나이의 미디어 사용이 뇌, 인지, 정서, 언어 발달에 부정적 영향을 미친다는 연

구와 논평을 내놓고 있다.[3]

한편 마이크로소프트의 최고 경영자 빌 게이츠와 페이스북의 창시자 마크 주커 버그, 세계적인 검색엔진사인 구글 등이 사회적 공헌 방안으로 컴퓨터 사고를 가르치기 위해 어릴 때부터 코딩 교육[4]의 필요성을 제시하여 코딩 교육 서비스를 제공하고 있으며, 영국, 핀란드 등은 코딩 교육을 유아의 정기 교육에 편입시켰다. ICT 강국에서의 이러한 교육 흐름은 사물 인터넷(internet of things, IoT)과 같이 컴퓨터가 일상생활 속으로 파고드는 디지털 시대에 컴퓨터 관련 교육이 매우 중요한 영역임을 시사한다. 최근에 우리나라도 소프트웨어 선도학교를 지정하여 소프트웨어 교육을 시범적으로 운영하고 있으며, 2018년에는 초·중학교에서 소프트웨어 교육을 정식 교과로 채택하여 미래 시대를 대비할 것이다.

여기서 유·아동의 인터넷 사용, 교육과 관련하여 국내외적으로 두 가지 큰 흐름을 읽을 수 있다. 첫째는 유·아동의 인터넷 사용 제한이다. 연구자들은 인터넷 사용 시기를 가능한 한 늦추고, 인터넷 사용의 위험성에 대해 학교, 부모, 제도 등이 경각심을 가져야 한다고 주장한다. 둘째는 컴퓨터 사고 교육의 필요성에 대한 인식이다. 컴퓨터 사고 역량을 미래 사회에 필수적인 역량으로 보고 관련 교육과 정책을 실행하고 있다.

이 큰 흐름 뒤에는 아이들이 인터넷을 건강하게 사용하고, 인터넷을 사용하기 시작할 때부터 인터넷을 조절하며 사용하는 습관을 길러 주는 것이 전제되어야 한다. 무조건적으로 인터넷 사용을 금지하고 컴퓨터 사고를 교육하는 것은 아이

3　미국소아과학회(American Academy of Pediatrics)는 영유아의 스마트 기기 사용과 관련한 주의 사항 등을 제시하였다. 캐나다의 소아치료사이자 아동발달 전문가인 C. Rowan은 아이들의 발달 지연과 행동장애의 원인이 TV, 게임, 인터넷, 휴대전화, 태블릿 PC 사용이라고 보았다. 기술과의 연결을 끊고 자연과 인간의 연결을 통해 행동 문제를 예방할 수 있다는 취지하에 Zone'in Program Inc(www.zonin.ca)를 만들어 워크숍, 연구 등을 진행하고 있다.

4　코딩 교육은 단순한 컴퓨터 언어를 배워서 프로그램을 만드는 것이 아니라 컴퓨터 사고 능력을 훈련하는 새로운 역량 개발 과정이다. 코딩 교육은 소프트웨어 교육, 기술 교육이 아니라 컴퓨터와 작업을 할 때 필요한 명령을 내릴 수 있도록 컴퓨터적인 사고를 교육한다.

들에게 물고기 잡는 법을 가르쳐 주면서 물은 위험하니 물가에 가지 말라고 하는 것과 같다. 아이들에게 물이 어떻게 위험한지, 물을 위험하지 않게 다루는 방법이 무엇인지를 가르쳐 주어야 한다.

인터넷도 마찬가지이다. 무조건적으로 허용하지 않는 것보다는 사용 조절 습관을 길러 주어야 한다. 세 살 때 버릇이 여든까지 간다. 초등학교 고학년만 되어도 바른 습관을 길러 주는 데에는 유아기 때보다 많은 시간과 노력이 필요하다. 어렸을 때부터 인터넷 사용 조절 습관을 길러 주어 스스로 인터넷 중독으로부터 보호하도록 해야 한다.

조절 습관에는 부모의 역할이 중요하다. 영국의 통신사 보다폰(Vodafone)에서는 이미 2000년부터 인터넷을 사용하는 아이 양육에 필요한 조언을 담은 잡지 디지털 양육(페어런팅)을 발간하고 있다. 아이의 인터넷 사용을 금지하고 통제하기보다는 건전하게 인터넷을 사용하는 방법을 지도하는 최신 정보화 교육을 시키는 것이다. 건전하게 이용할 수 있는 웹사이트나 앱을 소개하고, 인터넷 사용으로 갈등이 있을 경우 부모가 개입하는 방법을 소개하는 등 디지털 양육에 필요한 정보를 제공하고 있다. 이 잡지를 발간하는 통신사의 목적은 고객의 충성심과 미래 고객 확보이겠지만, 매년 엄청난 수입을 거둬들이는 통신사의 이러한 사회적 공헌은 매우 바람직하다.[5]

디지털 양육은 가정, 학교, 언론, 기업, 정부 등 다양한 채널에서 행해질 때 효과적이다. 단기적이고 가시적인 성과를 중시하는 사회적 풍토 속에서 유아교육과 정책 결과가 당장 나오지 않아 효과성과 실효성에 대해 의문을 제기하는 경우가 있다. 하지만 우리는 수많은 크고 작은 사회 문제가 근본적인 교육, 사회적 제도, 개인적으로는 가정 문제에 그 뿌리를 두고 있다는 것을 살아오면서 경험해 왔

---

5 우리나라의 SK브로드밴드도 한국정보화진흥원과 협력하여 인터넷 중독 청소년을 대상으로 가족 캠프를 매년 개최하는 등 인터넷 중독 예방 및 해소를 위한 사회적 공헌 활동을 2009년부터 실행하고 있다.

다. 유아 사업과 정책을 장기적인 안목에서 수립하며 시간을 두고 성과를 기다리는 자세가 필요하다.

2. 청소년의 인터넷 중독, 왜 문제인가

청소년기는 아동에서 성인으로 나아가는 과도기적 시기로 신체와 심리 변화가 일어난다. 부모로부터 심리적으로 독립하기 시작하며 가족보다 친구에게 더 친밀감을 느끼고 환경과의 상호작용을 활발히 한다. 나는 누구인가, 나는 어디에서 왔는가, 나는 무엇을 할 것인가 등 자신의 세계에 몰두하는 한편, 환경과의 교류를 통해 자신의 세계를 검증하면서 확장해 나간다.

미디어 사용에 관한 이용과 충족 이론(uses and gratification theory, Blumler & Katz, 1974)에 따르면 사용자는 미디어를 수동적으로 이용하는 것이 아니라, 자신의 욕구와 목표를 가장 잘 충족시켜 주는 미디어를 선택한다고 한다. 많은 청소년은 자신의 세계를 만들기 위해 환경과의 소통을 빠르고 다양하게 하고자 인터넷 매체를 선택한다. 인터넷 속에서 정보를 얻고 즐거움을 느끼며 현실의 고민으로부터 도피하면서 세상과 소통한다. 그러나 어떤 매체든 간에 과다 사용할 경우에는 오히려 발달을 저해할 수 있다. 따라서 인터넷 중독이 청소년에게 미치는 영향을 신체 성장, 학업, 정서, 대인관계, 자아정체감, 기질 측면에서 살펴보자.

1) 신체 성장

청소년은 2차 성징을 경험하며 신체에 대한 새로운 이미지를 갖게 된다. 키, 몸무게, 생식기관 발육 등과 같은 신체에 대한 태도와 느낌의 정신적 표상을 갖는데, 신체 특징은 타고나는 부분도 있지만 생활환경과 습관의 영향을 받는다.

신체 발달은 인터넷 중독 상담에서 청소년 내담자가 가장 귀담아듣는 내용 중의 하나로, 의자에 앉아 인터넷만 하면 키가 안 크고 골격과 근육 성장에 방해가 된다, 성장판을 자극하여 키가 크고 골격도 튼튼히 하기 위해서는 밖에서 뛰어놀며 비타민 D도 섭취해야 한다, 밤에 하는 게임은 몸을 각성시켜 숙면을 방해함으로써 성장을 방해한다, 비만 · 만성 피로감 · 시력 저하 · 어깨와 손목 결림 등 신체적 증상이 나타날 수 있다고 얘기하면 초점 없던 눈을 반짝인다.

초등학교 고학년의 인터넷 중독과 신체 건강의 관계를 조사한 연구에서도 부적 상관관계가 나타났다(신성철 · 이기영 · 최성열, 2008). 인터넷 과다 사용의 영향은 신체 발달을 저해하는 데에만 그치지 않고 심리 발달에도 영향을 미친다. 신체 성장과 심리 특성 간의 관계를 연구한 Shaffer(1994)는 신체 성장이 또래 집단과 비슷하거나 혹은 조기에 나타나는 남학생은 긍정적 신체상을 갖게 되며, 안정감과 자신감이 있고 여가 모임 등에서 주도적인 반면에, 성숙이 늦은 남학생은 불안, 사회적 부적응 및 열등감이 높다고 보고한 바 있다. 인터넷 중독으로 인해 나타나는 심리적 발달 결핍은 연구나 상담에서 많이 다루어지지만 신체적 성장은 소홀하기 쉽다. 따라서 인터넷 중독으로 인한 심리적 문제를 신체적 증상 및 성장과 연결하여 다룰 필요가 있다.

2) 학업

부모들이 자녀의 인터넷 사용에 민감하게 반응하는 것은 신체적 성장 때문도, 심리적 발달 때문도, 사회적 기술 발달 때문도 아니다. 요즘처럼 선행학습이 중시되는 때에 한 시간이라도 인터넷으로 허비하면 입시에 중대한 영향을 미친다고 생각하는 것이다.

오늘날 청소년기의 학습은 입시 중심의 학습으로 변질되었지만, 원래 청소년기는 교양과 직업 교육을 받으며 사회인으로 나아가기 위한 준비를 하는 시기이다. 국어, 영어, 수학, 사회, 예체능 등의 기본 지식과 학교라는 작은 사회를 통해 미래에 사회인으로서 기능하기 위한 기본 질서를 배워 나간다. 우리 모두에게 절대적으로 주어진 시간에 검색, 채팅, 게임 등 인터넷으로 보내는 시간이 많은 학생들은 학업에 지장을 받을 수밖에 없다. 밤늦게까지 인터넷을 하다 보면 잠을 제대로 못 자서 학교에 지각하고 수업 중에 졸기도 한다. 수업에 집중할 수 없는 신체적·정신적 상태가 일정 기간 지속되면 공부할 시간은 적어지고 학업 성적이 떨어진다. 또한 친구들과의 관계도 서먹해져 학교에 가는 것을 거부하다 자연스럽게 자퇴의 수순을 밟기도 한다.

Gentile 등(2004)에 따르면 매체 사용 시간이 많은 학생들은 평균 이하의 학교 성적을 보였다. 낮은 학업 관심은 인터넷 중독을 촉진하는 경향이 있으며, 반대로 학업 성취감은 청소년 인터넷 중독의 보호 요인이다(이준기·정경용·김용수, 2012; 김효순, 2010). 이와 같이 학교 성적의 변화는 인터넷 사용 시간과 함께 인터넷 중독을 파악하는 하나의 지표가 될 수 있으며, 중독 회복에 대한 해결 방안을 제시해 준다. 즉 청소년을 인터넷 중독으로부터 보호하고 회복시키기 위해서는 인터넷 시간을 줄이고 학업 시간을 확보하여 학업에 관심을 갖도록 흥미를 유발하고, 성적 향상과 학교 적응을 도와야 한다. 학교 성적을 올리는 것을 상담 장면으로 끌어와야 하는가에 대해서는 이견이 있을 수 있지만, 내담자의 중독 회복에 도움이 된다면 충분히 상담 장면에서 다루거나 전문 기관과 연계하여 다루어야 할 것이다.

3) 정서

청소년기는 신체적 성장 외에도 정서적 성장이 일어나는 시기로, 감정의 소용돌이 속에서 특히 우울, 불안, 충동성, 공격성 등으로 대변되는 정서적 변화를 경험한다. 정서적으로 불안정하며, 처해 있는 전후 사정을 충분히 고려하지 않고 기분에 따라 행동하는 충동성을 보인다. 자신의 가치관과 진리에 역행하는 일에 분노하고 정의를 실현하기 위해 행동하려는 경향을 보이기도 한다. 분노 감정을 조절하는 능력이 결핍되면 충동적 행동, 반항행동, 공격적·폭력적 행동이 나타나기도 한다.

그중에서도 공격성은 인터넷 중독과 관련하여 많이 이슈화되는 정서로, 언론에서는 폭력적 사건, 사고를 온라인 게임의 폭력성과 연결하여 보도하기도 한다. 게임의 폭력적인 내용이 사용자의 폭력성에 미치는 영향에 대해서는 의견이 분분하다. 첫째는 인터넷 중독도 알코올, 약물, 도박 중독에서와 같이 중독 물질(행동)을 하지 못했을 경우에 나타나는 금단 증상인 공격성을 유발한다는 것이다. 부모가 자녀의 인터넷 게임을 중단시켰을 때 부모에게 보이는 공격적 행동은 게임의 폭력성 때문이 아니라 금단 증상이라는 것이다. 다른 의견은 인터넷 게임에의 장시간 노출이 공격성을 증가시킨다는 것이다. 인터넷 게임 이용 시간이 증가할수록 공격적 비행과 사소한 비행을 더 많이 저지르며, 게임 모방 살인이나 강력범죄까지 저지를 수 있다는 것이다(김옥태, 2011). Anderson과 Bushman(2002)의 일반 공격성 모델(general aggression model)도 폭력적인 게임의 장기적인 이용이 사용자의 공격 도식, 공격적인 태도, 폭력 둔감화를 강화하여 공격적 행동이 나타날 가능성을 높인다고 설명한다.

그렇다면 같은 시간 동안 인터넷 게임을 한 청소년들이 모두 공격적 행동을 보이지는 않는 이유를 어떻게 설명할 수 있을까? 인터넷 중독과 공격성 사이에 다른 변수가 관련되어 있음을 추측해 볼 수 있다. 인터넷 중독과 공격성의 매개변인을 조사한 연구에 따르면, 인터넷 중독자가 높은 공격성을 보이는 것은 그 사람의 자아존중감과 자기통제력에 달려 있다. 즉 인터넷 중독자 중에 매개변인인 자아존중감과 자기통제력이 낮은 사람들이 높은 공격성을 보인다는 것이다(도금혜·이지민, 2011). 청소년은 모험을 추구하고 새로운 자극을 찾는 특성상 폭력성이 강한 게임에 끌리게 된다. 폭력적인 게임은 분명 오락을 제공하고 스트레스를 풀어 주는 기능을 하며 공격 욕구, 소속 욕구 등을 해소시켜 준다.

청소년기의 공격성은 자연스러운 감정으로 사람마다 정도와 표출 방법에 차이가 있다. 위의 의견과 같이 공격성이 금단 증상이고 폭력적인 게임으로 인해 공격성이 촉진된다면 그 공격성을 건전하게 표출할 수 있는 방법을 교육하고, 자아존중감이나 자기통제력과 같은 심리적 보호 요인도 길러 주어야 한다.

또한 청소년이 현실과 온라인 세계의 균형적인 시각을 유지할 수 있도록 게임의 폭력성과 위험성을 인지하고 게임의 선택이나 시간 등을 조절할 수 있는 역량을 키워 주어야 한다. 청소년의 게임 선택에 기준을 제공하고, 폭력적인 게임이 공격적 성향과 행동에 미치는 부정적 영향을 예방하기 위해 여러 나라에서는 국가기관과 시민단체가 나서고 있다. 이들은 상호작용적 오락 소프트웨어와 관련하여 나이 등급, 즉 나이에 따른 게임 사용 가능 결정을 폭력 내용의 종류 및 범위와 관련시키고 있다(Höynck, Möble, Kleimann, Pfeiffer, & Rehbein, 2007). 이러한 노력이 제도로만 그치지 않고 실질적으로 결실을 맺기 위해서는 청소년이 인터넷 게임을 수준에 맞게 선택할 수 있도록 현실적인 게임 등급 적용과 건전한 게임 문화 형성이 필요하다.

4) 대인관계

청소년기에는 친밀한 관계의 중심이 가정에서 친구로 이동한다. 청소년기에 친구가 없다는 것은 어떤 의미일까? 친구는 개인이 추구하는 특정한 정서적·사회적·도구적 자원의 원천으로 안정과 정서적 지지를 줄 뿐만 아니라 교제의 즐거움과 도움 제공, 친밀감과 신뢰감 형성, 자아개념 증진 등의 기능을 한다(Mendelson & Aboud, 2000). 친구가 없다는 것은 이러한 기능을 하는 자원이 결핍되었다는 의미이므로, 친구가 없는 청소년은 불안, 외로움, 고립감, 막막함, 위축, 자아개념 형성의 어려움 등을 경험한다.

"친구가 없어요, 친구들이 나를 피해요, 친구들에게 놀림을 받고 왕따를 당한 적이 있어요, 친구들이 말 거는 게 싫어요, 친구들이 말을 걸면 '응, 아니'로 대답해요, 학교 가기 싫어요, 다 싫어요…." 이는 인터넷 중독 위험 청소년들이 말하는 또래관계 경험이다. 인터넷 중독 위험 청소년들은 친구들에게 관심이 없는 것처럼 행동하지만, 실제로는 정반대로 친구들과 얘기하고 놀고 친해지고 싶어 한다. 하지만 번번이 친구들에게 거절당하고 놀림을 당한 경험으로 인해 위축되고 친구들을 피하게 된다. 친구들을 보는 것조차 어려워 심지어는 학교 가기를 거부한다. 그리고 초라한 자신을 감출 수 있는 인터넷에서 게임을 하다가 알게 된 사람들과 소통하면서 외로움을 달랜다. 게임 지인들과 온라인에서 공동 과제를 하고 문제도 해결하면서 도움과 칭찬을 받으며 친밀감과 신뢰감을 형성해 나간다. 현실이 실망스럽고 자신감이 없고 외로울수록 인터넷에서의 관계에 더욱 집착하게 된다. 이러한 청소년들은 결핍된 대인관계 욕구를 인터넷 속에서 충족시키는 것이다.

친구관계를 맺고 유지하는 것은 참 어렵다. 시행착오를 거치면서 관계를 형성하는 법을 배우는 것 같다. 태어나서는 엄마, 아빠와, 자라면서는 형제자매와, 학교를 다니면서는 또래 친구와 선생님, 직장에서는 동료, 상사 등과 원하든 원치 않든 관계를 맺으며 살아간다. 어른이 된 후에도 대인관계는 어렵다. 직장에서 일보다는 사람관계에서 받는 스트레스가 더 크고, 관계 스트레스 관련 책들이 꾸준히 팔리는 것을 보면 많은 사람들이 공감하는 문제라는 것을 알 수 있다.

이렇게 어려운 대인관계 기술은 어렸을 때부터 우리가 알게 모르게 타인의 존재를 인식하면서 배운다. 가정에서 엄마, 아빠, 형제자매 등을 통해 배우지 못하면 친구들에게서 배운다. 가정에서 긍정적으로 관계 맺는 경험을 해 보지 못한 청소년은 친구들과 관계 맺는 것을 어려워한다. 친구관계가 좋던 청소년도 인터넷에 빠져 한동안 친구를 만나지 못하면 다시 친구 사귀는 것을 힘들어한다.

상담에서 대인관계를 다룰 때는 청소년이 잘못해서 대인관계를 못하는 것이 아니라, 대인관계가 원래 어렵다는 사실을 인식시키는 것이 중요하다. 어렸을 때부터 대인관계를 맺고, 유지하고, 단절하는 방법을 배울 기회가 없었다면, 자라서 대인관계에서 서툰 것은 당연하다는 점을 상기시켜야 한다. 이는 대인관계가 소급하여 배울 수 있는 능력이라는 의미를 전달하는 것이기도 하다. 사회적 기술 훈련을 통해 대인관계에 대한 자신감을 갖고 사회적 관계를 회복할 수 있도록 상담에서 중요하게 다루어져야 한다.

5) 자아정체감

인간의 발달기마다 이루어야 하는 과업을 정의한 Erickson은 청소년기의 중요한 과제를 정체감 형성으로 본 동시에, 청소년기를 자아정체감과 역할 간의 혼돈을 경험하는 심리적 유예 기간으로 기술하였다. 유아기에는 부모와 사회가 준 나의 모습에 초점이 맞추어져 있다면, 형식적 조작 능력을 갖추게 되는 청소년기에는 추상적·종합적·체계적인 고차원적 사고 과정을 통해 나의 모습을 형성하면서 좀 더 객관적인 자아정체감을 형성해 나간다. 인터넷은 청소년이 자아를 형성하는 데에 폭넓은 정보를 제공한다. 나는 무엇인가, 미래에 나의 모습은 어떠해야하는가, 또래 친구들은 나를 어떻게 생각하는가 등에 대한 답을 찾도록 도와준다.

반면에 인터넷 중독 청소년은 일반 청소년들과는 다른 정체성 형성 과정을 거친다. 위와 같은 정체성 형성을 위한 고민을 화살처럼 스치듯 하며 깊게 고민하지 못하고 지나쳐 버린다. 바로 눈앞의 인터넷, 게임을 하는 데에 정신이 온통 집중되어 다른 모든 것들은 소외된다. 인터넷 중독 청소년은 나름대로 자아를 형성해 나간다. 인터넷은 불안하고 자신감이 없으며 실패한 자아상을 갖고 있는 청소년에게 또 다른 정체감을 선사한다. 인터넷상에서는 현실에는 없는 능력치가 있고 자신을 과시하며 만족감을 느낀다. 인터넷 게임에서 도전을 받고 그 도전을 방어하여 승리로 이끌며 성취감과 존재감을 확인한다. 현실과 사이버 세상에서 다른 자아정체감을 형성하는 것이다. 인터넷 이야기만 나오면 눈을 반짝이며 자신감 있게 말하는 모습과 현실 생활에서의 이야기를 할 때의 우울한 모습은 이중 정체감을 가진 사람의 모습이다. 지킬 박사와 하이드처럼 상이한 인터넷 자아와 현실 자아가 형성되면 자신의 정체성에 대해 상당한 심리적 갈등을 겪을 수밖에 없다. 이러한 갈등은 가정에서나 사회에서 병적으로 표출될 수 있으며, 끊임없이 갈등하는 자아는 불안정하고 많은 에너지를 소비하게 하여 개인의 만족감, 행복감을 떨어뜨릴 수 있다.

6) 기질

Boss와 Plomin(1984)은 초기 아동기부터 나타나는 타고난 성격 특성을 기질 (temperament)이라 정의하고 이를 활동성, 사회성, 정서성으로 나누었다. 타고난 기질은 평생 죽을 때까지 그대로 유지되는 것이 아니다. 양육, 학습, 자아 발달, 환경과의 상호작용 등을 통해 자신이 원하고 사회에서 받아들여질 수 있도록 변화 및 성숙되면서 자신만의 성격을 형성한다.

Rothbart(2003)는 또 하나의 기질로 의도적 조절(effortful control)을 가정하였다. 의도적 조절은 주의를 기울이고 억제하는 특성으로, 필요한 대상에 주의를 기울이고 부적절한 자극에 대한 접근행동을 억제하는 능력이다. 이는 계획성과 충동성으로 표현될 수 있다.

그렇다면 컴퓨터를 조절하면서 사용하는 아이와 중독적으로 사용하는 아이는 어떤 기질 변화를 경험하게 될까? 대표적인 성격 특성 이론인 빅파이브[6]와 인터넷 중독의 관계를 조사한 연구에서 빅파이브 중에 성실성은 인터넷 중독과 부적 상관을, 개방성은 정적 상관을 보였다. 즉 인터넷 중독 정도가 심하고 인터넷으로 보내는 시간이 많을수록 성실성이 낮고 개방성이 높았다(Kuss et al., 2013). 성실성은 목표를 세워 꾸준히 심사숙고하고 노력하는 성격 특성을 말하며, 개방성은 새로운 자극이나 문화에 대한 호기심, 모험심, 경험에 대한 다양성을 좋아하는 성향인 성격 특성을 말한다. 연구에서는 인터넷 중독 이전에 대상자들이 어떤 성격 특성을 보였는지는 알 수 없으나, 확실한 점은 유아기와 청소년기에 인터넷을 중독적으로 사용한 사람은 목표와 계획에 따라 과제를 수행하기보다는 순간적인 만족과 보상을 위해 행동하는 성격 특성을 갖기 쉽다는 것이다.

---

[6] 빅파이브는 McCrae와 Costa(1997)의 성격 특성 이론으로, 성격 특성이 신경성, 외향성, 개방성, 친화성, 성실성으로 구성되어 있다는 것이다.

3. 성인 인터넷 중독, 개인의 문제인가

인터넷 중독은 ADHD와 같이 아동·청소년기에 나타났다가 성인이 되면 사라지는 장애로 인식되기도 한다. 그러나 성인의 인터넷 중독 위험군 비율은 5.8%에 달하고, 스마트쉼센터에서 성인 상담이 차지하는 비율은 25.8%로 전체 상담의 1/4을 차지한다.[7, 8] 청소년의 인터넷 중독 문제는 가정, 학교, 또래관계 등에서 가시적으로 나타나고, 인터넷 중독에 대한 스스로의 문제 인식이나 상담 동기가 없더라도 부모나 학교의 개입으로 상담을 받으러 온다. 반면에 성인들은 스스로 문제를 인식하여 상담센터를 찾아오거나, 혹은 주변 사람들의 권유로 상담센터를 찾는다. 그러나 문제를 인식하고 해결해야 할 필요성을 느끼더라도 중독의 원인을 개인의 의지 약화로 생각하거나, 상담에 대한 거부감으로 전문 상담기관을 찾지 않는 경우도 많다. 따라서 성인의 인터넷 중독 문제를 개인의 책임과 문제로 놔둬야 할지, 관련자와 기관의 적극적인 개입이 필요한지에 관해 다양한 성인 인터넷 중독 집단을 소개하면서 논하고자 한다.

스마트쉼센터로 전화 상담을 하는 사람들은 주로 청소년 자녀를 둔 부모이다. 그런데 2년 전부터는 성인 자녀를 둔 부모의 전화가 늘어나고 있다. 군대에 간 아들의 게임 중독에 대해 상담하는 어머니, 대학을 졸업하고 직업도 없이 집에서 게임만 하고 있는 아들을 상담하는 아버지 등 상담 내용과 주체도 다양하다.

군대에 간 아들의 게임 중독을 상담한 어머니는 아들이 휴가를 나오면 집에 오지 않고 PC방에서 게임만 하다가 복귀하는 것에 대해 우려하여 상담을 의뢰하였다. 어머니는 대학생 아들이 학교에 가거나 취직을 하지 않고 게임만 해서 군대에 보냈다고 하였다. 군대에 가면 게임을 할 수 없으니 자연스럽게 게임과 멀어지고 정신을 차릴 것이라고 기대했었던 것이다. 하지만 불행하게도 예상은 빗나갔다.

---

7 한국정보화진흥원이 운영하는 인터넷중독대응센터가 2015년에 스마트쉼센터로 변경되었다.

8 스마트쉼센터 상담 통계 현황(2014)에서 전체 상담 중에 취학 전 아동은 1.4%, 청소년은 65.6%, 부모는 3.5%, 성인은 25.8%이다.

아들이 군 생활 적응 문제를 보여 관심병사로 관리를 받게 된 것이다.

　군대에서도 인터넷 중독으로 상담하는 사례가 많다고 한다. 아무래도 인터넷 생활에 익숙해져 있는 요즘 세대가 인터넷이 제한된 세계에 적응하기가 쉽지 않은 모양이다. 강의에서 만난 한 군상담사는 인터넷 중독 병사를 상담하고, 자유 시간도 주고 휴가도 보내는 등 할 수 있는 모든 조치를 다 했지만 금단 증상인 무기력이나 우울, 불안, 초조감과 군 생활 부적응 문제가 전혀 나아지지 않았다고 한다. 상담사가 병사에게 가장 하고 싶은 일이 무엇인지를 물었을 때 병사의 대답은 게임을 한 시간만 했으면 좋겠다는 것이었다. 게임 중독 군인에게는 게임을 시켜 주는 수밖에 도리가 없다고 한다. 그렇지 않으면 위험한 일이 생길지 모른다는 것이다. 이 사례에서는 인터넷 중독 외에도 공존장애를 의심해 볼 수 있지만, 인터넷 중독 문제가 단기간에 발생된 것이 아니며 그 정도가 매우 심각함을 알 수 있다.

　이 외에도 눈여겨볼 인터넷 중독 집단이 있다. 풍족한 가정환경에서 자라 스스로 돈을 벌어야 하거나 공부를 해서 성공할 필요가 없는 사람들, 하고 싶은 일이 무엇인지 모르고, 하고 싶은 일을 찾고 싶지도 않은 사람들이 있다. 이들 뒤에는 이들을 안타깝게 바라보며 필요한 모든 것을 해 주는 헌신적인 부모가 있다. 이런 젊은이들을 니트족[9]이라고 부른다. 일본에서 만들어진 이 말은 인터넷에 빠져 있는 한 성인 계층을 나타낸다. 이 젊은이들은 부모가 해 주는 밥을 먹고 인터넷과 게임을 하면서 이대로 살고 싶을 뿐이다. 이들이 인터넷 중독에 빠져 있다는 것은 그 부모가 상담을 받으러 오면서 세상에 드러나게 되었다. 부모는 어떻게 하면 자식이 다른 청년들처럼 학교나 직장에 다니게 할 수 있을지 답을 구하러 온다. 이들은 부모에게는 아주 착한 자녀이다. 인터넷만 제외하고 부모가 시키는 모든 것을 한다. 그래야만 부모가 밥을 주고 인터넷 요금을 내주기 때문이다.

이 현상을 어떻게 설명할 수 있을까? Orford(2001)는 특정 활동에 중독적인 영향을 미치는 요인으로 생태적, 사회경제적, 혹은 문화적 영향을 들고 있다. 니트족은 취직하기 힘든 시대에 부모에게 경제적으로 의존하면서 인터넷 속에서 사는 방법을 터득하였다. 자신의 생각과 행동을 자유롭게 표현할 수 없는 사회 분위기 속에서 세상과 소통하면서 살아가는 방법인 것이다. 니트족의 인터넷 중독 위험군 비율을 정확히 파악한 연구는 없지만, 무직자의 높은 인터넷 중독 위험군 비율(11.4%)과 스마트폰 중독 위험군 비율(18.3%)[10]은 이러한 사회경제적 영향을 반영한다고 볼 수 있다.

마지막으로 성인 인터넷 중독 취약 계층으로 주부와 대학생을 들 수 있다. 임

---

9 니트(NEET)는 Not currently engaged in Education, Employment or Training의 머리글자로, 니트족은 취업 경쟁에서 밀려나 일하지도 않고 일할 의지도 없는 청년 무직자를 가리킨다(한국어 위키백과). 통계청에 따르면 15~29세 청년층 인구의 15.5%인 147만 1,000명(=청년 실업자 44만 5,000명+청년 비경제 활동 인구 514만 8,000명, 학생 수 412만 2,000명)이 니트족에 해당한다(통계청, 2015년 4월 기준). 니트족은 고시, 공시 등 시험을 준비하는 함정형, 은둔 외톨이형, 무급 가족 노동형, 전통적 청년 실업자로 나눌 수 있는데, 사회와 관계를 단절하고 고립된 삶을 사는 은둔 외톨이형은 극단적으로는 살인 사건과 같은 사회적 문제를 일으키는 불안 요인이 될 수 있다.

10 한국정보화진흥원(2014), 2014년 인터넷 중독 실태조사. 성인의 인터넷 중독 위험군 비율은 5.8%, 스마트폰 중독 위험군 비율은 11.3%에 달한다.

산부 A씨는 PC방에서 하루 종일 게임을 하다가 양수가 터져 PC방 화장실에서 아이를 출산한 뒤 질식사시키고 비닐봉지에 담아 인근 화단에 버렸다. 전업주부 B씨는 사채 빚을 지고 남편과 이혼한 후 고시원에서 게임만 하면서 지냈다. 대학생은 C씨는 집과 떨어진 학교 근처에서 자취하며 학교도 가지 않고 자취방에서 게임만 한다.

이와 같이 상대적으로 혼자 지내는 시간이 많은 주부와 대학생이 인터넷 중독에 빠질 위험이 높다. 실제로 주부의 인터넷 중독률은 2.7%, 대학생은 12.5%에 달한다. 주부의 인터넷 중독은 청소년의 중독과 다르게 '가정 파괴'로 연결될 수 있다. 국가의 가장 기본 단위인 가정에서 주부의 인터넷 중독은 가정 구성원들의 삶에 큰 영향을 미친다. 그리고 대학생의 인터넷 중독은 필요한 사회인으로 교육받지 못함으로써 경제 활동 인구 배출의 어려움과 노동력의 질적 저하로 이어질 수 있다.

성인의 인터넷 중독에 영향을 미치는 요인도 청소년과 크게 다르지 않다. 청소년기에 인터넷 중독에 빠지지 않았거나 잘 극복한 사람들에게는 가정과 사회의 관심과 지원이 있었다. 이러한 지원은 충동조절력과 긍정적 정서, 좋은 대인관계 능력 등을 갖추게 하였고, 어려움에 부딪히더라도 인터넷으로의 도피가 아닌 생산적인 방식으로 문제를 해결하게 하였다. 어렸을 때부터 인터넷 중독 문제가 있어 성인이 된 후에도 인터넷 중독에서 벗어나지 못한 사람들과 성인이 되어 인터넷 중독에 빠진 사람들은 가정과 사회의 관심과 지원이 부족했으며, 개인적으로 충동성과 같은 인터넷 중독에 취약한 성격 특성을 가지고 있는 경우에도 제도적으로 도움을 받을 수 있는 기회가 적었을 것이다.

성인 인터넷 중독자로 인해 고통을 받는 사람은 당사자뿐만이 아니다. 성인 인터넷 중독자는 1,711,000명에 달하는데 성인 중독자 1명당 최소한 2명의 가족이 있다고 가정하면 인터넷 중독으로 고통받는 사람은 3,422,000명이 되는 셈이다. 그렇다면 이들은 고통을 스스로 감당해야 하는가? 성인은 독립적인 개체이며 스스로 문제를 해결해야 할 책임을 가진다. 그러나 인터넷 중독의 원인이 생태계적·사회경제적·문화적 환경에서 발생할 수 있고(Orford, 2001), 그로 인해 주변 사람들이 피해를 입고 사회질서를 어지럽힌다면 이는 더 이상 개인의 문제가 아니다. 인터넷 속으로 피신한 사람들을 의지 부족으로 몰아가기 전에 그 배경과 원인을 생각해 보아야 한다.

°° 맺음말

살면서 우리는 많은 사람들과 다양한 환경의 영향을 받는다. 그중에서 인터넷은 우리의 발달을 방해하기도 하고 촉진하기도 한다. 각 나라와 국제기구는 아이들을 어릴 때부터 인터넷 위험 요인으로부터 보호하기 위해 법을 개정하고 규제를 만들어 내고 있다.[11] 그만큼 생애 초기의 개입이 중요하다는 것이다.

인터넷 중독에 빠진 사람들이 인터넷이 없었다면 어땠을까 하는 생각을 상담사들은 한 번쯤 해 보았을 것이다. 그리고 이내 이 사람에게 인터넷이라도 있어서 참 다행이라는 생각이 들었을 것이다. 필자는 인터넷 중독 문제가 있는 사람들을 만나면서, 혼자 있을 때의 막막함, 두려움, 외로움을 인터넷으로나마 달랠 수 있어 얼마나 다행인지, 오히려 이들이 다른 짓을 안 하고 인터넷을 하는 것이 다행이라는 생각이 들었다. 이들은 세상을 향해 도움을 청하고 소통을 원했다. 단지 그 소통의 부정적 결과가 중독일 뿐이다.

이 장에서는 생애주기에 따라 나타나는 인터넷 중독의 영향을 살펴보았다. 인간 발달에는 결정적인 시기가 있기 때문에 그 시기의 발달을 이루지 못하면 다음 발달 단계에 영향을 미치고 성격 형성에도 결함을 나타낸다고 한다. 아이부터 성인까지 인터넷으로 인해 결정적 발달 시기를 놓치지 않도록, 인터넷이 인간 발달

---

11 미국은 2013년 아동 온라인 개인정보보호법(COPPA) 개정안을 발표하였으며, 2014년 정보통신 기술(ICT) 분야의 세계 최대 및 최고 국제기구인 국제전기통신연합(ITU)은 전권회의에서 온라인 아동 보호를 주요 의제로 선정하여 온라인의 위험성에 대한 아동 보호 규제의 필요성을 강조하였다.

의 촉진 요인이 될 수 있도록 우리 모두 각자의 영역에서 노력해야 한다.

참고문헌

김옥태 (2011). "게임 중독과 공격성 간의 관계에 대한 예비적 고찰". 한국엔터테인먼트산업
학회논문지, 4, 54-62.

김효순 (2010). "학교환경 요인이 청소년의 인터넷 중독에 미치는 영향: 성별 조절효과 분석
을 중심으로". 한국컴퓨터정보학회논문지, 15(1), 193-200.

신성철, 이기영, 최성열 (2008). "초등학생의 인터넷 중독이 정신건강 및 신체증상, 학업성취
도에 미치는 영향". 미래청소년학회지, 5(1), 141-162.

신의진 (2013). 디지털 세상이 아이를 아프게 한다. 북클라우드.

이준기, 정경용, 김용수 (2012). "생태체계학적 접근에 근거한 위험요인과 보호요인이 청소
년 인터넷 중독에 미치는 영향". 한국소년정책학회, 18, 55-83.

한국정보화진흥원 (2015). 2014년 인터넷 중독 실태조사.

한덕현 (2010). 한국정신병리-진단분류학회 추계학술대회.

American Psychiatric Association. (2000). *Diagnostic and Statistical Manual of Mental Disorders* (4th
ed.), Washington, DC: Author.

Anderson, C. A. & Bushman, B. J. (2002). Human aggression. *Annual Review of Psychology*, Vol.
45, 494-503.

Baltes, P. B. (1987). "Theoretical propositions of life-span developmental psychology: On the
dynamics between growth and decline." *Developmental Psychology, 23*(5), 611-626.

Blumler, J. G. & Katz, E. (1974). *The Uses of Mass Communications: Current Perspectives on
Gratifications Research.* Beverly Hills, CA: Sage.

Buss, A. & Plomin, R. (1984). *Temperament: Early developing personality traits.* Hillsdale, NJ:
Erlbaum.

Erikson, E. H. (1950). *Childhood and society.* New York: W. W. Norton.

Flores, P. (2004). *Addiction As an Attachment Disorder.* [김갑중, 박춘삼 역 (2010). 애착장애로
서의 중독. NUN.]

Griffith, M. D. (2005). "A 'components' model of addiction within a biopsychosocial framework."
Journal of Substance Use, 10, 191-197.

Gentile, D. A., Lynch, P. J., Linder, J. R., & Walsh, D. A. (2004). "The effects of violent video game habits on adolescent hostility, aggressive behaviors, and school performance." *Journal of Adolescence, 27*, 5–22.

Harlow, H. F. & Zimmerman, R. R. (1959). "Affectional responses in the infant monkey." *Science, 130*, 421–432.

Höynck, T., Möble, T., Kleimann, M., Pfeiffer, C., & Rehbein, F. (2007). *Jugendmedienschutz bei gewalthaltigen Computerspielen. Eine Analyse der USK-Alterseinstufungen (KFN-Forschungsbericht Nr. 101)*. Hannover: KFN.

Koshal, R. K., Koshal, M. A., & Gupta, A. K. (1996). "Academic achievement and television viewing by eighth graders: A quantitative analysis." *Applied Economics, 28*(8), 919–928.

Kuss, D. J., van Rooij, A. J., Shorter, G. W., Grrifiths, M. D., & van de Mheen, D. (2013). "Internet addiction in adolescents: Prevelance and risk factors." *Computers in Human Behavior, 29*, 1987–1996.

Mendelson, M. J. & Aboud, F. E. (2000). Measuring friendship quality in adolescents and young adults: McGill Friendship Questionnaires. *Canadian Journal of Behavioral Science, 31*(2).

Orford, J. (2001). "Addiction as excessive appetite." *Addiction, 96*(1), 15–31.

Piaget, J. (1952). *The child's conception of number*. New York: Norton.

Prensky, M. (2001). "Digital natives, digital immigrants." *On the Horizon, 9*(5), 1–6.

Rothbart, M. K., Lesa, K. E., Rueda, M. R., & Posner, M. I. (2003). "Developing mechanisms of temperamental effortful control." *Journal of Personality, 71*(6), 1113–1143.

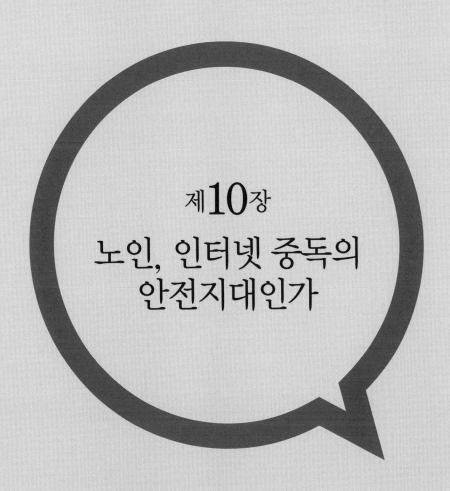

제10장

노인, 인터넷 중독의
안전지대인가

제 10장
노인, 인터넷 중독의
안전지대인가[1]

고정현 | 한국정보화진흥원

1. 인터넷 중독[2]은 철부지 청소년의 문제?

무척 쉬워 보이는 문제를 하나 풀어 보며 이야기를 시작하고자 한다.

왼쪽과 오른쪽의 항목 중 서로 관계 있는 것을 줄로 이으시오.

- 치매   • 청소년
- 인터넷 중독   • 노인

아마 대부분은 치매와 노인, 인터넷 중독과 청소년이 서로 관계가 있다고 연결지었을 것이다. 즉 치매는 청소년과 관계가 없고 인터넷 중독 문제는 노인과

---

1 이 장은 필자의 학위논문인 〈노인 인터넷 중독의 특성에 관한 탐색적 연구〉(명지대학교 대학원, 2012)의 근거 통계 자료 등을 최신의 것으로 수정하고 내용을 일부 보완한 것이다.

2 이 장에서는 인터넷 중독과 스마트폰 중독을 구분하여 사용한 경우를 제외하고는 인터넷 중독뿐만 아니라 스마트폰 등 스마트미디어에 대한 중독을 포함한 의미로 인터넷 중독이란 용어를 사용하였다.

거리가 먼 이야기라고 여긴다. 그러나 알코올 중독 및 디지털 기기의 과다 사용 등으로 인한 20~30대의 청년 치매에 대해서는 youth dementia, early-onset dementia, younger people with dementia 등의 용어가 사용될 정도로 학술적 관심을 받고 있다.

한편 노인 인터넷 중독 문제는 학술적 주목을 거의 받지 못하고 있다. 여기에는 다음과 같은 의구심과 가정이 깔려 있는 듯하다. 즉 인터넷을 하는 노인이 얼마나 되며, 설사 노인이 인터넷을 하더라도 얼마나 오래 그리고 깊이 빠져들 만큼 할까? 그리고 노인이 철부지 어린애도 아닌데 인터넷에 중독되게 사용할 만큼 어리석지는 않을 것이다. 그러나 과연 그럴까?

2014년 심각한 우울증에 시달리던 할리우드의 명배우 로빈 윌리엄스가 63세의 나이에 스스로 목숨을 끊어서 많은 이들을 안타깝게 하였다. 그런데 그는 촬영과 공연 사이에 비디오 게임을 하느라 엄청난 시간을 보냈으며, 딸의 이름을 비디오 게임 캐릭터에서 따와 지을 정도로 온라인 비디오 게임의 광팬이었다. 그는 스스로 게임에 중독되었다고 인정하였으며, 온라인 게임을 사이버 코카인에 비유하기도 하였다(salon.com, 2014).

여론조사 업체인 SodaHead에서 2012년에 설문조사한 결과에 따르면 미국인의 61%는 자신이 인터넷에 중독된 것처럼 느낀다고 응답하였다. 그런데 연령별로 보면 10대(13~17세)의 73%가 그렇다고 응답하여 비율이 가장 높았으며, 연령이 올라갈수록 이런 응답률이 지속적으로 떨어지다가 65세 이상에서는 다시 반전하여 44%가 그렇다고 응답하였다(SodaHead, 2012).

우리나라에서도 그동안 수면 아래에 있던 노인의 인터넷 중독 및 과다 사용 사례가 언론에 화젯거리로 등장하기도 하였다. 2000년대 중반에 인터넷 음란물 동영상을 즐기는 할아버지인 '야동 순재'라는 TV 드라마 캐릭터가 인기를 끌었다. 2012년에는 특별한 소일거리가 없어 아들의 권유로 게임을 시작했다가 중독되어 수천만 원을 낭비한 60대 할아버지의 사례(KBS2, 2012년 4월 30일)와, 남편과 사별 후 대화 상대가 없어 게임을 시작했으나 게임 실력 상위 5%에 들 정도로 게임에 빠져 중독되면 될수록 즐겁다는 70대 할머니의 사례(MBN, 2012년 5월 4일)가 TV에 소개되기도 하였다. 그리고 노인들의 스마트폰 게임 과다 사용과 그로 인한 신체적 문제에 대해 지적하는 기사(세계일보, 2015년 5월 9일)가 실리기도 하였다. 이들의 인터넷 중독이나 과다 사용 행태는 인터넷에 중독된 젊은이의 모습과 큰 차이가 없다. 이는 인터넷을 이용하는 노인이 증가함에 따라 자연스럽게 나타난 현상으로서 앞으로 유사한 사례가 더욱 늘어나고 심각한 사회 문제로 등장할 것으로 예견된다.

오히려 노인 인터넷 중독 문제가 이미 코앞에 닥쳤음을 정부에서 발표한「2014년 인터넷 중독 실태조사」결과에서 확인할 수 있다. 이번 조사에서는 조사 대상 상한 연령을 기존의 54세에서 59세까지 연장하여 조사를 실시하였는데, 50대의 인터넷 중독률이 2.5%인 것으로 나타났다. 이 수치는 10대(12.5%)와 20대(11.6%) 젊은 층에 비해서는 물론 낮은 것이지만, 예비 노인이라고 할 수 있는 50대 인터넷 중독률의 정도가 처음으로 수치로 확인되었다는 데 의미가 있다. 그리고 동일 조사에서 이 연령대의 스마트폰 중독률은 인터넷 중독률의 2배에 가까운 4.8%에 달하는 것으로 나타났다. 이렇게 인터넷 중독이 청소년과 성인, 유아는 물론 베이비부머에까지 확산되는 등 전 국민적인 병리 현상으로 진화(?)하고 있음에도 불구하고, 타 연령대에 비해 노인층의 인터넷 중독에 대한 국내외의 조사와 연구는 극소수에 불과하다.[3]

우리나라의 경우, 이전 세대 노인에 비해 교육 수준이 높고 인터넷에 친숙한 베이비부머 세대가 은퇴하여 이제 막 노인 집단으로 편입되기 시작한 추세를 감안할 때, 노인 인터넷 중독 문제는 아직 수면 위에 떠오르지 않았을 뿐, 단순히 웃어넘길 드라마 속의 일이 아니라 곧 현실의 중대한 사회 문제로 등장할 이머징 이슈임이 분명하다. 따라서 젊은이 뺨치는 노인의 활발한 인터넷 이용 현황과 인터넷

---

3 국내에서 노인 인터넷 중독과 관련한 연구는 필자와 고재욱 교수(관동대) 등의 연구가 있을 뿐이다.

중독에 취약한 노인의 경제, 신체, 심리, 사회적 특성에 대해 알아보고, 이어서 노인 인터넷 중독에 관한 필자의 탐색적 연구 결과를 소개하고자 한다.

2. '꽃보다 디지털 할배(?)'가 대세

정부는 국민의 인터넷 이용 현황을 파악하기 위해 지난 2000년대 초반부터 매년 인터넷 이용 실태조사 결과를 발표하고 있다. 그런데 「2014년 인터넷 이용 실태조사」 결과는 몇 가지 특징을 보였다. 먼저 전체 국민의 인터넷 이용률이 3.7%p라는 기록적인 증가세를 보인 2013년에 이어 1.5%p라는 비교적 큰 폭의 증가세를 보였다는 점이다. 2009년에서 2012년까지 3년간 불과 1.2%p 늘어난 것을 감안하면 2년 연속 높은 증가세를 유지하고 있는 것을 알 수 있다.

그렇다면 2013년에 이어 큰 폭의 증가세를 주도한 연령대는 무엇일까? 2013년에 기록적인 상승을 주도한 연령이 50대였다면 2014년은 그 주역이 60대라는 점이 두 번째 특징이다. 즉 2013년에 전년도 대비 50대의 인터넷 이용률 증가율이 무려 20.2%p에 달해 가히 50대의 반란(?)으로 부를 수 있을 정도로 베이비부머에 해당하는 50대의 증가세가 두드러졌는데, 2014년에는 전 연령대 중 60대가 가장 높은 8.8%p의 증가세를 보였다. 그리하여 드디어 60대의 과반수가 인터넷을 쓰는 것으로 나타났다. 그리고 60세 이상 노인들의 인터넷 이용률도 32.8%에 달해 노인 3명 중 1명은 인터넷을 이용하는 대열에 들어섰다. 이는 10대와 20대에서

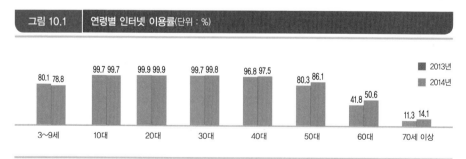

| 그림 10.1 | 연령별 인터넷 이용률(단위 : %) |

* 출처 : 미래창조과학부·한국인터넷진흥원(2014), 2014년 인터넷 이용 실태조사.

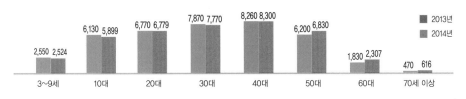

그림 10.2 | 연령별 인터넷 이용자 수(단위 : 천 명)

2,550 2,524　　6,130 5,899　　6,770 6,779　　7,870 7,770　　8,260 8,300　　6,200 6,830　　1,830 2,307　　470 616

■ 2013년
■ 2014년

3~9세　10대　20대　30대　40대　50대　60대　70세 이상

* 출처 : 미래창조과학부 · 한국인터넷진흥원(2014), 2014년 인터넷 이용 실태조사.

시작된 정보화의 물결이 파도타기를 하듯 50대를 거쳐 60대에 미쳤음을 보여 주며, 스마트폰의 보급 확대에 힘입어 그 물결은 60대 이후 노년층에도 도달할 것으로 전망된다.

디지털 실버, 웹버(webver, web+silver), 실버티즌(silvertizen, silver+netizen), 실버모빌리언(silver mobilian) 등으로 불리는, 무려 970여만 명에 달하는 50대 이상 디지털 장 · 노년층의 정보생활 수준은 어느 정도일까? 같은 조사에 따르면 네이트온, 카카오톡, 라인 등 메신저 이용률도 50대의 이용률(86.5%)이 전년 대비 18.2%p 상승했다. 60세 이상의 이용률도 전년도 34.6%에서 55.1%로 타 연령대에 비해 가장 높은 상승세를 보였다. 또 인터넷을 이용하는 60대 이상 노인 10명 중 약 3명(28.9%)이 10년 이상의 장기 인터넷 이용자이며, 절반 이상(60.0%)이 하루 1회 이상 인터넷을 이용하고 있는 것으로 나타났다. 그리고 50대와 60세 이상의 스마트 기기 보유율이 각각 82.7%와 26.4%로 드러나 노인들에게도 인터넷 이용이 일상화 · 장기화되어 젊은이들처럼 하나의 일상 문화로 정착된 것으로 보인다.

인터넷을 이용하는 노인의 경우, 다른 여가 활동에 비해 컴퓨터와 인터넷에 상대적으로 많은 시간을 보내고 있음을 표 10.1을 통해 알 수 있다. 즉 노인의 여가 활동 참여 비율에서 TV와 라디오 등 올드미디어가 노인들에게 압도적으로 사랑을 받고 컴퓨터와 인터넷은 8위에 불과하지만, 참여자들의 이용 시간이 주당 9시간 6분으로 TV와 라디오에 이어 2위를 차지할 만큼 인터넷 이용자들은 다른 활동

표 10.1	노년층의 여가 활동 참여 실태				
구분	참여 비율 (%)	참여 시간			
		평균	최소	최대(일:시간:분)	
TV 시청 및 라디오 청취	93.3	15:54	1:00	6:02:00	
운동	32.8	6:42	0:30	4:08:00	
계모임이나 동창회 또는 노인정 등 친목 활동	23.9	6:36	0:30	2:12:00	
종교 활동	17.6	4:48	1:00	2:16:00	
화초·정원 손질, 애완동물 기르기 등	15.4	7:30	0:18	1:21:00	
화투, 장기, 바둑, 카드놀이	10.2	8:42	1:00	2:02:00	
복지관 프로그램, 독서 등 자기계발	8.6	8:00	1:00	1:16:00	
컴퓨터, 인터넷	3.2	9:06	1:00	1:18:00	
사회봉사 및 단체 활동 참여	1.4	5:24	1:00	1:02:00	
소풍, 관광 등 여행	1.2	7:00	1:00	1:02:00	
문화예술 관람(연극, 영화, 음악회 등) 및 창조적 활동(서예, 사군자, 춤 등)	0.9	9:06	2:00	1:04:00	

* 출처 : 황남희(2014), 한국 노년층의 여가 활동 유형화 및 영향 요인 분석, 보건사회연구.

에 비해 컴퓨터와 인터넷에 상대적으로 아주 많은 시간을 보내고 있다.

한편 모바일 혁명으로 정보생활이 모바일 기반으로 급격히 바뀌는 추세에 따라 스마트폰을 가진 장·노년층이 급격히 늘어나고 있으며, 노인복지관 등의 정보화 교육장마다 스마트폰을 배우려는 노인들로 넘쳐난다. 그리하여 모바일 게임은 젊은 층의 전유물이라는 고정관념이 깨지고 있다. 인터넷 미디어 컨설팅 업체인 닐슨코리안클릭의 집계(2014년 1월 기준)에 따르면 60~69세 모바일 게임 이용자는 48만 9,522명이며, 한 달 평균 이용 시간은 1,683분으로 중·고교생(1,378분), 대학생(1,302분)보다 많은 것으로 나타났다(중앙일보, 2014년 2월 25일). 또한 모바일 게임에서 장·노년층이 새로운 소비자층으로 부상하는 등 변화도 감지되고 있다. 애니팡의 경우 40~50대 이용자 비중이 전체 이용자의 50%를 넘어선다. 이 게임은 장·노년층 얼리어답터의 인기를 한 몸에 받으며 1년 넘게 구글 플레이스토어 매출 순위 상위권을 유지하고 있다(헤럴드경제, 2014년 5월 16일).

이처럼 인터넷을 바둑, 장기처럼 친숙한 여가 활동 수단으로 즐기는 이른바 '꽃보다 디지털 할배', 즉 디지털 장·노년층이 급격히 늘어나고 이들은 젊은이 못지않은 활발한 정보생활을 영위하고 있다. 따라서 정보화가 청소년에서 유아와 일반 성인으로 확산되면서 인터넷 중독도 청소년에서 유아와 일반 성인으로 확대되고 있듯이, 장·노년층의 정보생활이 일반화되면서 노인도 이제 인터넷 중독 문제의 가시권에 들어온다는 것을 가늠해 볼 수 있다.

3. 노인의 4고(四苦)와 인터넷 중독

다양한 신체적·심리적·사회적 변화를 수반하는 노화 현상에 따라 노인이 겪는 고통을 흔히 4고(四苦)라고 표현한다. 경제적 빈곤(poverty)과 신체적 질병(sickness), 심리적 고독(loneliness), 사회적 역할 부재 및 약화(rolelessness)가 그것이다. 이러한 노인의 4고는 노인이 인터넷을 과다 사용하거나 중독 사용하는 것과 어떤 관계가 있을까? 이하에서는 우리나라 노인이 처한 4고에 대해 구체적으로 살펴보자.

첫째, 빈곤의 문제이다. 노인은 은퇴와 퇴직을 하여 경제적 활동에서 물러남으로써 안정적인 소득원의 상실로 인한 심각한 수입 감소를 겪게 된다. 연금이나 퇴직금, 저축, 은행 이자, 부동산 소득 등의 수단으로 정기적 소득을 대체하기도 하지만, 정기적인 소득원에 비해 대부분 규모가 작고 불안정하다. 우리나라 베이비붐 세대의 은퇴 준비는 100점 만점에 낙제점 수준인 62.22점인데, 특히 재정 측면이 가장 미흡하여(52.6점) 은퇴 후 재정적으로 안정적인 삶을 기대하기 어려운 것으로 나타났다(연합뉴스, 2012년 2월 2일). 이런 취약한 재정 상태는 노인을 빈곤 상태로 내몬다. 경제협력개발기구(OECD)가 집계한 2012년 우리나라

65세 이상 노인의 '상대적 빈곤율'(중간층 소득의 절반에 미치지 못하는 비율)은 49.6%로, 국내 노인 2명 중 1명이 가난한 상황이다. 이는 OECD 국가 중 최고이며, OECD 평균인 12.6%보다 약 4배 높은 수준이다(연합뉴스, 2015년 2월 22일).

둘째, 질병의 문제이다. 생물학적 또는 신체적 노화에 따른 건강의 약화는 어떤 의미에서는 막기 힘들지만, 노인은 수입 부족으로 인해 적절하게 건강 보호를 받을 수 없는 경우가 많기 때문에 문제가 된다. 한국보건사회연구원에서 만 65세 이상 노인을 대상으로 실시한 「2014년도 노인 실태조사」에 의하면 전체 노인의 43.7%가 평소 자신의 건강 상태에 대해 부정적인 인식을 갖고 있다. 그리고 전체 노인의 89.2%가 의사 진단을 받은 만성 질병을 하나 이상 앓고 있으며, 33.1%는 우울 증상을 지니고 있다. 또한 기본적 일상생활 수행 능력(activities of daily living, ADL)[4]과 도구적 일상생활 수행 능력(industrial activities of daily living, IADL)[5]에서 한 가지 이상 제한이 있는 노인이 각각 6.9%와 17.8%에 달하는 등 신체적 기능의 노쇠 현상을 보인다.

셋째, 고독의 문제이다. 노인은 사회적 역할의 상실 및 약화로 인해 사회적 관계망이 극도로 빈약해질 뿐만 아니라, 노인 혼자 혹은 노인 부부만이 사는 노인 가구가 증가함에 따라 가족 간 정서적 커뮤니케이션의 기회도 줄어들어 고독, 즉 소외라는 문제가 발생한다. 통계청의 장래 가구 추계(2012) 자료에 의하면 2014년 현재 65세 이상 노인이 가구주인 '노인 가구'의 비중은 20.1%로 점점 증가하는 추세이며, 65세 이상 노인이 홀로 사는 '독거노인 가구'의 경우 총가구 구성비의 7.1%, 노인 가구 중에서는 35.6%를 차지하는 것으로 나타났다. 또한 독거노인 수는 전체 노인 인구 638만 6,000명의 20%인 131만 7,000명에 달한다.

마지막으로, 역할 부재 및 약화의 문제이다. 이는 전통 사회에서 노인의 풍부한

---

4 목욕, 옷 갈아입기, 식사, 앉기, 걷기, 화장실 이용을 남의 도움 없이 할 수 있는지를 측정한다.
5 일상용품 사기, 전화 걸기, 버스나 전철 타기, 가벼운 집안일하기를 남의 도움 없이 할 수 있는지를 측정한다.

표 10.2	노인 가구(단위 : 천 가구, %)			
연도	총가구	노인 가구[1]	구성비	독거노인 가구(구성비)[2]
2010	17,359	3,087	17.8	1,056(6.1)
2014	18,458	3,703	20.1	1,317(7.1)
2020	19,878	4,772	24.0	1,745(8.8)

주 : 1) 가구주의 연령이 65세 이상인 가구
　　 2) 가구주의 연령이 65세 이상이면서 혼자 사는 가구
* 출처 : 통계청의 「장래 가구 추계 2012」를 통계청의 「2013 고령자 통계」에서 재인용

인생 경험과 지혜, 젊은 세대가 실천하는 효라는 가치관을 바탕으로 노인도 가정과 사회에서 일정한 역할을 부여받았으나, 급속한 기술 발전으로 인해 노인의 경험과 지식의 유용성이 떨어지고, 특히 은퇴로 인한 사회적 변화로 노인의 사회적 역할이 감소하거나 모호해지는 것을 말한다(이은희, 2009).

지금까지 살펴본 노인 문제의 실상은 통계청의 「2013 사회조사」 결과에서도 잘 드러난다. 이 조사에 따르면 60세 이상 노인이 겪고 있는 어려움은 '경제적인 어려움'이 38.6%로 가장 컸고, 다음은 '건강 문제', '소일거리가 없음', '외로움 · 소외감' 등의 순으로 나타났다.

이처럼 노인이 처한 경제적 · 신체적 · 심리적 · 사회적 특성과 이로 인한 노인 문제는 노인의 여가 행태와 질에도 영향을 미친다. 그렇다면 노인이 경험하는 4고와 인터넷 중독은 어떤 관련이 있을까? 앞서 말한 노인의 4고 문제, 즉 질병 등 신체적 기능 약화, 소외감, 빈곤, 역할의 부재 및 약화 등의 네 가지 제약 조건이 다른 대안 여가 활동을 즐기기 곤란한 노인을 인터넷 중독으로 이끌 수도 있다. 즉 노인은 인터넷에 오래 몰입할 만큼 체력이 뒷받침되기 힘들지만, 다른 한편으로는 체력을 요하는 신체적 여가 활동을 즐기기 힘든 제약 조건이 오히려 신체적 활동을 요하지 않는 인터넷에 과도하게 몰입하게 할 수도 있으며, 의존하기 시작하면 다른 대안 여가 활동이 부족하여 더욱 의존적으로 만들 가능성도 있다.

그리고 노인 가구 세 가구 중 한 가구 이상이 독거노인 가구인 상황을 고려할

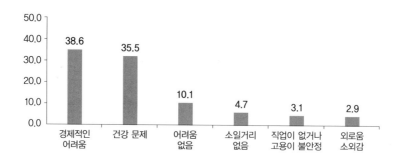

그림 10.3　노인(60세 이상)이 겪는 어려움(단위 : %)

* 출처 : 통계청, 2013 사회조사.

때, 홀로 사는 노인은 인터넷에 친숙한 젊은 세대와 어울릴 기회가 적어 인터넷을 접하기 어려운 점도 있지만, 소외감을 벗어나려고 인터넷을 접했다가 가상세계의 인간관계에 과도하게 빠질 위험성에 처해 있기도 하다. 또한 거의 무료로 언제 어디서나 쉽게 이용할 수 있는 인터넷의 접근 용이성도 경제적으로 빈곤한 노인 계층에게 특별한 매력으로 다가온다.

　마지막으로 가정과 사회의 각종 경제적·사회적 의무에서 벗어나 역할이 모호하거나 약해진 노인에게 인터넷은 새롭고 멋진 가상적 역할과 정체성을 제공해 준다. 이러한 이유 때문에 노인은 다른 연령대 못지않게 인터넷 중독에 취약한 계층일 수 있다.

4. 노인 인터넷 중독의 특성

필자의 연구는 노인의 인터넷 이용이 늘어남에 따라 향후 현실화될 것으로 우려되는 노인 인터넷 중독 문제에 대한 탐색적 연구로서, 이를 통해 노인이 인터넷 중독에 빠지지 않고 건강한 여가 활동으로 인터넷을 즐길 수 있도록 앞으로 노인 인터넷 중독에 대한 대응 방안 및 인터넷 여가 선용 방안 마련에 도움을 주고자 실시되었다.

이를 위해 사전에 노인복지관 등의 협조를 얻어 노인 정보화 교육을 가르치거나 수강하고 있는 55세 이상의 노인을 대상으로 온라인 조사업체를 활용하여 2012년 3월과 4월 온라인 서베이 방식으로 연구를 수행하였는데 총 233명이 응답하였다. 인터넷 중독 진단척도로는 한국정보화진흥원의 성인 인터넷 중독 진단 척도(K-척도)를 노인에 맞게 일부 수정하여 사용하였다. 즉 성인 인터넷 중독 진단척도는 학생, 직장인 등 20~40대 연령을 대상으로 실시할 목적으로 개발되어, 대부분 학업이나 생업의 부담에서 벗어나 여가 위주의 생활을 영위하는 노인에게 성인 인터넷 중독 척도를 그대로 적용하기에는 무리인 부분이 있었다.[6] 그리고 설문 문항은 인구·사회적 특성, 인터넷 이용 행태, 인터넷 중독 진단, 심리적 상태, 인터넷 중독의 영향, 여가 만족 등 총 37개 문항으로 구성되었다.

연구 결과 노인의 인터넷 중독률은 7.7%로 나타났으며, 이는 2011년 전체 국민 인터넷 중독률과 동일한 수치로 성인(20~49세)의 중독률 6.8%보다 0.9%p 높다. 한편 사용된 척도가 노인에게 맞게 표준화된 척도가 아니고 표본 규모가 작아서 최초의 노인 인터넷 중독률 산출 시도라는 데 의의를 두고자 하며, 세부 분석은 K-척도의 채점 결과 총점 기준으로 상하위 25% 집단을 추출하여 비교하는 방법으로 이루어졌다. 점수가 높을수록 중독 경향이 있고 중독 수준이 심한 것으로 풀이된다.

일상생활 장애, 가상세계 지향, 금단, 내성 등 인터넷 중독의 4대 구인 요소 가운데 가상세계 지향의 정도가 가장 높은 것으로 드러났는데, 이는 각각 금단과 내성이 가장 높게 나타난 청소년, 성인과 비교해 보았을 때 뚜렷한 차이가 난다. 이는 노인이 신체·경제·사회적인 제약 조건으로 인해 현실에서 즐길 수 있는 활

---

6 성인 K-척도의 1번 문항 "인터넷 사용으로 인해 학교 성적(업무 실적)이 떨어졌다"를 "인터넷 사용으로 인해 일상생활에 지장이 있다"로, 그리고 5번 문항 "인터넷 사용 때문에 피곤해서 수업(업무) 시간에 잔다"를 "인터넷 사용 때문에 피곤해서 수시로 잔다"로 수정하였다.

표 10.3	중독 진단 결과 점수 상하위 25% 집단의 인구·사회적 특성								
구분		전체		상위 25%		하위 25%		x2(df)	p
		사례 수	%	사례 수	%	사례 수	%		
전체		233	100	65	100	58	100	–	–
가족 형태	혼자 산다	19	8.2	6	9.2	5	8.6	9.303 (5)	.098
	노인 부부만	161	69.1	48	73.8	34	58.6		
	노인+자녀	38	16.3	8	12.3	13	22.4		
	노인+자녀+손자녀	5	2.1	3	4.6	1	1.7		
	노인+손자녀	2	0.9	–	–	1	1.7		
	노인+부모	8	3.4	–	–	4	6.9		
월평균 가구 수입	100만 원 미만	47	20.2	16	24.6	4	6.9	10.598 (5)	.060
	100~200만 원 미만	65	27.9	18	27.7	18	31.0		
	200~300만 원 미만	63	27.0	16	24.6	16	27.6		
	300~400만 원 미만	37	15.9	11	16.9	10	17.2		
	400~500만 원 미만	12	5.2	1	1.5	6	10.3		
	500만 원 이상	9	3.9	3	4.6	4	6.9		

동이 다양하지 못해 다른 연령에 비해 상대적으로 현실 세계 활동의 대체재로서 가상세계 지향이 높게 나타난 것으로 해석된다.

한편 인구·사회적 특성 측면에서는 대체적으로 상위 집단과 하위 집단 간에 통계적으로 의미 있는 차이가 나타나지 않았으나, 저소득층인 경우 상위 집단에 속하는 비율이 하위 집단에 속하는 비율보다 3배 이상 높게 나타나고, 노인으로만 구성된 노인 가구가 상·하위 집단 중 상위 집단에 속하는 비율이 더 높게 나타난 점은 주목할 만하다.[7] 즉 「2014년 인터넷 중독 실태조사」 결과에서 50대 성인의

---

7 100만 원 미만의 경우 상위 집단은 24.6%, 하위 집단은 6.9%로 3배 이상 차이가 나고, 혼자 살거나 노인 부부만 사는 노인 가구의 경우 상위 25%에 속하는 비율이 하위 25%에 속하는 비율보다 높다 (9.2% 대 8.6%, 73.8% 대 58.6%).

인터넷 중독률이 2.5%인 데 반해, 월소득 200만 원 미만의 50대 저소득층과 혼자 사는 50대 1인 가구의 인터넷 중독률이 각각 4.0%와 7.2%로 매우 높게 나타난 사실과 동일한 경향을 보여 준다. 특히 노인의 빈곤율과 독거노인의 비율이 높다는 점은 다른 연령대에 비해 인터넷 중독에 더욱 취약한 요인으로 작용할 수도 있어서 향후 표본집단을 확대하여 추가 연구가 필요할 것으로 보인다.

또한 인터넷 이용 시기, 하루 평균 이용 시간, 주 이용 서비스 등 인터넷 이용 행태는 상·하위 집단 간에 통계적으로 의미 있는 차이가 나타나지 않았다. 그리고 심리적 상태와 인터넷 중독의 관계에서는 상위 집단이 하위 집단에 비해 상대적으로 가족관계와 대인관계에서 만족감은 덜 느끼고 외로움과 스트레스는 더 느끼는 것으로 드러났다. 이는 청소년과 일반 성인의 인터넷 중독 요인으로 일반적으로 이야기되는 외로움, 소외감이란 부정적 심리와 부정적 가족관계가 노인 인터넷 중독 문제에도 해당되는 것으로 보인다.

또한 상위 집단이 하위 집단보다 인터넷 과다 사용으로 인한 문제를 더 많이 경험하는 것으로 드러났으며, 건강 문제, 심리적 문제, 사회적 관계 문제, 금전적 문제 중에서는 금전적인 문제를 가장 심각하게 느꼈다. 그런데 이것이 구체적으로 무엇을 의미하는지는 불명확하다. 흔히 청소년 인터넷 중독자에게 금전적인 문제란 게임 아이템 구매나 유료 서비스 이용과 관련된 경우가 많은데, 본 조사에서 어려움을 겪는 노인의 인터넷 이용 서비스의 경우 게임이 차지하는 비율이 미미하여 금전적인 문제가 인터넷 도박, 유료 서비스 등 구체적으로 무엇과 관련된 것인지 파악하기가 곤란하다. 단지 경제적이든, 관계적이든, 금전적이든 인터넷 중독으로 인한 문제의 파급력은 노인에게 더 해로울 수 있다는 사실을 지적하고자 한다. 앞서 살펴보았듯이 노인은 정서적으로 외롭고, 경제적으로 가난하며, 신체적으로 허약하기 때문에 청소년이나 일반 성인보다 중독으로 인한 폐해가 때로 치명적인 영향을 미칠 수 있다.

5. 노인 인터넷 중독으로 노년 40년을 잃어버리지 않으려면

요즘은 인생 백세 시대라고 한다. 현재의 베이비부머가 앞으로 40년가량을 더 살수 있다는 얘기이다. 노년의 무한정한 여유 시간을 인터넷과 디지털 기기에 중독되어 헛되어 보냄으로써 40년을 잃어버리지 않게 하는 것은 노인 개개인은 물론이고 사회적으로도 의미 있고 시급한 일이라고 생각한다. 우리가 청소년 인터넷 중독 문제에 대한 체계적인 대응이 미흡하여 개인과 가정, 사회가 큰 대가를 치르고 있는 현실을 반면교사로 삼아 노인 인터넷 중독에 대한 본격적인 연구와 이를 기반으로 한 대책의 시행을 위해 몇 가지 제안을 하고자 한다.

첫째, 노인의 특성을 고려한 인터넷 중독 진단척도를 개발해야 한다. 노년기를 보내고 있는 노인은 신체적·심리적·사회적으로 청소년은 물론이고 일반 성인과도 많은 차이가 있다. 따라서 노인의 이러한 특성을 반영하여 일반 성인과는 다른 노인용 인터넷 중독 진단척도의 개발이 시급하다.

둘째, 노인 인터넷 중독 진단척도를 활용하여 노인 인터넷 중독 실태를 파악해

야 한다. 인터넷 이용 연령이 전 연령대로 확산됨에 따라 정부는 인터넷 중독 실태조사 대상의 연령을 2011년 49세, 2013년 54세, 그리고 2014년에는 59세까지 확대하였다. 앞으로 실태조사 대상을 60대 이상으로 확대할 필요가 있다.

셋째, 실태조사 결과를 바탕으로 그동안 청소년에 집중된 듯한 인터넷 중독 정책에서 벗어나 노인 인터넷 중독에 대한 예방 대책과 상담 등의 정책을 수립해야 할 것이다. 그동안 청소년 컴퓨터 교육에서 기술 위주로 가르치다 보니 건강한 정보 문화가 형성되지 않아 청소년 인터넷 중독 등의 사회 문제가 발생하고 있듯이, 노인 정보화 교육에서도 앞으로는 기술 교육과 더불어 인터넷 중독 예방 교육을 병행하여 실시할 필요가 있다. 그리고 노인 인터넷 중독 전문상담가를 양성하여 노인에 특화된 상담을 실시할 필요가 있다고 본다.

넷째, 노인 인터넷 중독 문제에 대한 연구를 강화해야 한다. 알코올이나 도박 중독의 예를 통해 볼 때, 노인의 취약한 신체적 · 경제적 · 심리적 상태를 고려하면 청소년이나 일반 성인에 비해 인터넷 중독으로 인한 부작용이 보다 심각하고 치명적일 것으로 추측된다. 외국의 일부 연구 사례를 보면 노인의 인터넷 중독은 도박 혹은 포르노 중독과 함께 나타나기도 한다. 이는 청소년 인터넷 중독의 일반적인 형태가 게임 중독인 것과는 큰 차이점이다. 그래서 노인 인터넷 중독의 특성과 취약 요인 분석 등에 대한 심층 연구를 수행하고, 이를 바탕으로 노인에 특화된 상담 기법도 개발해야 할 것이다.

다섯째, 인터넷 이외에 보다 다양한 노인 여가 활동 프로그램의 개발과 공간, 시설의 구축이 이루어져야 한다. 청소년 인터넷 중독의 예방 대책에서도 인터넷 이외 다른 활동에서 즐거움을 찾을 수 있도록 예술과 체육 관련 프로그램과 시설 등 이른바 대안 활동이 중요하다. 마찬가지로 노인의 경우도 복지관 등 노인 여가 시설에서 보다 다양한 프로그램을 개설하고 복지관 이외에 다른 여가 공간과 시설을 구축할 필요가 있다.

마지막으로 2010년 실시된 "140자의 마법, 트윗 작가를 찾습니다"라는 '트위터

문학상'에서 오프라인과 온라인 생활의 균형에 관한 주제로 입상한 필자의 작품을 소개하며 끝을 맺고자 한다.

On 세상을 때론 Off 하세요.

그리고 Off 세상을 On 하세요.

On 세상에서만 계속 On 하다간,

Off 세상을 Off 하는 수가 있습니다.

참고문헌

고정현 (2012). 노인 인터넷 중독의 특성에 관한 탐색적 연구. 명지대학교 석사학위논문.

미래창조과학부, 한국인터넷진흥원 (2014). 2014년 인터넷 이용 실태조사.

미래창조과학부, 한국정보화진흥원 (2015). 2014년 인터넷 중독 실태조사.

보건복지부, 한국보건사회연구원 (2014). 2014년도 노인 실태조사

세계일보 (2015). 무료함 달래려…스마트폰에 빠진 어르신들.

연합뉴스 (2012). 베이비부머 은퇴 준비 100점 만점에 62점.

연합뉴스 (2015). OECD 회원국 빈부 격차 사상 최대…한국 노인 빈곤율 1위.

이은희 (2009). 최신 노인복지론. 학지사.

중앙일보 (2014). 눈 뜨면 카톡, 전광판 앱으로 사랑 고백…20대 못잖다.

통계청 (2013). 2013 사회조사.

통계청 (2014). 2014 고령자 통계.

황남희 (2014). 한국 노년층의 여가 활동 유형화 및 영향요인 분석. 보건사회연구, 34(2), 37-69.

http://www.salon.com/2014/08/12/robin_williams_secret_life_as_a_video_gamer_the_online_gaming_community_mourns_one_of_its_own

http://www.sodahead.com/living/public-opinion-suggests-internet-addiction-is-a-problem/question-2464081

KBS2 (2012). 대국민 토크쇼 안녕하세요.

MBN (2012). 할머니는 게임 왕…게임에 빠진 70대 할머니.

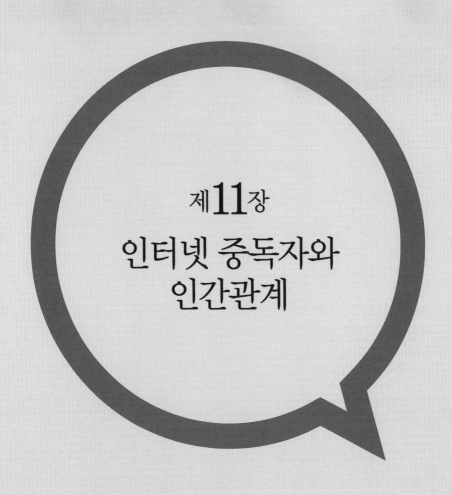

제11장

인터넷 중독자와
인간관계

제11장
인터넷 중독자와 인간관계

조은숙 | 수원대학교 아동가족복지학과

°°시작하는 글

중독이 심해지면 중독자는 자신뿐만 아니라 그와 관련된 주변 인간관계를 파괴한다. 중독의 대상이 되는 그 행위 혹은 물질에만 집착하면서 다른 모든 것에 대한 관심을 멀리하게 되므로 일상생활이 거의 불가능해지기 때문이다. 인터넷 중독도 마찬가지이다. 인터넷에의 중독적 몰입은 자기 삶의 기능을 정지시키고 자기와 관계된 중요한 타자들과의 관계를 파괴한다. 이와 더불어 인터넷 게임이 사용자들의 폭력성을 조장한다거나 사이버섹스가 위험한 성행동이나 부부관계에 문제를 낳는다는 우려도 제기되고 있다. 소셜네트워크서비스(SNS)에의 과몰입이 현실 인간관계에 부정적 영향을 미치는 것은 아니냐는 각성도 있다.

인터넷이 제공하는 다양한 서비스로 인해 인터넷 중독의 하위 영역별로 인간관계에 미치는 영향은 다면적인 경향이 있다. 한편 한 개인이 인터넷에 중독되어 가는 근저에는 개인의 욕구를 충족시켜 줄 수 있는 현실 인간관계의 결핍이 존재할 가능성이 크다. 그래서 현실의 고통과 인간관계의 어려움은 인터넷 중독의 원인이 되기도 한다. 이 장에서는 인터넷 중독자의 인간관계에 대해 이와 같은 다양한 논점을 위주로 살펴본다.

1. 고통스러운 삶을 사는 이에게 인터넷은 구원자인가, 파괴자인가

인터넷 중독의 중요한 원인 중 하나는 사람들이 고통스러운 현실이나 외로움, 우울과 같은 심리·사회적 문제를 해소하기 위해 인터넷을 도피처로 삼는 데 있다(Kim et al., 2009). 현실에서 경험하는 불쾌감을 피하기 위해 손쉽게 만족과 위안을 주는 어떤 것을 취하게 되는 것이 습관화되면서 중독이 일어나게 되는 것이다. 따라서 대체로 문제 중심적이고 사회적인 방식의 적극적 대처보다는 감정 완화적이고 소망 지향적인 수동적·회피적 대처기제를 사용하는 사람들에게 중독이 일어날 가능성이 높다고 볼 수 있다.

한 연구(아영아·정원철, 2010)에 따르면 청소년의 스트레스 대처 능력은 이들의 가족 갈등으로 인한 스트레스를 조절하여 인터넷 중독 수준에 영향을 미치는 것으로 나타났다. 즉 스트레스 대처 능력이 높은 집단은 가족 갈등 스트레스가 높은 상황에서도 인터넷 중독이 낮아지지만, 스트레스 대처 능력이 낮은 집단은 가족 갈등 스트레스가 높을수록 인터넷 중독 수준이 높아지는 것을 볼 수 있었다. 스트레스 대처 능력이 부족한 사람들은 현실의 어려움으로 스트레스를 받게 되면 그것을 피하고 잊기 위해 중독 물질 혹은 행위로 쉽게 빠져드는 경향이 있다고 할 수 있다.

인터넷 중독 증상을 보이는 청소년의 경우 가족 내의 갈등과 폭력, 부모의 이혼 등으로 인한 보살핌의 결여, 지속적인 가난과 출구가 없는 미래, 학업 실패와 고립, 부모의 지나친 기대와 관심, 통제 등의 스트레스에 대해 가장 쉽고 편안한 안식처를 인터넷 속에서 찾는 경향이 있다. 이러한 경향은 성인도 마찬가지이다. 인터넷 과다 사용자는 일반 사용자에 비해 인터넷을 통해 즐거움 욕구, 시간 보내기 욕구, 현실 회피 욕구, 대인관계 욕구, 정체성 욕구, 성취 욕구를 충족하려는 동기가 높았다(김병구 외, 2008; 박승민 외, 2008). 즉 중독적으로 인터넷을 사용하는 사람에게 인터넷은 자기표현, 성취, 재미와 성적 자극, 사생활과 같은 중요한 욕구를 충족하는 중요한 통로인 셈이다. 그렇다면 인터넷은 이들에게 '좋은 일'을 하고 있는 것이 아닌가? 인터넷이라도 있으니 이들이 삶을 유지한다고 볼 수 있을까?

그러나 인터넷을 통해 자신의 욕구가 비교적 쉽게 만족되면서 이들은 인터넷에 점점 몰입하고, 인터넷을 하는 시간이 길어질수록 현실 생활은 뒷전으로 물러나게 된다. 인터넷의 중독적 사용과 초등학생의 학교생활 적응 정도 간의 관계를 살펴본 한 연구(김희영 외, 2005)는 인터넷의 중독적 사용이 담임교사와 학교 공부에 대한 적응, 교우와의 관계, 학교 규칙 준수, 학교 행사에 대한 적극성 등과 모두 부정적으로 유의미한 상관관계를 나타낸다고 보고하였다. 또 다른 연구(박승민 외, 2008)에서는 청소년이 대체로 컴퓨터 이용 시간이 길수록 자기 삶의 질을 낮게 평가하는 경향이 있으며, 특히 부정적인 동기로 게임을 하는 청소년의 경우 그러한 경향이 더 컸다. 이는 현실 스트레스에 대한 도피나 현실에서 주는 만족감의 대체물로서 인터넷에 몰입하게 될 경우, 인터넷 사용이 길어질수록 이들의 현실 적응과 삶의 질에 부정적인 결과를 초래한다는 것을 의미한다.

인터넷 중독은 인간관계에도 영향을 미친다. 한 연구(이만제, 2009)는 청소년의 인터넷 중독 수준에 따라 인간관계 형성에 중요한 역할을 하는 감성지능에 차이가 있음을 밝혔다. 구체적으로 인터넷에 중독되지 않은 청소년이 인터넷에 중독된 청소년보다 감성지능 중 정서인식, 정서표현, 정서조절, 정서활용 능력이 더 높은 것으로 나타났다. 그리고 청소년의 인터넷 중독 수준에 따라 대인관계 성향에 대체로 유의한 차이가 나타나, 인터넷에 중독되지 않은 청소년이 중독된 청소년보다 독립적-책임적, 동정적-수용적, 사교적-우호적 대인관계 성향이 큰 반면 경쟁적-공격적, 반항적-불신적 성향이 작은 것으로 나타났다. 즉 인터넷 중독이 인간관계 능력을 저하시키고 그로 인해 사이버 세계 속에서 자기를 표현하는 데 더욱 몰입하게 된다는 것이다.

성인의 인터넷 중독에 대한 연구는 청소년에 대한 연구만큼 활발하게 이루어지지 못했다. 특히 인터넷 중독 수준의 성인이 일상생활에서 어떤 부정적인 영향을 경험하는지에 대한 학술적 연구가 미흡한 상태이다. 그러나 세간의 주목을 받은 몇몇 사건의 보도를 통해 성인 인터넷 중독자가 경험하는 현실 생활에서의 부적응 상태를 추측해 볼 수 있다(글 상자 참조). 성인 중독자의 경우 인터넷을 하느라 생업이나 자녀 돌보기와 같은 기본적인 역할이 유기되는 모습을 볼 수 있다. 심지어 게임할 돈을 구하기 위해 절도나 강도 행각을 저지르기도 한다.

이렇게 현실의 어려움을 피하여 인터넷으로 도피하지만 인터넷에의 몰입은 이들의 어려움을 완화해 주기보다는 생업, 학교생활, 중요한 사람들과의 관계 같은 현실의 삶에 부정적인 영향을 준다. 더 나아가 악화된 현실은 한 개인을 건강한 사회적 관계로부터 고립시키고 이들은 점점 더 외롭고 우울한 삶 속에 빠져들게 된다(Kim et al., 2009).

2. 인간관계의 문제, 인터넷 중독의 원인인가, 결과인가

인터넷 중독자에게서 발견되는 인간관계의 문제는 크게 두 가지 방향으로 나타난다. 하나는 외로움과 사회적 고립을 경험하는 것이고, 또 하나는 중요한 타인들과의 갈등관계를 경험하는 것이다. 이 두 가지를 동시에 가진 사람들도 있고, 고립과 외로움 혹은 갈등과 공격성이라는 한 가지 측면만을 가진 사람들도 있다.

1) 외로움의 문제

인터넷 중독 연구의 선구자인 Young(1998)은 가족 간의 대화 단절 및 대인 간의 접촉 감소로 인한 외로움이 인터넷 중독으로 이어질 수 있으므로 외로움이 인터넷 중독의 주요 선행 변인이 될 수 있음을 지적하였다. 인터넷 중독의 인지행동적 모형을 개발한 Davis(2001)도 외로움과 우울 등의 심리·사회적 문제가 병리적 인터넷 사용(PIU)의 원거리 선행 요인이 된다고 보았다. Davis의 모델은 Caplan(2005)에 이르러 인터넷 중독의 사회적 기술 원인 모델(social skill account of internet addiction model)로 발전하였다. 이 모델에서는 자기를 표현하는 기술이 부족한 사람의 경우 대면보다 온라인 커뮤니케이션을 선호하며 더 많은 시간과 관심을 온라인 커뮤니케이션에 쏟아 인터넷 사용 조절의 어려움을 겪게 된다고 본다. 그리고 이로 인해 일상생활과 실제 사회관계에 결손을 낳는 부정적인 결과를 초래한다는 것이다.

대인관계 기술이 부족하고 사회적으로 고립되어 있으면서 우울한 감정을 가지고 있는 사람들은 자신에게 불편함과 외로움을 주는 인간관계로부터 철회하면서 그 대신 익명성으로 인해 안전감을 제공하는 채팅 등의 인터넷 커뮤니케이션에 빠져드는 경향이 있다. 또한 친구가 없고 또래들에게 인기가 없는 사람이 인터넷 게임이나 SNS 등을 통해 자신의 존재감을 드러내고자 인터넷에 몰입하기도 한다.

그러나 외로움과 사회적 관계 기술의 부족이 원인이 되어 그것의 보상으로 인터넷에 몰입하는 경우, 인터넷에의 과도한 몰입은 실제 생활에서 관계나 역할 수행의 차질을 초래한다. 이로 인해 실제 생활이 이루어지는 사회관계에서 더욱 고립되고 외로워지는 악순환에 빠지게 된다. 이런 악순환이 반복되면서 하루 종일 인터넷만 하고 일체의 활동과 사회생활을 하지 않는 '인터넷 은둔자'가 되는 것이다. 인터넷 중독이 심해진 사람이 일반적으로 나타내는 증상 중 하나가 일상적인 사회관계가 없어지고 인터넷과 함께 외톨이가 되는 것이다. "안에 사람이 있는 것은 알겠는데 아무리 문을 두드려도 문을 열지 않더라고요. 할 수 없이 사 들고 간 김밥을 문고리에 걸어 놓고 왔어요." 필자가 몸담았던 인터넷중독상담센터의 방문상담사 사례회의에서 나온 말이다.

그런데 외로움과 우울, 사회적 기술의 결여 등을 동반한 관계의 문제는 인터넷 중독의 원인인가, 아니면 결과인가? 이와 같은 원인-결과 논쟁에 답하기 위해 설계된 2개의 연구를 살펴보자.

미국의 대학생 635명을 대상으로 외로움과 인터넷 중독 간의 인과관계 경로 모형을 횡단연구를 통해 검증한 한 연구(Kim et al., 2009)는 외로움이 병리적 인터넷 사용 행동(PIU)의 원인이지만, 인터넷 사용이 외로움의 직접적 원인은 아닐 가능성을 보여 주었다. 이 연구에서는 첫 번째 모형으로 외로움이 원인이 되어 인터넷 사용이 늘어나게 된다는 경로 모형을 설정하였다. 연구 결과, 외로움은 사회적 기술 결여와 온라인에서의 인간관계 선호성, 인터넷의 강박적 사용 모두에 유의미한 정적 영향을 주었으며, 강박적 인터넷 사용은 일이나 학업, 사회관계에서의 부정적인 결과에 정적인 영향을 주는 것으로 나타났다.

두 번째 모형으로는 인터넷 사용으로 인해 사회적 철회가 일어나 외로움이 증가된다는 경로 모형을 설정하였다. 연구 결과, 사회적 기술의 결여는 온라인 관계를 선호하게 만들고 그것이 인터넷의 강박적 사용에 정적 영향을 주며 이로 인해 일, 학업, 사회관계에서의 부정적 결과가 증가하는 것으로 나타났다. 그리고 온라인 관계 선호성과 사회적 기술의 결여는 외로움에 유의미한 정적 영향을 주는 것으로 나타난 반면에 인터넷의 강박적 사용 자체는 외로움에 영향을 주지는 않는 것으로 나타났다.

한편 Muusses 등(2014)은 인터넷 강박 사용(CIU)과 복지감 간 인과관계의 방향을 확인하려는 목적을 가지고 네덜란드의 기혼 부부 398명을 대상으로 4년 종단연구를 실시하였다. 연구 결과 인터넷의 중독적 사용은 외로움, 스트레스, 우울 등을 높이고 행복감을 낮추는 예측 변인이며 자존감에는 변화를 주지 않는 것으로 나타났다. 반면 행복감은 인터넷의 중독적 사용을 줄이는 완충 효과를 나타내는 변인으로 나타났다. Muusses 등의 연구는 외로움 등의 심리적 복지감이 중독적 인터넷 사용의 선행 원인이 됨을 보여 준다.

이상의 두 연구 결과는 외로움이 인터넷 중독의 원인일 가능성과 인터넷의 강박적 사용으로 인해 외로움이 증가되었을 가능성, 두 가지 모두를 시사한다. 현재로서는 무엇이 먼저이든 간에 외로움과 인터넷 중독 간에는 순환적인 인과관계가 존재할 가능성이 있다고 하겠다. 결국 인터넷 사용은 외로운 이들에게 보상적 행동이 되기보다는 오히려 관계의 빈익빈 부익부 현상을 초래한다고 볼 수 있을 것이다.

2) 가족 갈등과 폭력의 문제

인터넷 중독자에게 사회적 고립과 더불어 가장 빈번하게 나타나는 인간관계 문제는 이들을 중독에서 꺼내려고 하는 주변 사람들과의 심각한 갈등이다. 이들은 인

터넷 과다 사용 문제로 인해 중요한 타인들, 특히 부모, 배우자 등과 갈등을 빚고 심지어 폭력을 행사하기도 한다. 자녀가 부모에게 폭력을 행사하는 것은 사회적 통념을 벗어나는 패륜적인 일이라 외부로 노출되지 않는 경우가 많다. 하지만 자녀의 인터넷 사용 문제로 상담실을 찾는 부모 중 상당수는 자녀가 더 이상 자신의 말을 듣지 않으며 폭력적으로 저항하는 아이를 어떤 방법으로도 지도할 수 없다고 토로한다.

한국정보화진흥원 청소년 인터넷 중독 상담 내담자들의 사회·심리적 특성을 분석한 한 연구(고영삼, 2011)에서는 고위험군부터 일반 사용군에 이르기까지 모든 청소년 내담자와 부모들이 인터넷 과다 사용 관련 문제 중 '인터넷 사용으로 인해 당사자와 가족이 마찰(싸움)을 빚는 점'이 가장 힘들다고 밝혔다. 인터넷 중독 청소년의 경우 부모에 대한 폭력은 그 가족의 체계 역동과도 밀접한 관련이 있다. 임상에서 관찰되는 바로는 아버지보다 어머니에게 주로 폭력을 행사하며, 어머니가 전적으로 아이의 양육을 맡고 아버지의 양육 참여가 없는 가정에서 이와 같은 권력의 전도 현상이 일어나곤 한다(김현수, 2014). 인터넷 중독인 자녀가 부모보다 더 큰 힘과 통제력을 행사하고 있는 것이다.

한 사례를 보자. 어느 날 여고생 K양의 어머니가 상담실을 찾았다. 아이가 학교도 가지 않고 인터넷만 하며, 식사도 컴퓨터 앞에서 대충 때운다고 하였다. 아이가 인터넷에 몰입하기 시작한 것은 고등학교에 들어가 성적이 급격히 하락하면서 부터였다. 처음에는 부모 몰래 밤에 일어나서 인터넷 게임을 했는데 어느 순간 부모에게 들켜도 오히려 화를 벌컥 내고 난폭하게 대들기 시작하였다. 급기야 학교도 안 가고 인터넷만 하는 지경이 되었다. 부모는 컴퓨터를 부숴 보기도 하고 때려 보기도 하고 인터넷 서비스를 차단하기도 했지만 그때마다 아이가 걷잡을 수 없이 난폭해져서 더 이상 손을 쓸 수 없었다. 아이가 던지는 물건에 유리창이 깨지기도 하고 갓난아기 동생을 해코지하려고도 했으며 부모에게 폭언도 서슴지 않았다. 아이는 자신에게서 인터넷을 떼어 놓으려 하는 어떤 것과도 전쟁을 치를 준비가 단단히 되어 있는 모습이었다.

거부적이고 통제적인 부모의 양육 방식, 부모와 자녀 간의 대화 빈곤과 부모에 의한 일방적인 의사소통 방식, 불안정한 애착관계 등은 자녀의 인터넷 중독에 정적인 영향을 주는 부모-자녀 관련 변인으로 알려져 있다. 그러나 인터넷 중독이 심화되면서 부모와 자녀는 일상적 갈등의 수준을 넘어 폭력이나 권력의 전도 현상에 이르기까지의 극심한 갈등을 경험하게 된다. 그리고 자녀의 인터넷 중독 문제는 잠재되어 있던 가족의 취약성, 부부관계의 취약성을 드러내어 가족 갈등이 양성화되는 계기가 되기도 한다. 따라서 부모와 자녀 간 갈등 혹은 관계상의 문제는 인터넷 중독의 원인이 되기도 하며, 또 자녀의 인터넷 중독은 부모와 자녀 관계상의 문제와 가족 갈등을 증폭하기도 하는 순환관계를 가지고 있는 것으로 보인다.

3. 인터넷 게임 중독은 정말 살인과 폭력을 낳는가

인터넷 게임 중독은 다른 인터넷 중독에 비해 여론의 관심을 집중적으로 받고 있다. 이는 가히 엽기적이라 할 수 있는 폭력 및 살인 사건, 자녀 유기 · 치사 사건, 총기 난사 사건 등의 가해자들이 인터넷 게임을 즐겨 했거나 그러한 살인 사건이 인터넷 게임 직후 혹은 게임과 관련한 말다툼 끝에 저질러졌기 때문이다(글 상자 참조). 그때마다 여론은 인터넷 게임의 폭력성과 중독성에서 그 사건의 원인을 찾았다. 그러나 인터넷 게임에 내포된 폭력적이고 파괴적인 장면과 스토리 등이 게임 유저의 폭력성을 증가시키는지에 대한 확답을 내놓을 만한 일관된 연구 결과가 아직 축적되지 않았다.

인터넷 게임의 폭력성과 잔인성이 게임 유저의 공격성과 폭력성에 미치는 영향을 이해하는 이론과 관점을 몇 가지로 나누어 살펴보자. 첫째, 사회학습 이론(social learning theory)의 관점이다. 게임 이용자가 게임에서 보는 장면과 캐릭터의 행동을 모델링하여 그대로 행동할 가능성이 크다고 보는 것이다. 둘째는 둔감

- 게임 중독 의사 만삭 부인 살해 혐의로 구속(2011년 2월)
  전문의 시험을 준비하던 의사가 새벽까지 게임을 하다 이를 못마땅하게 여긴 부인과 부부싸움 중에 격분해 만삭 부인 살해 혐의로 구속됨.

- 게임 중독에 빠진 망나니 아들...아버지 신고로 구속(2011년 2월)
  게임에 빠진 이후 가족들에게 폭력을 행사하고 돈을 빼앗아 온 20대가 아버지의 신고로 경찰에 구속. 김 씨는 고교 때부터 게임에 빠진 이후 가족과 잦은 다툼을 겪어 왔으며 평소 부모와 할머니에게 폭력을 행사해 오다 아버지의 신고로 구속됨.

- 게임에 중독된 미국 명문대 20대 중퇴생 인터넷 게임에 빠져 묻지 마 살인 저질러(2010년 12월)
  미국의 한 주립대학교를 중퇴하고 귀국해 두문불출하며 게임에 심취해 있던 20대 중퇴생이 전날 밤까지 게임을 하고 흥분이 가라앉지 않은 상태에서 "제일 처음 본 사람을 죽이겠다"며 집에 있던 흉기를 들고 나와 가장 먼저 눈에 띈 이웃 주민을 흉기로 찔러 묻지 마 살인을 저지름.

- 게임에 중독된 20대 엄마가 두 살 난 아들을 때려 숨지게 해(2010년 12월)
  게임에 중독돼 하루에 10시간 이상 게임을 하며 아들을 돌보는 것조차 소홀히 하던 20대 엄마가 어린 아들이 대소변을 가리지 못한다며 때려 숨지게 하는 사건이 발생함.

- 게임에 중독된 중학생, 자신을 나무라는 모친 살해 후 본인도 자살(2010년 11월)
  부산에서 어릴 때부터 컴퓨터 게임에 빠져 이를 나무라는 어머니와 자주 다투던 중학생이 자신을 나무라는 어머니를 목 졸라 살해 후 본인도 자살하는 사건이 발생함.

- 인터넷 게임에 빠져 석 달 된 딸을 아사시킨 부부 5개월 도피 끝에 구속(2010년 3월)
  2008년 인터넷 채팅으로 만난 부부는 매일 12시간씩 인터넷 게임을 즐기는 등 게임 중독에 빠져 어린 딸에게 하루 한 번만 분유를 주고 방치해 사망에 이르게 함.

- 게임에 중독된 20대 아들이 나무라는 어머니를 칼로 찔러서 살해(2010년 2월)
  온라인 게임만 한다는 꾸짖음에 불만을 품고 친모를 살해한 20대 아들은 범행 후에도 PC방에서 밤새 게임을 즐기는 등 게임 중독 증세가 심각.

- 게임 중독에 빠진 엄마가 싫어 20대가 모친 살해(2009년 7월)
  평소 어머니가 인터넷 게임에 중독돼 자신에게 관심을 주지 않는 데 불만을 품은 20대가 우발적으로 어머니를 살해함.

출처 : 뉴시스(2011년 3월 16일)

화 이론(desensitization theory)이다. 반복된 폭력 장면에의 노출이 폭력에 대한 둔감성을 만들어 처음에는 놀라고 불안하고 불쾌했던 장면이 아무렇지도 않게 느껴짐으로써 폭력성과 잔인성이 증가하게 된다고 보는 것이다. 셋째는 촉매 이론(catalyst model)인데, 유전과 인생 초기 가족 등의 영향에 의해 형성된 폭력성이 한 개인의 성격에 내재되어 있다가 어떤 촉발 요인—생활 스트레스 혹은 폭력적 미디어 등—이 자극으로 주어지면 그 내재된 폭력성이 특정 형태의 폭력행동으로 발현된다는 것이다. 이때 내재된 폭력성이 큰 사람의 경우 작은 촉발 요인만 있어도 폭력행동이 나타나게 된다. 사회학습 이론이나 둔감화 이론 등의 입장에서는 폭력적 게임이 사람들의 폭력행동과 잔인성을 증가시킨다는 가정이 가능하지만, 촉매 이론의 경우는 인터넷 게임이 주는 상대적인 영향을 크게 보지 않는다.

Anderson과 Bushman(2001)은 공격행동에 관한 이와 같은 기존의 이론들을 종합하여 General Aggression Model(GAM)이라는 비디오 게임에 관한 독립적인 설명 모형을 제안하였다. GAM은 공격적 행동을 유도하는 단기적·장기적 과정에 대해 설명하는데, 폭력적 게임에 노출될 때 공격적 인지, 감정, 생리적 각성이 점화되고 공격성이 증가되며, 이때 상황과 내적 상태의 평가에 따라 공격행동의 형태로 문제를 해결하게 된다는 것이다. GAM은 또한 폭력적 게임에 대한 지속적 노출이 학습된 공격성과 관련된 '지식구조의 발달 혹은 변화'를 가져와 폭력 사용에 대한 긍정적 태도를 가지게 되며, 폭력에 대한 민감성이 떨어지는 둔감화 효과도 일어날 수 있다고 본다. 이것이 바로 장기적 과정이다.

GAM 이론을 정리한 Anderson과 Bushman(2001)은 같은 연구에서 관련 연구에 대한 메타분석을 통해 자신들의 이론이 가진 실증적 근거를 보여 주었다. 이들은 폭력적 비디오 게임이 실험적 연구와 비실험적 연구 결과 모두에서 남녀 불문하고 공격성을 증가시키고 친사회적 행동을 감소시킨다는 다양한 선행 연구를 제시하였다. 그리고 장기적으로는 폭력적 비디오 게임이 공격 성향과 공격 인지에도 영향을 주며 공격 감정과 생체반응에도 연관성을 미친다는 선행 연구 결과를 보여 주었다.

그러나 GAM이 상호작용성을 기반으로 하는 온라인 게임에서도 효과적인지에 대한 연구는 아직 미비하며(한덕현·이영식, 2013), 게임의 공격성이 폭력행동에 미치는 영향에서 연령이라는 변수도 간과할 수 없다. 연령의 증가는 분노를 통제하는 정서조절 능력의 증가와 관련이 있으며(Underwood et al., 1992), 연령의 증가와 함께 개인의 사회인지 능력이 향상되기 때문에(Zhang et al., 1997) 저연령 아동에 비해 성인은 공격유발 자극에 의한 공격행동이 덜 나타날 가능성이 높다. 이러한 발달 수준의 영향을 반영하듯 Kim(2005)의 연구에서는 폭력적 게임의 영향이 중학생에게서는 나타났으나, 대학생의 경우 높은 공격 의도를 갖고 있다 해도 폭력적 게임의 영향이 직접적으로 나타나지는 않았다는 결과를 보여 준다.

한편 Ferguson(2009), Ferguson과 Kilburn(2009)의 메타분석 연구에서는 매체 폭력이 공격성에 미치는 영향 규모(effect size)가 과대 보고되고 있음을 지적하였다. 즉 변수 간에 유의미한 관계가 있는 경우에만 연구가 출판되는 '출판 편향성', 공격성에 영향을 주는 개인적 특성과 관련된 제3의 매개변인에 대한 통제 등을 고려할 때 매체 폭력의 영향력은 기존에 알려진 것보다 미미하며(r=0.08 정도), 따라서 현재까지의 연구 결과로 폭력적 게임 사용과 폭력행동 사이의 연관성을 결론짓기는 아직 이르다고 보았다.

이와 같은 선행 연구에 기초해 볼 때 전반적으로 폭력적 게임이 폭력적 인지, 정서, 행동과 관련성을 가질 가능성을 부인할 수 없다. 그러나 이와 동시에 폭력적 인터넷 게임이 모든 사람들의 폭력성을 키운다고 보기보다는, 폭력적이고 잔인한 인터넷 게임을 선호하는 개인의 인성 특성, 성숙도, 정신건강, 노출의 빈도와 길이, 사회적 관계망과 지지체계 등이 두 변수 간의 관계에 완충 역할을 한다고 보는 관점도 동시에 가질 필요가 있다. 또한 작금의 폭력 게임과 관련된 보도와 여론에 압도되어 폭력적 게임에 대한 부정적 관점에 치중해서 단기간에 문제해결을 하려는 시도보다는 체계적이고 통합적인 시각을 동원한 연구 결과에 기초한 합리적 대처 방안을 내놓는 것이 바람직하다 할 것이다(한덕현·이영식, 2013).

4. 사이버섹스 중독은 현실의 성행동과 친밀한 관계에 영향을 미치는가

사이버섹스 중독은 인터넷 중독의 한 하위 유형으로서, 사이버상에서 성적인 욕구를 충족하려는 목적으로 사이버섹스나 사이버프로노그래피를 위해 성인 대화방이나 사이트를 집중적으로 사용하는 것이다. 사이버섹스 중독은 음란물에 대한 노출이 현실 생활에서 위험한 성행동 혹은 성적 폭력행위를 증가시킨다는 점에서, 그리고 음란 채팅 등을 통해 사이버 부정(cyber-infidelity)을 저지름으로써 친밀한 관계의 파괴를 가져온다는 점에서 현실적인 관심의 대상이 되고 있다. 그러나 한편으로 사이버섹스는 현실에서 여러 가지 장애 요인으로 인해 성적 자기표현이나 욕구 충족이 안 되었던 사람들이 안전하게 욕구 충족을 할 수 있는 수단으로 인식되기도 한다. 육체적인 성관계가 이루어지지 않는 사이버 파트너와의 관계를 배우자에 대한 부정으로 보기가 쉽지 않다는 입장도 존재하고 있다. 그렇다면 인터넷을 통한 성중독, 즉 사이버섹스 중독은 현실의 성행동과 친밀한 관계에 영향을 미칠까?

사이버섹스 관련 서비스가 전통적 형태의 음란물—잡지, 영화 등—에 비해 더 중독성을 띠는 이유는 인터넷이라는 매체의 특성 때문이다. 사이버섹스 관련 서비스는 세 가지 측면에서 전통 음란물에 비해 우월성과 중독성을 가지고 있다. 철저한 익명성(anonimity)은 외모의 열등감, 사회적 낙인 등에서 벗어나 자유롭게 자신을 표현하고 욕구를 충족할 수 있게 한다. 인터넷만 연결되면 어디에서나 서비스를 이용할 수 있어 관련 서비스를 구매하기 위해 장소를 찾아가야 하는 불편함이 없다(accessibililty). 매체의 특성상 음란 파일 공유, 음란 채팅방 등의 시스템으로 거의 무료 혹은 비교적 싼 가격에 이용할 수 있다(affordability). 이러한 특성으로 인해 사이버섹스에 중독되는 사람의 수는 상당할 것으로 추측된다. K. Young의 사이버섹스 중독 척도를 사용한 한 연구(남영옥, 2005)에서는 중학생의 7.7% 정도가 사이버섹스 중독 상태(이 중 중증 중독은 전체의 1.7% 정도)인 것으로 조사되었으며, 이는 다른 연구에서 나타난 결과와 크게 다르지 않았다.

1) 인터넷 음란물 중독과 청소년의 성행동

인터넷 음란물의 영향에 대해서는 성인보다는 성적 행동의 현실적 제한이 많고 성행동에 대한 판단이 미숙한 청소년에게 미치는 영향에 보다 많은 관심을 두고 있다. 일부 경험적 연구 결과는 인터넷이 다양한 성적 정보를 제공해 주는 좋은 자원으로서 청소년에게 긍정적 영향을 미친다는 견해와, 인터넷 음란물에의 노출이 청소년의 성적 태도나 행동에 중요한 영향을 미친다고 보기 힘들고 다만 흥밋거리에 지나지 않는다는 결과를 보여 주기도 한다. 그러나 보다 많은 연구는 인터넷 음란물에의 노출이 청소년의 개방적인 성적 태도와 행동, 위험한 성행동의 증가, 성폭력이나 성적 남녀 편견을 증가시킨다는 부정적 영향을 입증하고 있다.

중고생을 대상으로 한 연구들(남영옥·이상준, 2002; 남영옥, 2004)은 2.2~4.7%의 청소년이 인터넷을 통해 성매매를 경험하고 있으며, 3%의 청소년이 인터넷 음란물을 보고 성폭력 가해를 한 경험이 있다고 보고하였다. 또한 인터넷 음란물에의 노출이 어쩌다 한 번 보게 되는 것이 아니라 반복적·습관적으로 이루어질 경우 청소년의 성태도와 성행동에 미치는 영향은 상당히 심각한 것으로 알려져 있다(조은숙, 2013).

표 11.1에 제시된 청소년의 위험한 성행동 실태는 2012년 7만 명 이상의 전국 중·고등학교 청소년을 대상으로 PC를 이용하여 익명으로 조사한 자료를 분석한 것이다. 표에서는 일반 청소년 대비 인터넷 음란물을 선호한다고 응답한 청소년[1]의 위험한 성행동 비율을 보여 준다. 예를 들어 피임 없는 성관계를 하는 경우가 인터넷 음란물을 자주 이용하는 남학생은 일반 청소년에 비해 2.14배, 여학생은 2.77배에 이른다는 것을 알 수 있다. 사이버섹스 중독은 이와 같이 청소년의 성적 건강과 관련된 모든 영역에 침범하여 이른 성관계, 성병, 원치 않는 임신, 성매

---

1 인터넷으로 주로 이용하는 서비스 상위 3순위 내에 '성인 사이트 이용'이 포함된 경우를 말한다.

표 11.1	인터넷 음란물을 선호한다고 답한 청소년의 일반 청소년 대비 위험한 성행동 비율	
성행동	남학생	여학생
이성과의 성관계	2.11배	2.64배
동성과의 키스, 애무	4.09배	10.13배
동성과의 성관계	3.57배	11.41배
술 마신 후의 성관계	2.38배	11.14배
피임 없는 성관계	2.14배	2.77배
임신 경험	해당 없음	15.16배
성병 감염 경험	4.45배	32.68배
성폭력 가해 경험	4.19배	17.38배

*출처 : 조은숙(2013)

매, 성폭력 등의 사건을 발생시키며 청소년의 건강한 신체와 관계 발달을 저해하고 있다. 과연 인터넷 음란물이 무해하거나 유익한 측면이 있으므로 크게 문제 삼지 않아도 된다고 할 수 있을까?

2) 사이버섹스와 현실 파트너와의 관계

음란 채팅이나 이메일 등으로 사이버 공간에서 연인을 만들고 이들과 지속적으로 의사소통을 하며 화상, 소리 등을 통해 성행위를 교환하거나, 나아가 오프라인의 만남과 성행위로까지 연결되는 사이버섹스 파트너와의 관계는 현실 세계에서 성적 관계를 발전시키는 데 장애가 될 가능성이 크다. 특히 실제 파트너가 있는 경우 사이버 부정의 문제를 낳는다. 사이버 부정이란 온라인상에서 시작되어 주로 전자매체를 통한 대화(이메일과 채팅 등)로 유지되는, 배우자 이외 사람과의 낭만적·성적 관계를 말한다(Young, 1999).

사이버섹스를 찬동하는 사람들은 다양한 이유로 사이버섹스의 이점을 이야기한다. 사이버섹스는 진정한 외도가 아니라고 주장하기도 한다. 오히려 성에 흥미

사례 1 : "나는 매우 외로워요. 남편과 나는 8년 전 결혼했어요. 그런데 인터넷에서 한 남자를 만났고 그 이후 아무런 설명 없이 갑작스럽게 남편을 떠났죠. 나는 내 본연의 생활과 멀어졌고 곧바로 성중독임을 깨달았는데 인정하기가 너무 힘들어요. 나는 대학교육을 받은 직장 여성이에요. 내가 알아챘을 땐 이미 나의 정신적 방황이 극도에 달했어요. 새로운 남자를 만나기를 기다리면서 나는 하루 종일 인터넷을 해요. 모든 것이 엉망이에요."

사례 2 : 단란했던 명 씨 가정에 불화가 생긴 것은 지난해 11월, 명 씨가 인터넷 채팅에 빠져들면서부터였다. 초등학교 3학년, 1학년 남매를 키우고 있는 명 씨가 채팅에 빠져들게 된 것은 심심풀이로 즐기던 게임을 통해서였다. 게임방 대기실에서 게임하던 사람들과 일상적인 얘기를 주고받으면서 채팅의 묘미를 맛보게 되었다. 그러나 평범했던 대화는 차츰 음란한 내용으로 변했고, 명 씨는 헤어나지 못할 만큼 채팅에 중독돼 갔다. 남편은 아내의 채팅을 달갑게 여기지 않았다. 컴퓨터 앞에 앉아 하루에 대여섯 시간씩, 그것도 남편이 보는 앞에서까지 낯선 남자와 채팅을 계속하자 이를 막는 과정에서 부부싸움이 잦아졌다. 남편은 명 씨가 채팅을 통해 다른 남자를 만났는지 의심하기 시작했고 갈등의 골은 깊어만 갔다. "채팅을 통해 다른 남자를 만난 적이 있느냐"는 남편의 질문에 명 씨는 "만난 적은 있지만 부정을 저지르지는 않았다"고 고백했다. 그러나 다른 남자를 만났다는 사실을 두고 불화가 끊이지 않았다.

출처 : 김충렬(2011)

가 없는 아내나 남편을 대신하여 자신의 욕구를 충족시켜 주기 때문에 외도를 하지 않게 만들어 주는 안전장치라고 한다. 즉 사이버섹스 중독이 결혼 안정성에 도움을 준다는 것이다. 또한 사이버섹스는 비만, 탈모, 성기 크기 등의 외모 문제, 남성의 경우 조루나 발기 불능 등의 수행 불안 문제를 없애 주고, 여성이 섹스를 즐기면 안 된다는 사회적 낙인으로부터 자유롭게 해 주기 때문에, 현실 세계에서 자신의 성적 욕구를 충족하지 못하는 신체적 · 심리적 · 사회적 장애를 경험하는 사람들에게 성의 자유구역을 제공해 준다는 것이다.

다른 한편에서는 만일 배우자 혹은 파트너가 사이버섹스 파트너에게 질투심을 느낀다면 그것은 분명히 부정이라고 보아야 한다는 입장을 취한다. 사이버섹스에 몰입하는 사람들은 현실의 파트너에 대한 관심이 사라지고 자신의 상상력을 동원하여 사이버 파트너를 이상적인 파트너로 상정하기 때문에 진짜 파트너의 결점을 더 확대하여 보게 된다. 그리고 독신이라 할지라도 사이버섹스가 주는 자극과 만족에 몰입하면 현실에서의 성관계에 관심을 잃게 되므로 성생활과 친밀한 관계가 소원해지고 파괴될 가능성이 크다.

사이버 부정이 현실의 파트너와의 관계에 미치는 영향에 관한 이와 같은 논란에 대해 Mileham(2007)은 첫째, 제도로서의 결혼은 성적·정서적 배타성을 전제하기 때문에 배우자 이외 사람과의 성적·정서적 관계는 받아들일 수 없다는 점, 둘째, 사이버 연인관계가 대체로 비밀리에 이루어진다는 점(만일 그런 관계가 실제 배우자에게 개방되어 있다면 부정이라고 보기 어렵다), 셋째, 사이버 연인관계의 결과로 배우자가 배신감, 분노, 상처를 느끼는 것이 오프라인상의 배우자 부정과 다르지 않다는 점(Maheu & Subotnik, 2001; Schneider, 2002) 등을 들어 사이버 부정이 배우자와의 관계에 심각한 부정적 영향을 줄 것임을 시사하였다.

사이버 부정은 배우자와의 결혼관계가 만족스럽지 못한 다양한 문제, 예를 들면 대화의 부재, 성적 불만족, 권태와 같은 문제가 있을 때 발생할 가능성이 높다(Lewis, 2003; Young et al., 2000). 그러나 다른 연구는 그러한 문제가 없는 행복한 부부에게도 사이버 부정이 발생할 가능성이 있다고 지적하였다(Mileham, 2007). 인터넷을 통한 사이버 부정의 기회가 너무 쉽게 열려 있는 미디어 환경적 요인이 그 원인 중 하나일 것이다. 사이버섹스에 대한 열린 가능성은 만족도가 낮은 결혼뿐 아니라 재미로 채팅을 즐기는 모든 기혼자들의 결혼생활을 위협하고 있다.

5. 사이버관계는 진정한 인간관계인가

사이버관계란 인터넷상의 채팅룸, 인터넷 게임, 뉴스그룹 혹은 페이스북이나 트위터 등의 SNS를 통해 만들어진 관계를 말한다. 오프라인상에서 알던 사람과 인터넷상에서 관계를 맺기도 하지만, 오프라인상에서 전혀 알지 못하던 사람들을 인터넷을 통해 알게 되고 서로 대화를 주고받으며 관계를 만들어 나갈 때 이는 순수한 의미의 사이버관계이다. 사이버관계 중독이란 이와 같은 사이버관계가 현실의 친구나 가족관계를 대체하는 경우를 말한다. 즉 사이버관계에서 자신을 드러내고 관계를 형성하느라 현실의 중요한 사람들과의 관계를 뒷전에 두게 되는 것이다.

온라인상에서 실제 자신과는 다른 자신을 창조하는 것은 매우 중독적이다. 사람들은 온라인상에서 자기가 아닌 어떤 사람이 될 수 있고, 자신이 창조한 사람이 행동하는 것으로부터 자신을 분리하기도 쉽다. 이렇게 되면 온라인상에서 하는 범죄, 불륜 등의 나쁜 일들에 대해 현실에서 죄책감을 느끼지 않는 것이 가능하다. 특히 중독자는 온라인 페르소나를 여러 개 만들며, 이로 인해 어느 시점에는 이러한 페르소나가 그들의 실제 생활에도 영향을 미치게 된다. 이는 내가 대화하고 있는 상대방도 마찬가지여서 사이버관계에서는 각자의 실체가 무엇인지 알기 힘들다는 특성이 있다.

사이버관계는 익명성이 보장되기 때문에 대면적 상황에서 드러내기 힘든 자신의 면모를 만들어 내고 유지하는 자기표현의 통제가 거의 가능하다. 특히 성별, 인종, 장애 등 현실에서의 대면적 관계를 방해하는 개인의 특성을 감출 수 있어 보이고 싶은 모습만을 보임으로써 자신의 사이버 정체성을 창조할 수 있다. 그래서 사이버관계는 확실히 현실 세계의 관계보다 편하다. 자기가 보여 주고 싶은 것만 선택적으로 보여 주면 되기 때문에 수치심이나 열등감을 느낄 필요가 없다. 바로 이런 점에서 사이버관계는 특히 현실의 관계에서 어려움을 겪는 사람들에게 중독성을 띤다.

몇몇 연구는 사이버관계에 몰입하는 사람들이 가진 취약성을 보여 준다. 초기 성인을 대상으로 한 한 연구(Mazalin & Moore, 2004)에서는 사회적 불안이 높고 미성숙된 정체감을 가진 남자 청소년의 인터넷 사용, 특히 채팅룸의 사용이 많다고 보고하였다. 또 다른 연구(Song et al., 2014)는 SNS 중의 하나인 페이스북 사용과 외로움의 관련성을 보고하였다. 이 연구에서는 페이스북 사용과 외로움 간의 관련성을 연구한 18개의 선행 연구를 검토한 결과, 페이스북 사용 정도와 외로움 간에 정적인 관계가 존재할 뿐 아니라 외로움이 페이스북 사용을 늘리고, 페이스북에 매달릴수록 외로움이 더 커지는 순환관계를 발견하였다. 최근에는

FTAD(Facebook/Twitter addiction disorder)라는 신종 소셜미디어 중독장애도 보고되고 있는데, 이는 SNS와 단절되면 불안과 좌절, 고립감 등을 심각하게 호소하는 증상을 말한다. 즉 사이버관계를 적정 수준으로 조절하지 못하는 사람들이 있다는 것이다.

SNS를 포함한 사이버관계는 우리에게 편리함을 가져왔지만, '남의 생활'과 '자기 생활'의 구분을 없애 버렸고, 인터넷을 통해 비춰지는 다른 사람들의 삶에 대해 부러움, 질투, 원망과 같은 마음을 가지게 한다. 인터넷의 등장으로 인간관계의 기술이 점점 퇴화하여 직접 만나 교류하기보다는 SNS를 통해 친구와 대화하는 것이 편하다는 사례 또한 등장하고 있다.

온라인과 오프라인의 인간관계 폭과 외로움 간의 관계를 조사한 한 연구(Moody, 2001)는 외로움을 '사회적 외로움'과 '정서적 외로움'이라는 두 가지 개념으로 나누어 보았다.[2] 연구 결과, 인터넷 사용 정도가 높고 온라인 인간관계의 폭이 넓은 사람들은 '사회적 외로움'이 낮아지지만 '정서적 외로움'은 더 높아지는 것으로 나타났다. 이는 인터넷이 만들어 주는 사이버관계가 의사소통의 수단으로 기능하는 것은 사실이지만 사람들의 깊은 정서적 욕구를 충족해 주지는 못한다는 의미이다. 사이버관계가 풍부해도 대면 인간관계를 통해서만 충족되는 인간의 욕구는 여전히 미해결 상태라는 것이다.

현실의 인간관계가 사람들에게 부담을 주는 것은 사람들이 가진 편견 때문이다. 외모, 학벌, 직업, 화술 등 외적인 조건이 갖추어지지 않으면 사회관계에서 인기를 얻기 힘들다고 생각하는 사람들은 익명성이 완벽하게 보장되는 인터넷 속에서 진정한 안식을 누린다. 역설적인 이야기이지만, 삭막한 사회에서 사람들은 현실 인간관계에서 경험하지 못한 무조건적 수용을 인터넷 채팅에서 만난 사람들을

---

2 사회적 외로움(social loneliness)은 자기가 원하는 수만큼의 친구나 지인을 얻지 못할 때 발생하는 외로움이며, 정서적 외로움(emotional loneliness)은 가까운 관계에서 원하는 만큼의 친밀감을 경험하지 못했을 때 경험하는 외로움을 말한다.

통해 경험하기도 한다. 현실 세계의 인간관계가 편견과 여러 가지 장벽으로 오염
될수록 사람들은 자신의 모습을 어느 정도 감추며 보이고 싶은 부분만 내보일 수
있는 SNS를 통한 인간관계를 선호할지 모른다. 그렇다면 SNS와 인터넷을 매개로
한 인간관계는 인간들의 관계에 정말 도움이 된다고 할 수 있을까?

°° 맺음말

인터넷 중독은 결국 고통스럽고 힘든 현실의 인간관계에 뿌리내리고 싹이 트며
점점 자라나 그 뿌리가 되었던 현실의 인간관계를 더욱 고통스럽고 황폐하게 파
괴하는 거대한 실체로 자라난다. 현실에서 경험하는 힘겨운 삶, 관계상의 소외와
갈등, 열등감과 사회적 배제, 채워지지 않는 친밀감의 욕구, 인정의 욕구, 관계의
욕구 등이 인터넷을 매개로 한 다양한 재미, 자극, 유대감, 인정 같은 것들로 채워
진다. 안전하게 삶을 기댈 곳이 인터넷밖에 없는 사람들에게 인터넷은 마약성 진
통제와 같은 역할을 하고 있다. 청소년과 성인의 인터넷 중독 문제는 인간관계의
황폐화가 심화되는 한 더욱 커질 것이라는 비관적인 전망을 할 수밖에 없다. 그래
서 다른 중독도 마찬가지이긴 하지만 인터넷 중독은 나 자신과 가족, 이웃, 자연
과 영성에 이르기까지 관계의 회복을 통해서만 근본적인 치유가 가능하고 중독의
예방 또한 가능한 것이다.

··· 참고문헌 ···

고영삼 (2011). "청소년 인터넷 중독 상담 내담자의 사회심리적 특성 분석". 인문학논총, 25,
　　　경성대학교, 51-79.
김교헌, 최훈석 (2008). "인터넷 게임 중독: 자기조절 모형". 한국심리학회지 건강, 13(3),
　　　551-569.
김병구, 박중규, 고영삼, 배성만, 엄나래 (2008). "인터넷 중독의 특성 분석 연구-인터넷 중

독 고위험군의 심리적 특성을 중심으로". 한국정보문화진흥원 연구보고 07-14.

김충렬 (2011). "내가 혹시?" 채팅도 이 정도면 중독이라는데… 크리스천투데이, 2011년 4월 1일(http://www.christiantoday.co.kr/view.htm?id=245583).

김현수 (2014). "인터넷 중독으로 인한 청소년의 부모 학대 및 개입 방법". 한국가족치료학회 춘계학술대회 자료집, 85-91.

김희영, 전미순, 함미영 (2005). "초등학생의 인터넷 중독이 학교생활 적응에 미치는 영향". 청소년학연구, 12(4), 441-456.

남영옥 (2004). "청소년의 사이버섹스 중독과 성비행의 심리사회적 변인". 청소년학연구, 11(1), 167-192.

남영옥 (2005). "중학생의 인터넷 중독, 게임 중독, 음란물 중독의 심리사회적 특성 비교". 청소년학연구, 12(3), 363-388.

남영옥, 이상준 (2002). "청소년의 사이버섹스 중독과 사이버 음란물 접촉 및 성행동과의 관계". 청소년학연구, 9(3), 185-212.

뉴시스. 2011년 3월 16일(http://news.naver.com/main/read.nhn?mode=LSD&mid=sec&sid1=101&oid=003&aid=0003746561).

박승민, 임은미, 장선숙 (2008). "성인의 인터넷 중독 경향에 따른 인터넷 사용 동기 및 과다 사용 해소 방안에 대한 인식 차이". 상담학연구, 9(2), 421-435.

아영아, 정원철 (2010). "청소년의 학업 및 가족 갈등 스트레스가 인터넷 중독에 미치는 영향-스트레스 대처 능력의 조절효과 중심으로". 청소년복지연구, 12(4), 257-277.

이만제 (2009). "청소년의 인터넷 중독 수준에 따른 감성 지능 및 대인관계 성향 차이". 한국 콘텐츠학회논문지, 9(11), 201-211.

조은숙 (2013). "청소년의 인터넷 음란물 선호성과 위험 성행동 간의 관계-성별 차이를 중심으로". 청소년학연구, 20(10), 291-314.

한겨레신문. 2010년 3월 4일. 게임 중독 부모 때문에…3개월 된 아기 배곯다 숨져(http://www.hani.co.kr/arti/society/society_general/408073.html).

한덕현, 이영식 (2013). "인터넷 비디오 게임이 공격성에 미치는 영향". *Journal of Korean Neuropsychiatric Association*, 52, 57-66.

Anderson, C. A. & Bushman, B. J. (2001). "Effects of violent video games on aggressive behavior, aggressive cognition, aggressive affect, physiological arousal, and prosocial behavior: a meta-analytic review of the scientific literature." *Psychological Science, 12*, 353-359.

Caplan, S. E. (2005). "A social skill account of problematic Internet use." *Journal of Communication, 55*, 721-36.

Davis, R. A. (2001). "A cognitive-behavioral model of pathological Internet use." *Computers in Human Behavior, 17*, 187−95.

Ferguson, C. J. (2007). "Evidence for publication bias in video game violence effects literature: A meta-analytic review." *Aggression and Violent Behavior, 12*, 470−482.

Ferguson C. J. & Kilburn, J. (2009). "The public health risks of media violence: A meta-analytic review." *Journal of Pediatrics, 154*, 759−763.

Kim, J. H. (2005). "Effects of violent PC-games and aggressive personality on aggressive behavior and aggressive intention." *Korean Journal of Psychological Society Issues, 11*, 45−66.

Kim, J., LaRose, R., & Peng, W. (2009). "Loneliness as the cause and the effect of problematic Internet use: The relationship between Internet use and psychological well-being." *CyberPsychology & Behavior, 12* (4), 451−455.

Lewis, A. (2003). "The concept of online infidelity." *Counsling Austrailia, 3*, 120−123.

Maheu, M. M. & Subotnik, R. B. (2001). *Infidelity on the internet: Virtual relationships and real betrayals.* Naperville, IL: Source Books.

Mazalin, D. & Moore, S. (2004). "Internet use, identity development and social anxiety among young adults." *Behaviour Change, 21*(2), 90−102.

Mileham, B. L. (2007). "Online infidelity in Internet chat rooms: An ethnographic exploration." *Computer and Human Behavior, 23*, 1131.

Moody, E. J. (2001). "Internet use and its relationship to loneliness." *CyberPsychology & Behavior, 4*(3), 393−401.

Muusses, L. D., Finkenauer, C., Kerkhof, P., & Billedo, C. J. (2014). "A longitudinal study of the association between Compulsive Internet use and wellbeing." *Computers in Human Behavior, 36*, 21−28.

Schneider, J. (2002). "The new elephant in the living room: Effects of compulsive cybersex behaviors on the spouse." In: Cooper, A. ed. *Sex and the Internet: A guidebook for clinicians.* New York: Brunner-Routledge, 169186.

Song, H., Zmyslinski-Seelig, A., Kim, J., Drent, A., Victor, A., Omori, K., & Allen, M. (2014). "Does facebook make you lonely?: A meta analysis." *Computers in Human Behavior, 36*, 446−452.

Young, K. S. (1998). "Internet addiction: The emergence of a new clinical disorder." *CyberPsychology & Behavior, 1*(3), 237−244.

Young, K. S. (1999). "The evaluation and treatment of internet addiction." In: Vande Creek, L. & Jackson, T. eds. *Innovations in clinical practice: A source book.* Sarasota FL: Professional

Resource Press, 19-31.

Young, K. S., Cooper, A., Griffiths-Shelley, E., O'Mara, J., & Buchanan, J. (2000). "Cybersex and infidelity online: Implications for evaluation and treatment." *Sex Addiction Compulsivity, 7*, 59-74.

Zhang, Q., Loeber, R., & Stouthamer-Loeber, M. (1997). "Developmental trends of delinquent attitudes and behaviors: Replications and synthesis across domains, time, and samples." *Journal of Quantitative Criminology, 13*, 181-215.

제 **12** 장

인문철학 관점에서 본 인터넷 중독자의 존재론적 지위에 관한 쟁점

제12장

인문철학 관점에서 본 인터넷 중독자의 존재론적 지위에 관한 쟁점

김선희 ㅣ 이화여자대학교 철학과

ᵒᵒ 시작하는 글

인터넷이라는 사이버 공간은 현실 세계의 물리적 공간과 다른 특성을 갖는다. 마찬가지로 인터넷에서 활동하는 행위자는 현실 세계의 행위자와 다른 존재론적 특성을 갖는다. 이런 특성의 차이는 인터넷에서 활동하는 에이전트, 게이머, 참여자, 중독자 등 사이버 행위자의 독특한 양상을 만들어 내기도 한다.

그렇다면 인터넷의 사이버 행위자는 현실 세계의 행위자와 어떤 관계를 맺고 있는가? 사이버 행위자는 독립적 주체인가? 연장적이거나 의존적 주체인가? 사이버 행위자의 신분 확인은 어떻게 유지되는가? 인터넷에 빠진 사람의 상태는 중독인가, 몰입인가? 혹은 병리적인가, 창조적 상상력을 발휘하는가? 사이버 다중자아의 경우, 각각의 자아는 어떤 지위를 갖는가? 이 글에서는 인터넷 중독의 흡인 요소가 된다고 보는 가상성과 다중성에 초점을 두어 사이버 행위자의 존재론적 지위와 특성에 관한 몇 가지 쟁점을 살펴본다.

1. 사이버 공간의 특성은 무엇인가

넓은 의미에서 사이버 공간이란 컴퓨터를 매개로 생성되어 다른 사람들과 공유할 수 있는 공간이며, 동시에 컴퓨터 네트를 통해 세계적으로 상호 연결됨으로써 형성되는 커뮤니케이션의 새로운 공간이기도 하다. 이렇게 이해할 경우 인터넷과 그곳의 가상 대학, 가상 은행, 가상 주식시장은 물론 컴퓨터 통신, 토론방, 페이스북, (그래픽 머드게임만이 아니라) 문자로 소통되는 머드게임이 이루어지는 가상 공간 등도 사이버 공간에 포함된다.[1]

그리고 가상현실은 사이버 공간에서 표현되거나 일어나는 가상적인 현실이다. 즉 물리적 공간에 물리적 대상이 존재하듯이 사이버 공간에는 가상현실이 존재한다. Michael Heim은 사이버 공간과 가상현실의 관계를 다음과 같이 잘 요약하였다. "사이버 공간은 그 안에 가상현실이 서로 연결되어 있는 광범위한 전자 네트워크이며, 가상현실은 그 전자 공간 속에서 일어나는 현상의 한 종류이다."[2] 이에 따르면 사이버 공간에 존재하는 정보로서의 사물과 사이버 행위자 및 정보의 이미지도 가상현실에 속한다.

사이버 공간의 존재론은 보통 정보 존재론으로 불린다. 사이버 공간에는 사실상 비트 단위의 정보가 흐르고 있을 뿐이다. 그곳에는 오로지 정보가 있을 뿐 말 그대로 인간도 없고 사물도 없다. 다만 그 정보가 인간의 형상으로 사물의 형상으로 구현될 수 있을 뿐이다. 즉 사이버 공간에 존재하는 것은 정보와 정보의 형상화 혹은 이미지이다.

이처럼 사이버 공간은 비물리적인 정보만이 존재하는 공간이므로 우리는 물리적인 몸을 가진 채 그 공간으로 들어가 행위할 수 없다. 따라서 사이버 공간에서 행위하기 위해서는, 우리가 직접 들어가는 것이 불가능한 만큼 우리를 대신하

---

1 김선희(2004), 사이버 시대의 인격과 몸, 아카넷.

2 Michael Heim, "가상현실의 형이상학", 산드라 헬셀 · 주디스 로스 엮음, 노용덕 옮김, 가상현실과 사이버 공간, 세종대학교출판부, p. 62.

여 행위를 수행할 사이버 대리인이 필요하다. 예컨대 우리는 자신의 대리인을 내세워 키보드로 조종, 명령, 지시함으로써, 즉 대리인을 통해서만 사이버 공간에서 행위할 수 있다. 이와 같이 우리가 사이버 공간에서 행위할 경우, 일반적으로 물리 세계의 몸을 가지고 있는 인간과 사이버 세계에서 인간을 대신하여 행위하는 사이버 대리 자아가 존재하게 된다. 즉 물리 세계의 본래 행위자와 더불어 사이버 세계의 대리 행위자인, 정보화되고 탈육화된 행위자가 함께 존재하는 것이다. 그리고 전자를 본래 자아, 후자를 사이버 자아(혹은 사이버 대리 자아, 사이버 행위자)라고 부를 수 있다.[3]

그렇다면 사이버 행위자는 현실 세계의 본래 자아를 대신하여 인터넷에서 활동하는 일종의 대리 자아인 셈이다. 이러한 사이버 자아는 현실의 본래 자아와 어떤 관계인가? 사이버 자아는 현실의 자아와 독립적인 주체인가, 현실의 자아의 연장이거나 의존적인 존재인가?

사이버 자아는 현실의 자아와 다른 독특한 방식으로 활동하는 경향이 있다는 점을 근거로, 사이버 행위자를 독자적이거나 현실의 본래 자아로부터 독립적인 책임 주체라고 주장하기도 한다. 그런 입장에서는 인터넷에서 일어나는 사이버 행위자의 행위에 대한 도덕적 책임의 문제에 대해서도 현실적으로 가해지는 물리적 제재보다는 인터넷 자체의 자율적인 규제가 적합하거나 더 효과적이라고 주장하기도 한다. 그들은 사이버 행위자의 독립적 특성을 강조하면서, 인터넷 밖의 현실적인 규제보다는 인터넷 안에서 독자적인 책임 귀속의 방안을 찾아야 한다고 주장한다.

하지만 사이버 행위자가 본래 자아와 구분되는 독자적인 특성을 갖는다는 것을 인정함에도 불구하고, 기본적으로 사이버 자아는 현실 세계 본래 자아의 대리자라는 것을 부정할 수 없다. 즉 인터넷에 접속하여 컴퓨터 앞에 앉아서 대리 자아를 조종하는 본래 자아 없이는 사이버 공간의 활동 대부분이 일어나지 않는다. 현

---

3 김선희(2004), 사이버 시대의 인격과 몸, 아카넷.

실 세계의 본래 자아가 없다면 사이버 대리 자아도 존재하지 않으며, 그런 점에서 사이버 행위자의 책임 귀속은 본래 자아와 독립하여 이루어질 수 없다.

물론 사이버 자아와 본래 자아의 관계는 그 양상이 단순하지 않다. 사이버 대리 자아의 종류는 본래 자아와의 관계 방식에 따라 다양하다. 본래 자아는 물리 세계의 물리적 신체를 가진 인간이 아니라 인공지능 AI일 경우도 있다. 즉 사이버 자아는 인간만이 아니라 때로는 AI를 주인으로 하는 대리자인 경우도 있다. 그리하여 사이버 공간에서 활동하는 사이버 대리 자아는 적어도 세 종류가 있다. 즉 컴퓨터를 조종하는 인간의 명령에 따라 그대로 움직이는 사이버 대리인이 있는가 하면, 때로는 어떤 목표를 설정해 주고 일정한 범위에서 알아서 행위하도록 자율성을 부여받은 대리 자아도 있다. 자율성을 부여받은 사이버 대리 자아는 어떤 목적에 따라 프로그래밍된 일종의 소프트웨어 프로그램이라고 할 수 있다. (예컨대 주식 거래를 할 때 설정된 목표에 따라 주식을 매수·매도하는 프로그램이 이에 해당된다. 인간 본래 자아가 일일이 조종하고 명령하는 것이 아니라, 인간이 설정한 목표나 틀 안에서 프로그램이 알아서 행동하도록 되어 있는 경우이다.)

또한 사이버 공간에서 인간의 의도와 무관하게 활동하는 존재(보트)도 있다. 보트는 인간의 대리인이라고 부르기에는 애매한 부분이 있다. 인간의 의도, 목적과 상관없이 사이버 공간에서 독자적으로 활동하고 번식하는 인공지능 프로그램이기 때문이다. 어떤 컴퓨터 바이러스는 사이버상에서 활동하면서 처음 만들어질 당시와는 다른 형태로 변종이 되기도 하는데 이런 종류의 프로그램이 보트라고 할 수 있다.

첫째 종류의 대리 자아는 본래 자아의 조종과 명령대로 움직인다는 점에서 독립적인 행위 주체로 보기 어려우며 본래 자아의 연장으로 보는 것이 적합하다. (예컨대 인터넷 커뮤니티에서 채팅을 할 때, 그 공간에서 활동하는 사이버 자아는 본래 자아의 몸과 직접 연결되어 있으며 그의 행위 의도를 직접 반영하여 행동한다.) 이 경우 사이버 행위자의 배후에는 물리적 몸을 가진 인간이 본래 자아로 존재한다.

나머지 두 경우는 일정 부분 본래 자아에 의존하는 동시에 자율적이기도 하다.[4]

소프트웨어 프로그램인 AI나 보트를 제외하면 대부분의 사이버 대리 자아는 현실 세계 본래 자아의 연장으로 이해할 수 있다. 즉 대부분의 사람들이 인터넷에 들어가 활동하는 경우(머드게임이나 카카오톡, 채팅 등) 사이버 자아의 행위는 본래 자아의 행위를 그대로 반영하며, 둘 사이의 상호작용을 넘어서 심지어 자신을 반영하는 사이버 자아와 일체감을 느끼기도 한다. 예를 들어 머드게임에서 상대의 대리 자아에게 자신의 대리 자아가 공격을 받으면 본래 자아도 위협을 느끼고, 모욕을 당하면 분노를 느끼거나 심지어 눈물을 흘리기도 한다.

이처럼 사람들은 인터넷의 대리 자아에게 일체감을 느끼는 동시에 인터넷의 공간에서 현실의 많은 제약을 벗어나 행동하거나 경험할 수 있다. 무엇보다 사람들은 자신과 일체감을 느끼는 사이버 대리 자아를 통해 여러 가지 제약을 벗어나 활동할 수 있다는 데 매력을 느낀다. 현실의 물리 세계와 달리, 사람들은 사이버 공간에서 사이버 대리 자아를 통해 행위할 때 물리적인 제약을 받지 않기 때문에 현실과 다른 방식으로 행위하고 대응하게 된다.

또한 사이버 공간은 물리적 개별자들이 아니라 정보와 같이 속성의 유형이 존재하는 속성존재론의 세계이다.[5] 즉 사이버 공간의 존재는 속성이거나 속성의 다발이다. 사이버 행위자를 지시하는 이름이나 이미지(아바타)도 정보와 같은 속성의 다발에 불과하다. 사이버 공간의 존재는 개별자의 물리적·신체적 경계나 제약을 넘어서 생성, 조합, 결합, 분리, 변형될 수 있으며, 또한 사이버 공간의 이미지(아바타)도 이와 같은 방식으로 기능한다. 더구나 사이버 세계에서 우리는 속성의 다발로 자신을 표상하는 데 물리적·생물학적·사회적·경제적 제약을 모두

---

4 사이버 대리 자아의 구분에 대해서는 김선희(2004)의 제6장을 참조하라.

5 Novak, Marcos(1993), "Liquid Architectures in Cyberspace," in Benedikt(ed.) Cyberspace: First Step, The MIT Press, pp. 235-236. "사이버 공간에는 대상이 없으며 속성들의 집합이 있을 뿐이다. … 그곳에 있는 것은 실체적 대상이 아니라 속성적 대상, 즉 속성들의 집합으로 구성된 대상이다." 또한 김선희(2003)는 사이버 공간의 존재론적 특성을 속성존재론으로 규정하는 논의를 발전시켰다.

뛰어넘을 수 있다. 심지어는 모순되는 성격의 소유자를 구성해 낼 수도 있다. 그야말로 나는 원하는 대로 어떤 존재라도 될 수 있으며, 각기 개성이 다른 여러 명의 행위자로 행세할 수 있다. 내가 되고 싶은 다양한 상상의 존재들이 동시에 사이버 공간에서 실현되는 것이다.

이와 같이 현실 세계의 많은 제약이 사라진다는 점에서 사이버 공간은 현실적 제약을 벗어나려는 사람들에게 흡인력을 가질 뿐 아니라, 때로는 그것에 집착함으로써 현실감을 잃거나 중독에 빠질 우려도 있다. 사이버 공간의 속성으로 물리적 제약을 받지 않는 가상성의 특성은 인터넷 중독의 현상과도 밀접하게 연관되어 있다. 즉 현실적·물리적 제약을 넘어서 자유롭게 활동할 수 있다는 것에 대한 매력과 더불어, 현실의 자기 모습과 다른 방식으로 자신을 표출할 수 있는 가능성이 인터넷에 몰두하게 만드는 흡인력으로 작용한다.

2. 사이버 공간에서는 왜 다중자아 현상이 활발하게 일어나는가

사이버 공간의 존재론에 의하면 다중자아는 개별적 몸을 지닌 하나의 본래 자아가 여러 명의 사이버 대리 자아로 활동하는 경우이다. 즉 사이버 다중자아란 한 개인이 사이버 공간에서 여러 개의 ID를 사용하거나 여러 명의 아바타로서 각기 다른 성격을 지닌 다수의 자아로 활동하는 경우를 말한다. 속성존재론의 세계에서는 다중자아가 되는 데 원리적으로 아무런 제약이 존재하지 않는다. 여러 다발의 속성 집합을 임의적으로 구성해 낼 수만 있다면 얼마든지 많은 사이버 자아를 창출해 낼 수 있다. 그 속성의 집합에다 이름과 캐릭터를 부여하기만 하면 다수의 사이버 자아가 탄생된다.

속성존재론이 지배하는 사이버 공간에서는 성품체계의 임의적인 구성이 물리 세계에서보다 훨씬 자유롭다. 거기에서는 다중자아들 사이의 일관성에 대한 요구가 없고 물리적인 제약은 물론 공동체적인 제약도 없기 때문이다. 사이버 공간의 존재론적 특성은 마음의 분할 가능성, 혹은 여러 다발의 성격이나 속성의 구성

가능성을 그 자체로 여러 개의 자아로 실현해 준다. 다수의 자아는 비록 익명이긴 하지만 제각기 이름과 몸의 이미지도 가질 수 있다. 여러 다발의 성품체계를 구성해 낼 수만 있다면 몇 명의 독립적인 사이버 행위자로도 행세할 수 있다. 사이버 세계에서 내가 하나의 사이버 대리인으로 행위하든 여러 명의 사이버 자아로 행위하든 사실상 그것은 내가 가지거나 원하는 속성의 다발에 의해 구성된 존재라는 점에서 다를 바가 없다.

사이버 자아들의 공동체에서는 그 차이가 별다른 의미를 갖지 않는다. 왜냐하면 물리 세계와 달리 사이버 공동체의 구성원들은 이 다수의 자아가 모두 하나의 동일한 개체에 속하는지 아니면 각기 다른 개체에 속하는지 알 수 없기 때문이다. 그 차이는 드러나지 않는다. 사실 그들은 사이버 자아의 배후에 누가 있는지조차 알 수 없다. 그리하여 그들은 사이버 공간에서 다른 ID나 다른 이미지(아바타)를 대면할 경우 독립적인 행위자로 간주하게 된다. 사이버 공동체 안에서 사이버 다중자아는 독립적인 자아로 인정받는 셈이다.

이와 같이 사이버 공간에도 공동체가 존재하지만 그것은 물리 세계의 공동체와 달리 다중자아에 대한 제약으로 작용하지 않는다. 그 공동체의 구성원들은 물리적 몸이 없는 존재이기 때문에 한 개체가 여러 자아를 표출하는 데 아무런 제한을 가하지 않는다. 이런 사실은 사이버 공간의 다중자아를 본래 자아로부터 더욱 독립적으로 만들어 주며, 다중자아의 활동을 적극적으로 도모할 수 있도록 해 준다. 이것이 사이버 공간에서 유독 다중자아가 활발하게 일어날 수 있는 배경적 이유이다.

우리는 사이버 공간에서 익명의 이름이나 이미지를 여러 개 사용하여 자신을 표상하고 각기 독립적인 자아처럼 행위할 수 있다. 사람들은 사이버 공간에서 여러 명의 자아로 행세하는 데 별다른 어려움을 느끼지 않으며, 사이버 공간에서 다중자아는 일반적인 현상이기도 하다. 우리가 사이버 공간에서 여러 명의 자아 혹은 여럿의 인격을 가질 수 있다는 것은 여러 다발의 인격성(성격의 집합)을 구성해 낼 수 있음을 뜻할 뿐이다. 여기서 하나의 개별자가 개체의 경계를 넘나들며 자신과 타인의 속성을 임의적으로 결합하여 임의의 자아를 무수히 만들어 내는 것이 얼마든지 가능하다.

이와 같이 사이버 공간의 존재론은 자아 및 자아정체성을 임의적인 구성의 문제로 바꾸어 버린다. 자아정체성도 게임과 같이 자유롭게 취사선택할 수 있다. 여기서 자아란 고정적 실체가 아니라 유동적이고 다양한 형태로 변화하는 구성물이다. 자아의 경계는 임의적인 선택의 문제이며 자아의 분할과 결합이 자유자재로 이루어진다. 여기서 한 개인은 자아와 타자의 경계가 불분명해지는 체험을 하게 된다. 우리가 어떤 믿음과 욕구를 가질 때, 그것이 진정으로 나의 생각, 믿음, 욕구인지, 혹은 생각과 타자의 욕구인지 불분명할 수 있다. 정보 기술의 발달로 가능해진 사이버 다중자아의 경험은 한 개인이 새로운 자아정체성을 실험하는 기회가 될 수도 있지만, 자신이 구성해 낸 사이버 대리 자아의 개성이 강화될수록 본래 자신이 진정 누구인지 알 수 없는 정체성의 혼란을 불러일으킬 수도 있다.[6]

이러한 커뮤니케이션 네트워크에서는 주체를 다른 방식으로 이해하게 된다. 네트상에서 자아는 고정된 단일의 정체성을 지니기보다는 상호 관계하는 그물망 속에서 복수의 정체성으로 분산된다. 주체란 구체적인 상황에서 만들어진 담론과 실천의 구성체이며, 그것은 자아를 다중적이고 늘 변할 수 있으며 파편화된 존재로 바라보게 만든다. 사이버 공동체의 참여자들은 컴퓨터가 매개하는 전자 커뮤니케이션의 경험이 다중적이고 유동적인 정체성과 결합되어 있다는 것을 거의 대부분 지지한다. 정보 시대에 탈중심화된 네트워크에 위치하는 자아는 자신의 정체성을 이루는 가치와 욕구의 체계를 유동적인 것으로 받아들이는 동시에 그러한 성품체계의 중심을 다원화한다.

---

6 김선희(2004), 사이버 시대의 인격과 몸, 아카넷.

3. 사이버 다중자아는 자아의 분열인가, 자아의 실험인가

그럼 다중자아 구현은 어떻게 이해할 수 있을까? 사이버 다중자아는 본래 자아가 능동적으로 구성한 자아의 다수성에 의해 발생한다. 그것은 논리적 모순에 의해 마음이 분할되기보다는 한 개체로부터 다수의 사이버 자아가 구성된다는 데 기인한다. 그런 점에서 사이버·공간에서 다중자아는 수동적이고 병리적인 현상이라기보다는 능동적인 구성을 통해 자신의 캐릭터를 선택하는 과정의 산물이다. 사이버 공간에서 다중자아가 되는 것은 다분히 의도적이고 능동적이며 실험적일 수 있다. 현재의 자신과는 다르지만 사이버 공간에서 자신이 되어 보고 싶은 여러 존재가 되는 것이다. 임의적으로 자신의 캐릭터를 구성하고 그런 존재로 행위하고 살아보는 것이다. 현실적으로는 불가능한 자아의 체험을 대리 자아를 통해 확장해 보는 것이다. 그런 점에서 사이버 다중자아는 게임과 놀이의 특성을 지닌다.

그럼에도 불구하고 사이버 다중자아의 경우도 자아정체성의 혼란을 야기하는 문제가 없는 것은 아니다. 비록 다수의 사이버 대리 자아가 의도적이고 능동적으로 구성되었다고 하더라도 강한 몰입에 의해 본래 자아의 망각 내지 자아정체성의 상실이 초래될 수 있다. 물리 세계의 다중자아가 한마음 안에서 일관성의 결렬에 의해 정체성의 혼란이 일어난다면, 사이버 자아는 자신에게 몰입하는 동시에 본래 자아로부터 분리됨으로써 본래 자아의 정체성에 도전할 수 있다. 즉 사이버 공간에서 자신이 창조한 사이버 대리인을 본래의 자신이라고 착각하게 되는 것이다. 자신이 구성하고 부여한 사이버 자아의 정체성이 강화될수록 본래 자아의 정체성은 점차 무력해진다. 더욱이 다수의 사이버 자아로 활동할 경우 내가 진정 누구인지, 어느 것이 나 자신인지 혼란에 빠지게 된다.

일반적으로 사이버 다중자아는 실제 물리 세계의 경우보다 정체성의 기반이 더욱 느슨하다. 물리 세계의 다중자아는 하나의 물리적 몸을 지주로 하여 타자와 구분되는 자아의 통일성과 정체성을 증진해 나가도록 촉진된다면(예컨대 물리적 몸의 개별화를 통해 타자와 구분되는 자아의 개념이 획득되며, 자아정체성을 강화할 수 있다), 사이버 세계의 다중자아는 그런 의미로 자아의 지속성과 통일성을 지원하는 개별적 몸의 제약이 없다는 점에서 정체성을 형성하는 토대가 더욱 약화될 수 있다.

이상의 특징을 고려할 때, 사이버 다중자아의 현상은 순기능과 역기능을 동시에 가지고 있음을 알 수 있다. 즉 적은 비용으로 새로운 자아를 실험해 볼 수 있다는 것, 가상의 심리적 공간에서 물리적 공간으로 되돌아오는 과정을 통해 가상과 현실의 올바른 관계를 이해할 수 있다는 것, 가상 자아의 실험을 통해 현실 세계 본래 자아의 문제를 해결할 수 있는 창조적 실험의 장이 될 수 있다는 등의 긍정적 기능을 갖는다. 그러나 현실과 가상을 혼동하고 현실로 돌아오는 것을 중요시하지 않을 때, 사이버 다중자아의 실험은 본래 자아의 정체성을 위협하고, 책임 주체의 상실을 초래하며, 본래 자신의 현실을 도피하고 가상의 자아에 안주하는 전자 마약으로 작용할 수 있다.

4. 인터넷 중독은 병리적인가, 몰입인가

지금까지 살펴본 것처럼 사이버 다중자아는 자기표현의 실험적 다양성을 나타내는가, 자기분열의 병리성을 드러내는가 하는 물음을 제기한다. 우리는 인터넷 중독 현상에 대해서도 유사한 방식으로 물어볼 수 있다. 인터넷에 빠진 사람은 병리적인가, 몰입 상태에 있는가? 나아가 인터넷 행위자의 중독 여부나 병리적 상태에 있다는 것을 판단할 기준은 무엇인가? 이러한 물음을 다루기 위해 다중성의 다양한 스펙트럼을 좀 더 세밀하게 검토할 필요가 있다.

일반적으로 중독이라는 개념 자체가 부정적인 의미를 갖고 있기 때문에 우리는 중독자를 병리적인 문제를 가진 사람으로 간주한다. 그러나 단지 인터넷에 빠진 사람이나 컴퓨터 네트에 접속하는 시간이 많다는 것만으로 인터넷 중독자라고 판단하기는 어려워 보인다. 우리는 사이버 공간의 가상성과 사이버 자아의 다중성 특성이 인터넷 중독(혹은 사이버 중독)을 유발하는 흡인 요소로 작용한다는 것을 살펴보았다. 그런데 다중성의 의미와 정도는 그 스펙트럼이 다양하다.

그렇다면 사이버 다중자아는 어떤 의미에서 다중적인가? 사이버 공간에서 ID 나 다수의 아바타를 사용하여 활동하는 것이 어떤 의미로 자아의 다중성을 보여 주는가? 단지 한 개인의 내면적 동기의 표현일 뿐이라면 그것을 다중자아로 간주 할 수 있는가? 물론 사이버 자아의 다중성은 단지 한 개인이 다수의 사이버 자아 역할을 하는 것에만 한정되지 않는다.

우리가 사이버 공간에서 활동할 때, 의식적으로 다수의 자아로 행세하는 것부터 본래 자신을 잊고 다른 자아로 몰입하는 경우에 이르기까지 자아의 분할 및 다중 성의 정도가 다양하다. 또한 물리 세계의 한 개인이 사이버 공간에서 다수의 캐릭 터(성품체계)를 구현하는 동안 다수의 사이버 자아를 통제하거나 통합하는 중추적 자아가 존재하지 않을 수 있다. 예컨대 성품체계 A를 구현하는 동안에 본래의 자 신을 잊고 A형 인간이 되며, 성품체계 B를 구현하는 동안에는 B형 인간으로 몰입

하여 활동한다. 한 개인이 의도한 대로 A가 되었다가 B가 될 수도 있으나, 어떤 경우 A에서 B로의 이행이나 본래 자신으로 돌아오는 데 통제력을 상실할 수도 있다.

이와 같이 다중자아의 경우 마음의 분할이나 다중성의 정도가 다양하다고 볼 수 있다. 그런 점에서 다중자아 현상은 정상적인 경우부터 병리적인 경우에 이르기까지 다양한 스펙트럼을 구성하는 것으로 보아야 한다. 즉 사이버 다중자아는 다중성의 정도가 느슨하고 약한 정도부터 현실의 자아감을 잃을 정도로 강한 몰입에 이르기까지 스펙트럼이 다양하다고 보아야 한다. 이때 다중자아 자체가 정신분열과 같은 병리적 현상을 일으키는 것은 아니며, 때로는 의도적이고 창조적인 실험의 형태로 기능하기도 한다.

그러면 정상성과 병리성의 기준은 무엇인가? 대략 다음의 두 가지 기준을 고려해 볼 수 있다. 첫째는 통제력의 약화이다. 즉 하나의 자아로부터 다른 자아로의 이행에 있어서 통제를 벗어나는 정도나 본래 자아가 사이버 대리 자아에 대한 통제력이 약화되는 정도에 따라 자아의 다중성 내지 분열의 정도가 강화된다.

둘째는 소통 가능성의 약화이다. 즉 자아의 다중성 및 분열의 정도는 A와 B 사이에 소통과 기억의 공유가 낮은 정도에 비례하여 강화된다. 그리하여 사이버 다중자아 간의 소통이 약화되거나 본래 자아와 사이버 자아 간의 소통이 단절될 경우, 몰입에 의한 본래 자아의 정체성이 상실될 수 있다. 다중자아들 간에 대화나 소통 가능성이 없는 자아 분열이 발생하는 것이다. 이처럼 병리적인 사이버 중독 현상(혹은 인터넷 중독자)의 경우에는 본래 자아와 사이버 자아 사이의 소통 단절로 인한 자아 분리 내지 자아 분열이 존재한다. (사이버 대리 자아를 자신의 현실 자아와 독립적인 성격의 소유자로 활성화하는 것은 어느 정도 본래 자아와 사이버 자아 간의 분열을 함축하며, 또한 일종의 자아 다중성을 함축한다. 여러 개의 사이버 다중자아에 의한 분열이 아니더라도, 한 사이버 자아의 인격에 깊이 몰입하여 본래 자아와 통합이나 소통이 어려울 정도가 된다면 그것은 일종의 자아 분열이 일어난 것이다.) 인터넷 중독자의 경우, 현실적 자아가 축소되거나 현실과

괴리된 자신을 표현하는 경향이 두드러진다.

사이버 시대에 자아의 분산과 다중화는 어느 정도 일상적인 현상이 되어 가고 있다. 물론 우리의 분석에 의하면 다중적 정체성(혹은 자아의 분산)이 반드시 병리적인 의미의 자아 분열을 함축하는 것은 아니다. 그럼에도 불구하고 우리가 인터넷이라는 사이버 공간에서 건강한 활동을 유지하기 위해서는 다중자아들 사이의 소통이 필요하다. 그렇다면 오늘날 자아의 정체성 위기에 대해 이야기할 때, 단순히 다중정체성 자체가 문제되거나 우려되는 것은 아니다. 오히려 문제가 되는 것은 다중정체성 간에 대화와 소통이 단절되는 경우이다. 특히 물리적 현실과 차단된 환상의 가상 공간에 폐쇄되어 있는 자아들이 더욱 큰 문제이다. 한 개인 안에서 서로 소통되지 않는 분열된 자아들의 상태는 타자를 받아들이지 못하는 자폐증의 병적 징후와 유사하다.

그러면 병리적인 자아 분열을 일으키는 사이버 중독을 극복해야 하는 이유는 무엇이며, 한 인간으로서 자아의 통합이 필요한 이유는 무엇인가? 또한 오늘날과 같은 정보 시대에 적합하게 요구되는 자아의 모습은 어떤 것인가?

자아 통합이 필요한 중심 이유는 공적인 차원과 개인적인 차원에서 찾아볼 수 있다. 공적인 차원에서 단일 신체에 근거한 자아의 이념은 도덕적 책임 주체가 성립하는 토대가 된다. 즉 행위를 한 주체와 그 행위에 대한 책임 주체가 일치해야 한다는 책임의 원리에 의해, 누구든 책임 주체가 되기 위해서는 그 행위를 했던 동일한 주체로 신분 확인이 가능해야 한다. 이때 책임 주체의 신분 확인은 개별적 몸의 확인과 정확히 일치한다.[7] 그런 점에서 개별화와 신분 확인이 가능한 개별적 몸은 도덕적 책임 주체의 근거가 된다. 이것은 개별적 몸을 가진 개인을 하나의 통일된 자아로, 행위 주체로 간주할 수 있을 때 가능하다.

또한 개인적 차원에서 보면 자아 통합은 실재에 대한 관계에서 사회적 의미와 윤리적 의미를 부여하는 근거가 된다. "자아(정체성)의 일관성과 지속성의 상실은

---

7 김선희(2004)의 제2장을 참조하라.

변화하는 과정에서 자신이 행위자라는 느낌의 상실을 가져온다. 이것은 실재에 대한 통제의 상실과 연결된다." 나아가 자아정체성의 위기는 공적 세계와의 관계를 약화하고, 그 결과 사회적 의미의 상실, 윤리적 영역의 상실을 초래한다. 도덕적 주체로서 윤리적 차원의 삶은 어느 정도 지속적이고 안정된 개인 정체성과 사회적 실체를 요구한다.

그렇다면 비록 우리가 복수적 정체성을 요구하는 다중자아의 시대에 살고 있을지라도 분열된 자아개념을 그대로 인정하고 수용하는 것은 도덕적 토대를 포기하는 위험스러운 대안일 수 있다. 우리는 도덕적 전망 안에서 자아의 다중성을 받아들이기 위해 한 개인의 "자아가 어떻게 다중적이면서도 동시에 의미 있는 방식으로 소통될 수 있는가?"를 묻지 않을 수 없다.[8] 우리는 자신의 분산된 다중정체성 사이에서 소통이 단절된 채 파편적 존재로 남아 있기보다 다중자아 간의 소통과 대화 가능성을 모색해야 한다. 즉 자아의 다중성에도 불구하고 자신을 하나의 의미 있는 존재로 이해하기 위해 통일적인 이야기로 자아를 연결할 수 있는 방식이 있어야 한다.

5. 건강한 자아를 유지하기 위한 조건

그렇다면 사이버 자아의 가상성과 다중성에 어떻게 접근하는 것이 바람직한가? 즉 물리적 현실의 회피를 가능하게 지원하는 가상성과 다중성의 문제에 어떻게 접근하고 해결해야 하는가? 혹은 사이버 정보 기술 시대에 바람직한 자아 통합의 의미는 무엇이며, 건강한 자아정체성을 형성하기 위해 어떤 노력이 필요한가? 즉 정보 기술 시대에 활성화되는 다중적 정체성을 어떻게 건전한 방식으로 인도할 수 있을 것인가?

이는 반드시 근대적인 의미의 독립적인 단일자아를 요구할 필요가 없을 것이

---

8 황경식(2003)은 이와 유사하게 "우리는 어떻게 다중적이면서도 동시에 정합적일 수 있는가?" 하고 묻는다. "사이버 시대, 정체성의 위기인가", 「인간연구」, 제4호, pp. 26-27.

다. 다만 자아의 다중성을 인정하면서도 그것이 건강한 정체성을 유지하려면 '자폐적인 자아 분열'을 넘어서 자아들 간의 대화 가능성이 열려 있어야 한다. 그리고 폐쇄적이고 자폐적인 자아 분열을 극복하기 위해서는 다중자아들 간의 대화와 소통을 가능하게 하는 구심점이 필요하다. 다수의 자아정체성과 자아의 유연성을 인정하면서도 동시에 자아의 분산을 통합하는 구심력이 필요하다.

다중자아의 구심점을 형성하는 것은 바로 개별적 몸의 실재적 · 도덕적 토대이다. 사이버 공간의 다중자아에서 드러나듯이 탈육화한 정신이 자아를 분산시키는 원심력이라면, 물리 공간의 신체는 자아를 통합하는 구심력이 된다. 예를 들어 사이버 다중자아의 경우 자아 통합의 구심력은 사이버 자아들 간의 대화만이 아니라 보다 더 중요하게는 사이버 자아와 물리 세계 본래 자아 간의 대화에 있다. 그리하여 분산된 다중자아는 본래 자아의 신체를 구심점으로 하여 소통되고 통합될 필요가 있다. 그런 이유에서 정보 기술 시대에 바람직한 자아의 모습으로서 '대화 가능한 다중자아'는 자아의 분산 및 다중성을 통합하는 몸의 구심력을 토대로 해야 한다. 이것은 다수의 정체성을 지닌 자아가 자폐적 자아 분열에서 벗어나기 위해 필요한 요소이다. 또한 물리적 제약을 초월하거나 탈육화한 사이버 공간의 자아는 물리적 몸과 현실로 복귀하는 것이 필요하다. 사이버 공간은 물리적 공간을 대체하는 것이 아니라 보완하는 것으로 이해하는 것이 적절하다. 즉 사이버 공간의 이용과 참여는 물리적 · 신체적 제약을 초월하거나 현실 세계를 대체하기 위한 것이 아니라, 궁극적으로 물리적 현실을 올바로 자각하고 개선하기 위한 것이어야 한다.

결론적으로 사이버 공간에서 병리적인 자폐증이나 분열증에 빠지지 않고, 유연하고 창의적으로 자아의 다양한 실험을 수행하기 위해서는 현실 도피적 공간이 아니라 현실의 자신과도 소통하는 공간이 되어야 한다. 그러기 위해서는 무엇보다도 사이버 공간에서 머무르고 행위하면서도 본래 자아의 몸에 닻을 내려야 하며, 내가 누구인지 대면하고 성찰하면서 정체성을 올바르게 확립해 나가는 힘을 기르는 것이 중요하다. 사실 사이버 공간에서 일어나는 병리적 문제는 현실 세계의 자아가 연약하거나 정체성의 기반이 허약한 사람들에게서 많이 생길 수 있는데, 이는 그들이 사이버 공간을 현실의 자신과 다양하게 소통하는 공간으로 간주하기보다는 현실의 도피처로 생각하기 때문이다. 현실의 자아가 건강하고 자신에 대한 자긍심을 잃지 않는다면 사이버 공간이 자신의 경험을 창조적으로 확장하는 긍정적인 역할을 하기를 기대할 수 있을 것이다.

○○ 맺음말

지금까지 인터넷 중독자를 중심으로 사이버 행위자 및 사이버 다중자아의 존재론적 지위와 특성에 대한 쟁점을 살펴보았다. 인터넷의 흡인력의 동인과 사용자의 동기를 이해함으로써, 인터넷의 중독을 우려하기보다는 그러한 매력에 빠져드는 사용자를 건강하고 창조적으로 이끌 수 있는 방안과 대책을 마련하는 것이 더 중요하다는 것을 논의하였다. 인터넷 중독의 문제를 해결하기 위해서는 사이버 공간이 현실 도피의 수단이 되기보다는 현실의 창조적 능력을 신장하는 경험의 장으로 활용될 수 있도록 노력하는 것이 중요하다.

그러기 위해서는 현실의 건강한 자아감을 형성하는 것이 중요할 뿐 아니라, 사이버 공간으로부터 현실로의 복귀 및 두 세계 사이의 균형감, 몸 없는 사이버 자아와 현실 세계의 본래 자아 사이의 양극단에서 조정과 균형이 필요하다. 그리하여 사이버 공간이 현실 도피적인 자폐적인 공간이 아니라 또 다른 소통의 기회를 제공하는 장이 되는 것이 중요하다.

김선희 (2003). "사이버 공간이 다중자아 현상을 일으키는 존재론적 구조". 철학 74집, 한국
    철학회.

김선희 (2004). 사이버 시대의 인격과 몸(대우학술총서). 아카넷.

김선희 (2004). 자아정체성과 다중자아의 문제. 정보통신정책연구원.

김선희 (2012). 과학 기술과 인간정체성. 아카넷.

황경식 (2003). "사이버 시대, 정체성의 위기인가". 인간연구, 제4호.

Helsel, S. K. & Judith P. R. (1991). eds. *Virtual Reality: Theory, Practice, and Promise*. Westport:
    Meckler. [노영덕 역 (1994). 가상현실과 사이버 공간, 세종대학교출판부.]

Mitchell, W. (1995). *City of Bits: Space, Place, and the Infobahn*. [이희재 역 (1999). 비트의 도시.
    김영사.]

Novak, M. (1993). "Liquid Architectures in Cyberspace," in Benedikt(ed.) *Cyberspace : First Step*,
    The MIT Press.

Wiener, N. (1978). *The Human Use of Human Beings*. [최동철 역 (1978). 인간활용: 사이버네
    틱스와 사회. 전파과학사.]

찾아보기

저자 소개

권정혜 junghye@korea.ac.kr

고려대학교 심리학과 교수이며 University of California(Los Angeles)에서 임상
심리학 분야 박사학위를 받았다. 한국임상심리학회장, 한국인지행동치료학회장 등
을 역임했으며, '청소년의 인터넷 게임 중독', 'Toward the prevention of internet
addiction', 'Risk and protective factors of Internet addiction' 등의 논문을 썼
다. 현재 인터넷게임장애에 대한 진단면담도구 연구에 관심을 가지고 있다.

고영삼 yeskoh@hanmail.net

한국정보화진흥원 수석연구원이며, 부산대학교에서 ICT 융합의 사회심리학 분야 박
사학위를 받았다. 한국정보화진흥원 인터넷중독대응센터장, 부장 등을 역임하면서 우
리나라 인터넷 중독 국가정책을 기획·추진하고, 80여 편의 논문·보고서와 **인터넷
에 빼앗긴 아이, 디지털 다이어트**, 그리고 외국의 학자들과 함께 *Internet Addiction*
등 14권의 책을 집필하거나 번역했다. 현재 디지털 기술 문명 속에서 인간이 어떻게
행복할 수 있을 것인지에 대해 관심을 가지고 있다.

엄나래 nraum@nia.or.kr

한국정보화진흥원 책임연구원이며, 부산대학교에서 인지 및 발달심리 분야 박사과정
을 수료했다. 중독전문가 1급(한국중독전문가협회), 중독심리전문가(한국중독심리학
회), 청소년상담사 2급(여성가족부) 등의 자격을 취득했으며, 한국형 인터넷 중독 척
도(K-척도), 스마트폰 중독 척도(S-척도), 인터넷 중독 경향성 예측 척도, 국가 인터
넷 중독 종합계획을 수립하는 데 참여했다.

이해국 nplhk@catholic.ac.kr

가톨릭대학교 정신건강의학과 교수이며 가톨릭대학교에서 중독정신의학 분야 박사학위를 받았다. 미국국립알코올연구소에서 중독예방정책, 중독역학 등을 연구했으며, 한국중독정신의학회 정책이사, 보건복지부 중앙정신보건사업지원단의 중독분과 책임자, 중독포럼의 상임운영위원을 맡고 있다. '인터넷게임장애 자기조절력 향상 프로그램 개발', '인터넷 중독 질병 코드 생성방안 개발' 등의 연구를 수행했다.

윤명희 hludens@hani.co.kr

한겨레신문의 사람과디지털연구소 선임연구원이며, 부산대학교에서 미디어문화사회학 분야 박사학위를 받았다. 사이버 커뮤니티, 블로그, 이미지 소비, 청소년 디지털 문화, 여성 사용자 정체성 등에 대한 논문과 함께 **한국사회의 문화풍경, 문화사회학** 등의 학술 공저가 있다. 현재 소셜네트워크 사용자 정체성과 소통방식에 대한 문화사회학 연구에 관심을 가지고 있다.

원일석 zenis001@kw.ac.kr

광운대학교 정보콘텐츠대학원 강사이며, 상명대학교에서 게임학 분야 박사학위를 받았다. 한국컴퓨터게임학회 이사, 한국융합게임학회 이사로 활동하고 있으며, 게임 중독자와 게임의 중독성에 대해 살아 있는 현장 지식을 많이 가지고 있다. 현재 온라인 게임 중독, 게임 기획과 디자인, 청소년 문화 등에 대해 연구하고 있다.

배성만 spirit73@hanmail.net

고려사이버대학교 상담심리학과 교수이며, 중앙대학교에서 임상심리학 전공으로 박사학위를 받았다. 임상심리전문가, 정신보건임상심리사 1급, 건강심리전문가 자격을 취득했다. 최근 5년간 SCI, SCI-E, SSCI 등 저널에 인터넷 중독, PTSD, 자살과 정신장애의 원인 및 치료와 관련하여 10여 편의 논문을 게재했다. 현재 행위 중독과 외상 후 스트레스 장애의 원인 및 치료에 관심을 가지고 있다.

이영식 hawkeyelys@hanmail.net

중앙대학교 정신건강의학과 교수이며, 서울대학교에서 정신의학 전공으로 박사학위를 받았다. 대한소아청소년정신의학회 이사장, 한국중독정신의학회 회장 등을 역임했으며 현재 대한청소년정신의학회 이사장, 게임과몰입센터장으로 활동하고 있다. 인터넷 중독과 관련한 해외 활동을 많이 하여 해외 저널에 10편, 국내 저널에 5편의 인터넷 중독 관련 논문을 실었다.

서보경 seobk@nia.or.kr

한국정보화진흥원 책임연구원이며, 독일 부퍼탈대학교에서 임상심리학 박사학위를 받았다. 서강대학교, 가톨릭대학교, 국민대학교 강사를 역임했으며, '성인 ADHD 환자의 실행기능 연구', '성인 인터넷 중독 및 스마트폰 이용 특성' 등의 논문을 썼다. 현재 한국정보화진흥원의 스마트쉼센터에서 일하며 디지털 중독의 디톡스 분야에 관심을 가지고 있다.

고정현 jhko@nia.or.kr

한국정보화진흥원 수석연구원이며, 서울대학교를 졸업하고 명지대학교에서 여가경영학 분야 석사학위를 받았다. 노인의 인터넷 중독 문제를 연구하여 석사학위를 받았으며, 한국정보화진흥원 미디어중독대응부장 등을 역임했다. 현재 ICT로 고령화 문제를 해결하고자 하는 노인복지의 새로운 전략인 디지털 에이징(digital ageing) 분야의 정책 기획과 개발에 관심을 가지고 있다.

조은숙 grace@suwon.ac.kr

수원대학교 아동가족복지학과 교수이며, 서울대학교 아동가족학과에서 가족학 전공으로 박사학위를 받았다. 명지인터넷중독예방상담센터 부장을 역임한 바 있으며, 현재 한국가족치료학회 학술이사로 활동 중이다. '인터넷 음란물 선호성과 청소년 성행동 연구', '스마트폰 중독 청소년 부모교육 프로그램 개발' 등의 논문을 썼다. 현재 인터넷 중독과 가족치료에 관심을 가지고 있다.

김선희 phshkim@hanmail.net

이화여자대학교 철학과 초빙교수이며, 서강대학교 철학과에서 박사학위를 받았다. 현재 한국여성철학회 회장이며 철학상담치료 수련감독이다. 주된 연구 분야는 심리 철학, 과학 기술 철학, 철학상담이다. 자아, 자아정체성, 인격과 도덕 주체, 사이버 자아, 포스트휴먼, 철학상담 방법론 등을 연구해 왔다. **자아와 행위, 사이버 시대의 인격과 몸, 과학 기술과 인간 정체성, 철학상담 : 나의 가치를 찾아가는 대화** 등 다수의 책을 펴냈다.